Pascal BONIFACE

COMPRENDRE LE MONDE

PARMI LES RÉCENTES PUBLICATIONS DE L'AUTEUR :

50 idées reçues sur l'état du monde, 2007, 2ᵉ éd. 2010, 160 p.
Atlas du monde global (avec Hubert Védrine), Armand Colin, 2008, 128 p.
Atlas des crises et des conflits (avec Hubert Védrine), Armand Colin, 2009, 128 p.
50 idées reçues sur les États-Unis (avec Charlotte Lepri), Hachette littératures, 2008, 230 p.
De but en blanc (avec Pape Diouf), Hachette littératures, 2009, 224 p.
Lettre ouverte à notre futur(e) Président(e) de la République sur le rôle de la France dans le monde, Armand Colin, 2007, 192 p.
Halte aux feux (avec Elisabeth Schemla), Flammarion, 2006, 338 p.
Le monde nucléaire (avec Barthélémy Courmont), Armand Colin, 2006, 256 p.
Football et mondialisation, Armand Colin, 2006, 2ᵉ éd. 2010, 180 p.
Les relations internationales depuis 1945, Dalloz, 2005, 222 p.
Chroniques proche-orientales 2001-2005, Dalloz, 2005, 201 p.
Vers la quatrième guerre mondiale ?, Armand Colin, 2005, 2ᵉ éd. 2009, 172
Dictionnaire incorrect de l'état du monde, Larousse, 2010

ISBN : 978-2-200-24610-5

© Armand Colin, 2010
© Zhang Yan/Xinhua Press/Corbis : Barack Obama et Wang Qishan, juillet 2009.

www.armand-colin.com

REMERCIEMENTS

Ce livre est très largement nourri des échanges que je peux avoir pour mon plus grand plaisir avec les étudiants de l'IRIS (IPRIS) et de l'Institut d'études européennes de l'Université Paris-VIII.

Parmi les chercheurs de l'IRIS, Jean-Pierre Maulny, Didier Billion, Philippe Hugon, Charlotte Lepri, Fabio Liberti, Sylvie Matelly m'ont donné de conseils précieux.

Élodie Farges a eu une contribution essentielle par ses remarques pertinentes sur l'ensemble du manuscrit.

AVANT-PROPOS

J'entends souvent dire et répéter que le grand public ne s'intéresse pas aux questions internationales, ces dernières étant bien trop compliquées pour lui. Les relations internationales seraient ainsi réservées à quelques « happy few ». Or, s'il est vrai qu'elles suscitent parfois un mélange de fascination et d'appréhension, mon expérience quotidienne apporte un démenti formel à ces affirmations péremptoires. Contrairement à ce que pense de façon condescendante une certaine élite, les questions internationales ne sont pas un domaine réservé aux spécialistes qui, seuls, pourraient en comprendre les arcanes, indéchiffrables pour le commun des mortels. J'interviens régulièrement dans les médias grand public, je fais souvent des conférences devant des auditoires très différents, de l'associatif au professionnel, à Paris comme en province, et j'observe chaque fois dans le public un même intérêt, des questions très souvent pertinentes et, la plupart du temps, une compréhension globale des affaires stratégiques. Aussi, le plus beau compliment pour moi, c'est lorsqu'à l'issue d'une conférence ou d'une intervention média quelqu'un de l'assistance, un auditeur ou un téléspectateur, vient me dire : « Avec vous, c'est facile, on comprend ». De même, lorsque l'un de mes anciens étudiants, que je peux croiser par hasard, me rappelle que je lui ai donné le goût des questions internationales, alors j'ai la satisfaction d'avoir atteint mon but.

Je pense qu'on peut parler des relations internationales en termes simples, sans jargonner et sans pour autant user de termes simplistes qui réduisent tout à des choix binaires entre le bien et le mal, entre ceux qui ont raison et ceux qui ont tort, entre « eux » et « nous ». À l'heure où la frontière entre le national et l'international est brouillée, pour ne pas dire largement effacée, il est un impératif citoyen d'aider à mieux comprendre les affaires mondiales. Dans quel monde vivons-nous ? Quelles sont les conséquences du monde extérieur sur notre vie quotidienne ? Quels sont les rapports de force internationaux qui se modèlent sous nos yeux ? Quels sont les grands défis globaux à relever et les menaces auxquelles faire face ? Et quels sont les débats d'idée à l'échelle internationale ?

Répondre à ces questions est le but de ce livre. Je n'ai pas l'ambition – ni le goût d'ailleurs – de faire un livre savant, une somme théorique qui impressionne quelques collègues mais qui serait incompréhensible, et sans intérêt, en dehors de ce cercle limité. Je souhaite plutôt aider le plus grand nombre – étudiants, lycéens ou citoyens déjà actifs dans le monde professionnel – qui cherche, face à un flux continu d'informations pas toujours évidentes, à mettre en perspective, à situer dans un contexte plus large et comprendre globalement le cadre de la vie internationale et les rapports de force qui les structurent.

INTRODUCTION

Dans quel monde vivons-nous ? Quel ordre international le régit ? Il est en fait dépendant des rapports de forces qu'entretiennent entre elles les différentes puissances qui ont une influence sur la vie internationale.

L'effondrement du mur de Berlin et de l'Empire soviétique marque la disparition de la logique Est-Ouest et du monde bipolaire qui avaient structuré les relations internationales depuis la fin de la Seconde Guerre mondiale. On entre alors dans une phase nouvelle. Experts et politiques se sont demandé si ce monde bipolaire allait être remplacé par un monde unipolaire ou par un monde multipolaire. En faveur de la seconde thèse, était mis en avant le fait que si l'URSS avait implosé, les États-Unis montraient également des signes de déclin, qu'avait magistralement souligné en 1988 l'historien Paul Kennedy dans son ouvrage, *Naissance et déclin des grandes puissances*[1].

Selon cet auteur, les États-Unis souffraient de « surextension stratégique » (*Strategic overstretch*), ayant hérité d'une multiplicité d'engagements stratégiques contractés à l'époque où la confluence politique, économique et militaire était beaucoup plus à leur avantage. À l'instar des empires précédents, les États-Unis allaient subir une phase de déclin du fait de la lourdeur de leurs engagements de par le monde, lesquels semblaient supérieurs à leur capacité à les tenir.

L'économie américaine était en effet dépressive, les fabricants automobiles tous proches de la faillite. Les États-Unis donnaient l'impression d'être dépassés technologiquement par le Japon et en

---

1. *Rise and Fall of the Great Powers*, traduction française éditions Payot en 1999, 727 pages.

passe de le devenir économiquement. Le déclin relatif des États-Unis laissait ainsi supposer l'émergence d'un monde multipolaire avec la montée en puissance du Japon, de l'Europe – débarrassée du poids de ses divisions –, et même de la Chine et de la Russie, cette dernière étant libérée des contraintes du communisme et donc prête à profiter de ses atouts.

À l'inverse, d'autres estimaient que la fin de l'URSS ne pouvait que déboucher sur un monde unipolaire dirigé par les États-Unis, devenus seule puissance globale à l'échelle mondiale après la disparition de leur partenaire-adversaire. La décennie 90 a plutôt tranché en faveur de cette hypothèse. Cependant, si la puissance américaine était incontestable et sans équivalent, le monde n'était pas pour autant devenu unipolaire. George Bush a, du reste, durablement affaibli les États-Unis à croire que le monde était devenu unipolaire et à agir de façon unilatérale, comme en témoigne la guerre d'Irak.

En réalité, le monde n'est pas unipolaire car dans un monde globalisé aucune puissance ne peut imposer son agenda aux autres. Aucune puissance, même hyperpuissante, ne peut, seule, décider, et encore moins résoudre, les grands défis internationaux. Cependant, le monde n'est pas non plus multipolaire : il n'y a pas d'équivalent à la puissance américaine, bien que celle-ci soit moins nette suite aux deux mandats de George W. Bush.

Le monde n'est donc ni unipolaire ni multipolaire, il est globalisé. On peut même dire qu'il est en voie de multipolarisation avec un affaiblissement relatif des États-Unis (qui peut néanmoins se transformer en rebond) et surtout l'émergence lente et constante d'autres pôles de puissance qui, s'ils ne sont pas encore en position de se mesurer aux États-Unis, ont néanmoins leur propre espace, leur propre marge de manœuvre et disposent d'un poids croissant dans le processus de décision international.

Au début des années 1970, réfléchissant sur la géopolitique mondiale, Nixon et Kissinger distinguaient cinq pôles de puissance : les États-Unis, l'URSS, l'Europe, le Japon et la Chine. Si l'on remplace aujourd'hui l'URSS par la Russie, et en tenant compte d'éventuelles modifications de rang à l'intérieur de ce club, on voit que la situation n'a guère évolué. On pourrait éventuellement ajouter l'Inde à cette liste, mais il s'agit plus d'une perspective d'avenir que d'une réalité immédiate.

Le choc du 11 septembre

Le 11 septembre 2001, deux avions de la compagnie American Airlines percutaient les tours du World Trade Center à New-York. Quelques minutes plus tard, c'était un autre avion qui s'écrasait sur le Pentagone puis, peu après, un quatrième en Pennsylvanie. Le réseau terroriste *Al Qaïda*, dirigé par Oussama Ben Laden, a immédiatement été soupçonné d'être impliqué dans l'organisation de ces attentats, jugés par le président Bush comme étant des actes de guerre. Le monde entier a été frappé de stupeur et la condamnation a été générale. Ces actes terroristes ont entraîné une riposte militaire contre le régime des Talibans en Afghanistan, qui avait refusé de livrer aux Américains les responsables *d'Al Qaïda* présents sur leur territoire. Qualifiée, le 4 octobre 2001, de guerre « du bien contre le mal » par le président Bush, cette riposte a abouti à la mise en place d'un nouveau régime en Afghanistan.

L'ampleur de l'émotion et le choc de la surprise ont créé un débat sur les conséquences du 11 septembre. On s'est demandé si ces derniers avaient constitué une rupture historique comparable à celles de 1945 ou de 1989, ou s'ils n'avaient été qu'un événement, certes important, mais dont la portée n'avait pas modifié la structure de la scène internationale. Il existe en fait une différence notable entre la réalité et la perception de celle-ci. S'agissant de la réalité, il est clair que les attentats du 11 septembre n'ont pas fait basculer le monde dans une ère nouvelle. Les rapports de force n'ont été que peu modifiés et le poids de chaque puissance n'a guère changé. Chacune des grandes puissances a poursuivi sa politique selon un cours déjà pris avant le 11 septembre 2001. Les éléments de continuité l'ont emporté sur ceux de rupture. Si l'on regardait le monde tel qu'il était le 10 septembre au soir, on verrait un monde dominé par les Américains, puissants comme jamais ils ne l'avaient été au cours de leur histoire, et puissants comme jamais aucune puissance ne l'avait été dans l'histoire du monde. De cette hyperpuissance, les Américains avaient adopté un comportement qualifié d'unilatéraliste, car tenant le moins compte possible des volontés des autres nations et tendant à définir seuls les règles du jeu collectif. On s'apercevra, après le 11 septembre, que ceci n'a guère changé. Les États-Unis, bien que durement frappés, n'ont pas été affaiblis par ces attaques terroristes, et leur poids relatif dans le monde n'a pas diminué. Ils n'en n'ont pas conclu qu'il fallait adopter une politique plus multilatéraliste qu'auparavant. Bref, ils ont poursuivi leur politique sur les mêmes fondements que ceux qui avaient prévalu avant les attentats du World Trade Center.

Quant à l'Europe qui essayait, avant le 11 septembre, de définir une politique européenne de sécurité commune et de concilier ses aspirations à l'élargissement et à l'approfondissement de sa politique, les défis qui se posent à elle sont exactement les mêmes après cette date. La Chine, de même, poursuit la modernisation de son économie tout en tentant de faire davantage entendre sa voix sur la scène internationale. Le Japon essaye de sortir d'un marasme économique vieux de plus de douze ans. Pour ces deux pays, la continuité après le 11 septembre l'emporte donc sur la rupture. On a beaucoup glosé sur le tournant pro-occidental que la Russie aurait pris après le 11 septembre, symbolisé par un accord signé en mai 2002 entre l'OTAN et Moscou. Mais le véritable tournant pro-occidental a été pris en fait quinze ans auparavant par Gorbatchev, et Poutine n'a utilisé les événements du 11 septembre que pour poursuivre la politique qu'il mène depuis son installation au pouvoir, à savoir se donner davantage de marge de manœuvre. Les grands dossiers internationaux qui s'imposaient à la planète avant le 11 septembre n'ont guère été modifiés, qu'il s'agisse des inégalités économiques internationales, des guerres civiles en Afrique, du conflit au Proche-Orient, de la préservation de l'environnement, de la lutte contre les grandes pandémies, du système de sécurité collective, etc. Le terrorisme existait déjà avant le 11 septembre et le fait que des groupes infra-étatiques aient pu avoir une action internationale significative n'est pas une réalité nouvelle.

9 novembre 1989 : la vraie rupture

Le 6 août 1945 avait réellement fait entrer la planète dans une ère nouvelle, celle du nucléaire et du monde bipolaire. De même, le 9 novembre 1989 avait véritablement changé la face du monde avec la fin de l'époque bipolaire. Le 11 septembre n'a pas, en revanche, apporté une structuration des rapports de force ou de l'état du monde différente de celle qui existait auparavant. Il est peut-être simplement venu rappeler que, du fait de la mondialisation, il ne pouvait y avoir d'oasis de paix, de sécurité et de prospérité face à un monde frappé par les guerres civiles, la misère et les tumultes. Le 11 septembre est ainsi venu illustrer la face tragique de la mondialisation. Il a montré que, dans ce monde globalisé, le pays le plus puissant au monde était lui aussi vulnérable.

La dernière véritable rupture de portée internationale n'est donc pas le 11/9 mais le 9/11, le 9 novembre 1989.

Ce jour-là, le mur de Berlin s'effondrait et avec lui disparaissait le monde bipolaire qui avait organisé les relations internationales depuis la fin de la Seconde Guerre mondiale. Avec la disparition de ce monde bipolaire, on entrait réellement dans un monde nouveau. Allait-il devenir unipolaire ou multipolaire ? En tous les cas, il était radicalement différent de l'ancien et les relations internationales cessaient d'être organisées autour des deux axes que constituaient Washington et Moscou.

En fait, il est exagéré de dire que tout s'est effondré le 9 novembre 1989. Il s'agit plutôt d'une date symbole, qui a été précédée et suivie par d'autres événements importants. Le mur ne s'est pas effondré d'un seul coup, il était déjà très largement lézardé d'un point de vue stratégique avant que les manifestants est-allemands n'en aient raison. On peut dire que le monde bipolaire s'était déjà craquelé lorsque Gorbatchev avait admis la fin de la doctrine Brejnev et donné un blanc-seing aux pays de l'Est, quand il avait mis fin à la guerre des euromissiles en signant le traité sur les forces nucléaires intermédiaires en décembre 1987 à Washington, lorsqu'il avait décidé de retirer les troupes soviétiques d'Afghanistan, ou encore quand il avait commencé à libéraliser le système soviétique en permettant l'expression de critiques internes. Le pacte de Varsovie n'a été dissout que le 25 février 1991 et ce n'est qu'en décembre de la même année que l'URSS a éclaté. Entre-temps, en juillet 1989, les électeurs polonais avaient mis à la tête de leur pays le premier gouvernement non communiste depuis la fin de la Seconde Guerre mondiale.

Si l'on date la fin du monde bipolaire au 9 novembre, c'est que c'en est le symbole le plus éclatant. Mais l'événement ne s'est pas fait en un jour, de même que l'on ne peut dater de façon précise

– jour, mois, année – le début de la Guerre froide et du monde bipolaire. Il n'en reste pas moins que la fin du monde bipolaire a constitué une véritable révolution stratégique.

Très souvent, par précipitation, par absence de mise en perspective ou par nécessité de forcer le trait afin d'attirer l'attention, on confond événement et rupture historique. Trop souvent, on entend des commentaires indiquant que plus rien ne sera comme avant après tel ou tel événement. Or, si ces événements ont une réelle importance et marquent une évolution dans la structure des relations internationales, ils représentent rarement une rupture. Le monde n'est pas immuable, il évolue, mais ses évolutions ne sont pas forcément des révolutions. Et si chaque événement apporte sa contribution à la structure des relations internationales, il est très rare qu'un seul d'entre eux, ou même qu'une série d'entre eux, vienne la modifier totalement.

Il n'y a en fait pas eu de nouvelle rupture historique depuis la fin du monde bipolaire. Le monde est actuellement en recomposition. Dans une période récente, on a annoncé à quatre reprises une révolution stratégique. Le 8 août 2008 notamment – date de l'ouverture des Jeux Olympiques de Pékin et du déclenchement de la mini-guerre entre la Russie et la Géorgie –, que certains ont présentée comme une rupture historique illustrant que la Chine était devenue une puissance de premier plan et que la Russie en était redevenue une. Or, ces deux pays ne sont pas (re)devenus des puissances en un jour. Depuis le début de la décennie, la Russie reconstituait ses forces et montrait que l'heure des humiliations subies au cours des années 1990 était révolue. Quant à la Chine, si justement on lui attribuait les Jeux en 2001, c'était parce qu'elle était déjà une grande puissance. Ni la Chine ni la Russie ne sont apparues au premier plan en un seul jour.

De même, quelques semaines plus tard, lors du déclenchement de la crise financière aux États-Unis, certains ont annoncé la fin de la puissance américaine, cette crise venant compléter les crises stratégique et morale générées par la guerre d'Irak. Or, ces annonces d'un déclin inéluctable des États-Unis ont été démenties peu après, lors de l'élection de Barack Obama, quand d'autres commentateurs (parfois les mêmes) se sont mis à affirmer que le leadership américain sur les affaires mondiales était totalement restauré. Lorsqu'en avril 2009 le G-20, et non plus le G-8, s'est chargé de piloter la sortie de crise, on a alors parlé de la constitution d'un monde multipolaire.

Celui-ci n'est pas encore une réalité. Mais l'émergence de nouveaux pôles de puissance et la fin du monopole du monde occidental et des États-Unis est une tendance lourde, qui s'affirme lentement mais depuis longtemps. Le monde n'est pas multipolaire, il est en voie de multipolarisation.

PARTIE I

LE CADRE DE LA VIE INTERNATIONALE

1

LA MONDIALISATION : RÉALITÉS ET LIMITES

La mondialisation et la globalisation sont aujourd'hui les concepts les plus utilisés pour décrire l'état du monde, sans que l'on sache toujours ce que ces termes recouvrent. Ils sont employés indifféremment en langue française. En anglais, le terme de « globalisation » prévaut. La mondialisation en cours a-t-elle réellement changé la face de la planète ou bien n'est-elle que la prolongation d'un phénomène plus ancien ? Est-elle, comme certains le pensent, le gage d'un monde meilleur, porteur de plus grandes opportunités pour chacun, ou au contraire le vecteur d'un nouvel accroissement des inégalités ?

Un phénomène ancien

La mondialisation n'est pas un phénomène entièrement nouveau : les premiers syndromes datent des grandes découvertes de la fin du XVe siècle. Les expéditions des grands navigateurs qui prouvaient que la terre était ronde mettaient en contact des mondes et des civilisations qui, jusqu'ici, s'ignoraient. Ceci allait entraîner la domination du monde par les Européens et la quasi-disparition par anéantissement des civilisations améro-indiennes. La circumnavigation faisait de la terre un seul ensemble.

L'historien Fernand Braudel avait développé le concept d'« économie-monde » pour définir le système économique international au temps des Empires espagnol et britannique. Dès les XVIe et XVIIe siècles, Gênes, Amsterdam, puis Londres un peu plus tard, sont les capitales de réseaux commerciaux et financiers qui s'étendent à l'échelle mondiale.

La révolution industrielle du XIXᵉ siècle, les nouveaux moyens de communication (bateaux à vapeur, chemins de fer) et la croissance économique amplifient tout à la fois la colonisation, le développement économique et la mise en relation des différentes parties du monde, ne fût-ce que sous une forme de dépendance et de domination entre le Sud et le Nord et, plus précisément, entre l'Europe et le reste du monde.

En réponse au développement du capitalisme, qui multiplie les flux et les échanges, Marx et Engels prônent pour leur part la création de l'internationale des travailleurs et la fin des frontières (« les travailleurs n'ont pas de patrie »). Dans le *Manifeste du parti communiste* publié en 1848, ils écrivaient déjà : « L'ancien isolement et l'autarcie locale et nationale font place à un trafic universel, une interdépendance universelle des nations. Et ce qui est vrai de la production matérielle ne l'est pas moins des productions de l'esprit ». Si on faisait lire ce passage en masquant le nom des auteurs, de nombreux lecteurs les dateraient de l'époque contemporaine.

L'établissement d'un système mondial de télégraphie et l'invention de la photo accroissent la circulation des idées et de l'information. Le progrès de la médecine en fait de même pour celle des hommes. En 1913, les États européens avaient atteint un taux d'exportation qu'ils ne retrouveraient que dans les années 1990.

L'interdépendance économique et intellectuelle est donc déjà diagnostiquée. À la fin du XIXᵉ siècle, les économies n'étaient plus autarciques – les importations représentaient, par exemple, 8 % du PNB américain (contre 16 % aujourd'hui) – mais les migrations humaines étaient plus importantes en termes relatifs et moins contrôlées qu'aujourd'hui.

En 1910, dans son livre *La Grande Illusion*, Norman Angell écrivait : « Les finances internationales sont aujourd'hui à ce point interdépendantes et liées au commerce et à l'industrie que la puissance militaire et politique ne peut en réalité rien faire. La rapidité des communications, qui engendre une plus grande complexité du système de crédit, déjà délicat, confère aux problèmes de la politique internationale actuelle un aspect profondément et essentiellement différent de ceux d'autrefois. » Un jugement qui résonne de façon très contemporaine !

En 1935, dans *Regards sur le monde actuel,* Paul Valéry écrit que « le temps du Monde fini commence ». Pour lui, la fin de la colonisation en est la cause, la terre ayant été quasi entièrement partagée entre les différentes souverainetés étatiques. Ainsi, remarque-t-il que « toute la terre habitable a été de nos jours reconnue, relevée, partagée entre des Nations ». Le recensement général des ressources a été effectué, et les différentes parties du globe sont reliées entre elles, créant une solidarité nouvelle entre régions.

Le krach boursier américain de 1929 a montré qu'une crise économique née aux États-Unis ne s'arrêtait pas à ses frontières et pouvait provoquer un drame planétaire. De même, bien avant que le terme de mondialisation ne circule, l'humanité subissait deux guerres qualifiées de mondiales. Si elles avaient pris naissance au cœur de l'Europe, elles se sont étendues sur tous les continents et ont concerné la majeure partie des peuples du monde. Similairement, la Guerre froide, qui a opposé l'URSS et les États-Unis, a parfois été qualifiée de « 3e guerre mondiale ». Le clivage Est-Ouest s'est en effet étendu à l'échelle planétaire, aucun continent n'échappant à la rivalité soviético-américaine et aux appétits concurrents de Moscou et Washington.

Dès le début des années 1960, le sociologue canadien Marshall McLuhan parle de « village planétaire » (*Global village*) dans la mesure où les mass media télévisés et radiodiffusés (selon lui, l'ère Marconi a remplacé l'ère Gutemberg) permettent une information généralisée à l'ensemble de la planète. Tout se sait, ou peut se savoir, le monde ressemblant dès lors à un village. Il est remarquable que McLuhan ait écrit ceci avant même le développement planétaire de la télévision et la création d'Internet.

Pourtant la mondialisation, telle que nous la vivons aujourd'hui, ne peut être comparée à ces phénomènes précédents. La mise en relation des différents continents, l'interdépendance pour le meilleur ou pour le pire des différentes populations ne sont pas nouvelles. Ce qui change radicalement la donne aujourd'hui, c'est l'extraordinaire contraction du temps et de l'espace sous l'effet des moyens de communication.

Entre le palais de l'Escurial, où régnait le souverain espagnol, et l'archipel des Philippines, qui lui appartenait à l'époque, il fallait au XVIe siècle dix-huit mois pour que les nouvelles circulent. Plusieurs semaines étaient nécessaires pour effectuer un périple menant d'un bord à l'autre de l'Atlantique. Ainsi, Napoléon III a mis trois semaines pour apprendre la défaite de ses troupes au Mexique. Jules Verne date de 1872 le pari jugé insensé de Phileas Fogg, qui entendait faire le tour du monde en 80 jours ! Il en sortira vainqueur de justesse, ayant gagné une journée en se déplaçant d'Est en Ouest.

On peut désormais faire le voyage entre ces différents lieux en quelques heures seulement. Grâce aux avions subsoniques et supersoniques, il est possible d'aller à l'autre bout du monde, dans des conditions confortables, en moins d'une journée. Il n'est d'ailleurs plus nécessaire de le faire pour communiquer avec son interlocuteur. Téléphone, fax et, plus récemment, Internet permettent un contact instantané avec une personne se trouvant à des milliers de kilomètres.

Alors que le krach boursier de 1929 avait mis plus de trois ans pour faire le tour du monde, celui du 19 octobre 1987, également parti de Wall Street, a atteint l'ensemble des places financières mondiales en moins de 24 heures. Et la crise financière des États-Unis de septembre 2008 a provoqué instantanément une crise économique mondiale.

Chacun peut voir immédiatement et simultanément les grands événements mondiaux, qu'il s'agisse du déclenchement d'un conflit, d'un sommet international, d'un événement sportif mondialisé du type Coupe du monde de football ou Jeux olympiques, ou encore de la mort de star mondiale comme Michael Jackson.

L'activité économique est fortement marquée par cet effacement de l'espace. Chaque jour, des centaines de milliards sont échangées sans qu'il y ait de contact direct entre opérateurs économiques. On assiste à une multiplication des flux, celui des hommes, celui des facteurs de production, celui des capitaux et celui de l'information.

Un phénomène radicalement nouveau

En matière économique, le cadre national est supplanté par les réseaux mondiaux d'entreprises.

Dans son « panorama de l'économie mondiale », le Fonds monétaire international définit la mondialisation comme « l'interdépendance économique croissante de l'ensemble des pays du monde provoquée par l'augmentation du volume et de la variété des transactions transfrontalières de biens et de services ainsi que des flux internationaux de capitaux, en même temps que par la diffusion accélérée et généralisée de la technologie ». Les pays qui se développent le plus sont, en effet, ceux où la croissance des exportations est plus rapide que celle du PNB.

Selon le Bureau international du travail, la mondialisation se caractérise par une vague de libéralisation des échanges, des investissements et des flux de capitaux ainsi que par l'importance croissante de tous ces flux et de la concurrence internationale dans l'économie mondiale.

Le développement des flux se fait grâce à la disparition des obstacles qu'ils soient techniques, géographiques et politiques. Entre 1945 et le début du XXIe siècle, le coût du fret maritime a diminué de 50 %, le fret aérien de 85 % et celui des télécommunications de 99 %. À terme, la perspective d'une quasi-gratuité des télécommunications est une perspective réaliste, et qui aura des répercussions sur l'organisation de l'économie.

Au XIXe siècle, la croissance des échanges de marchandises entre continents avait connu une accélération sans précédent. Le commerce mondial était multiplié par vingt-cinq au cours de ce siècle.

Dans la période 1970-2000, on assiste à une accélération et à un phénomène nouveau : le commerce mondial progresse plus que la richesse mondiale. Les échanges mondiaux, qui représentent 12 % du PIB mondial dans les années 1960, en constituent 24 % en 2000. Dans la seconde moitié du XXe siècle, les échanges internationaux sont multipliés par vingt, la richesse mondiale par six.

Aujourd'hui, les flux financiers sont quarante à cinquante fois supérieurs aux flux de biens et de services. Jusqu'au début des années 1980, leur croissance est parallèle à celle du commerce, mais durant les années 1980, leur volume quadruple, pour être ensuite multiplié par six jusqu'en 2000, année record.

Le terme de globalisation a été utilisé en 1983 par Ted Levitt, professeur à la Harvard Business School, afin de désigner la convergence des marchés financiers. Il a ensuite été actualisé pour décrire le nouveau mode de développement des entreprises multinationales et l'expansion du marché mondial. De nombreux auteurs vont en conclure que le processus est si puissant que les États-nations ont perdu une grande partie de leur pouvoir et de leur utilité (cf. Chapitre II).

La mondialisation actuelle serait portée par la prospérité des marchés, le développement technologique et l'ouverture des frontières. La rupture du système de Bretton Woods en 1973 (taux fixe d'échange entre le dollar et l'or) avait entraîné une première dérégulation. Sous l'impulsion des États-Unis et des pays occidentaux, les marchés vont être déréglementés dans les années 1980, les progrès technologiques permettant un suivi permanent et déterritorialisé ainsi que la mise en place de nouveaux produits financiers, souvent détachés de l'économie réelle basée sur la production. Les investissements directs à l'étranger vont exploser, passant de 310 milliards de dollars par an au début des années 1990 pour atteindre un record de 1 380 milliards de dollars en 2000 avant de refluer.

Mais on ne peut résumer la mondialisation à l'ouverture des frontières et des marchés. Elle n'est pas seulement économique, elle comporte également une dimension humaine grâce au développement des échanges et des flux entre les peuples, grâce aux médias et au tourisme. Cela débouche sur une meilleure connaissance des autres, sur l'établissement de références culturelles ou sociétales, de loisirs ou de consommations universelles.

En fait, la chute du communisme, l'extension de l'économie de marché, la liberté des mouvements de capitaux et l'irruption des technologies de l'information ont été concomitantes.

Ces divers processus se sont nourris mutuellement. C'est en grande partie parce qu'elle n'a pas su prendre le virage des nouvelles technologies de l'information que l'URSS s'est effondrée. Dans un pays où les photocopieuses dans les universités étaient, avant l'arrivée de Gorbatchev au pouvoir, contrôlées par le KGB, et où l'information était vue comme devant être le monopole du pouvoir et ne pas être disséminée dans le public, il était difficilement concevable que les citoyens aient accès aux nouvelles technologies, élément de décentralisation du pouvoir et de l'information. L'effondrement de l'Empire soviétique est venu, de son côté, ouvrir des frontières autrefois hermétiques.

Opportunité ou malédiction

Le phénomène de la mondialisation suscite des réactions contrastées. Pour certains, il est le plus sûr vecteur de l'extension à l'échelle mondiale des valeurs démocratiques et de la prospérité. Pour d'autres en revanche, il est assimilé à l'américanisation de la planète, à l'effacement des identités nationales et à l'augmentation du fossé entre riches et pauvres. Les uns voient la mondialisation comme un âge d'or où la technique épuiserait les besoins, (réalisant finalement le rêve de Marx selon lequel le communisme s'établirait lorsque le développement des forces productives permettraient d'avoir pour principe non plus « à chacun selon son travail », comme sous le socialisme, mais « à chacun selon ses besoins ») et permettrait la résolution des conflits. Les autres dénoncent l'emprise envahissante des multinationales et une technologie triomphante conduisant à un monde déshumanisé. Selon eux, la globalisation entraîne un développement des inégalités économiques et la paupérisation d'une partie de la planète. Parfois, le débat « pour ou contre la mondialisation ? » a pu être lancé, comme s'il était possible de choisir. Derrière, la question est « la mondialisation est-elle un projet politique ou un processus reposant principalement sur le développement technologique ? Peut-on la conduire, la réguler ou doit-on assister impuissants à son déroulement ? ».

La mondialisation est en fait à l'image du capitalisme : elle est efficace économiquement mais n'est pas naturellement source de justice sociale.

Elle a tout d'abord été un vaste mouvement de dérégulation financière, économique, juridique et sociale. L'enjeu est donc de la réguler de manière à conserver son efficacité tout en la rendant plus juste.

Pour Hérodote, l'Égypte était un cadeau du Nil. Cela était vrai car les crues du fleuve étaient contrôlées par un système de digues et de canaux permettant de les rendre bénéfiques pour l'agriculture. En leur absence, ces inondations n'auraient été que des catastrophes naturelles. Il en va de même pour la globalisation. Si elle est contrôlée et régulée, elle sera bénéfique pour l'humanité. Si elle s'opère de façon sauvage, elle sera source d'énormes difficultés.

Avec la survenance des crises financières à répétition, ce sont les modalités même de la mondialisation actuelle qui sont critiquées.

L'ancien économiste en chef de la Banque mondiale, Joseph Stiglitz, condamne aujourd'hui la façon dont le FMI et la Banque mondiale assurent le pilotage de l'économie mondiale. Il estime que leurs orientations – ouverture des marchés, privatisation des services publics, recherche à tout prix de l'équilibre budgétaire – sont devenues un dogme contre-productif qui fragilise les pays qui les appliquent de façon orthodoxe cependant que ceux qui s'en écartent se portent mieux. On reproche également à la forme actuelle de la mondialisation de concerner le marché des capitaux et le commerce international, pour lesquels des traités contraignants viennent éditer des règles, mais de ne pas en faire de même dans le domaine social.

Toujours est-il que les nouveaux moyens de communication et de diffusion de l'information créent des standards culturels communs pour une majeure partie de l'humanité. Le monde entier a suivi les élections présidentielles qui ont porté Barack Obama au pouvoir, a été ému par la mort de Michael Jackson, ou connaît les noms d'Hussein Bolt ou de Lionel Messi.

La mondialisation a surtout concerné les principaux pôles de croissance que sont l'Amérique du Nord, l'Europe occidentale, le Japon, ou encore l'Asie du Sud-Est. Et, là encore, elle concerne surtout la partie favorisée et ordonnée de la population.

La moitié de l'humanité réside sur l'équivalent de 3 % de la planète et la moitié de la richesse mondiale est produite sur 1 % de sa surface.

Selon la banque Merrill Lynch, dans un rapport sur la richesse mondiale et sa repartition paru en 2008, 95 000 personnes se partageraient une richesse de 13 000 milliards de dollars (à peu près le PNB américain), soit le quart de la richesse mondiale. C'est donc une petite caste qui s'approprie le quart des ressources d'un monde peuplé de 6,7 milliards d'habitants.

> **INTERNET**
>
> En 2007, Internet, l'un des symboles fort de la mondialisation, ne touchait qu'1,3 milliard d'individus, concentrés sur quelques aires métropolitaines. Si le phénomène connaît une très forte expansion, il ne concerne que moins d'1/5 de la population mondiale. Ainsi, le taux de pénétration d'Internet est de 70 % en Amérique du Nord contre 4 % en Afrique et 10 % au Moyen-Orient. On peut donc parler de véritable « fracture numérique ».

Il existe néanmoins des différences à l'intérieur des sociétés développées. La globalisation n'a pas le même sens dans les tours de la Défense qu'au Val Fourré de Mantes la Jolie ou en Lozère, elle est différemment vécue en Italie du Nord et en Italie du Sud, etc. Le monde n'est pas vraiment un seul monde.

La liberté d'investir ou de se déplacer n'a pas la même signification pour chacun. Grâce aux charters, les classes moyennes occidentales peuvent se déplacer et séjourner dans des pays lointains. Mais les citoyens de ces derniers auront la plupart du temps la plus grande difficulté à se procurer un visa qui leur permettrait de faire le chemin inverse.

Ainsi, pour quelques centaines d'euros, un Européen peut se rendre aisément en Afrique. Un Africain, pour venir clandestinement en Europe, devra débourser plusieurs milliers de dollars à des passeurs clandestins et prendre des risques mortels. Si Phileas Fogg ne trouverait plus personne pour parier une forte somme d'argent sur la possibilité de faire le tour du monde en 80 jours, certaines zones de la planète où l'on pouvait se rendre sans risques auparavant sont désormais interdites pour des raisons de sécurité. Et l'époque ou l'on pouvait faire le tour du monde avec, pour tout papier, sa carte de visite est révolue.

La mondialisation est, en fait, autant un facteur d'unification que de division. Les humains ne sont plus, comme il y a un siècle, des ruraux à 90 %. On assiste à la fois à l'apparition de références communes et à l'essor des crispations identitaires. Alors que l'anglais devient la langue mondiale, les langues régionales et les dialectes se développent. Vécue comme un facteur de progrès et de développement économique par les uns, elle est pour d'autres un vecteur de paupérisme. José Bové et Bill Gates, le *Roquefort* et le *Big Mac,* sont les deux figures à la fois antagonistes et complémentaires de ce phénomène. Facteur d'universalisation, la mondialisation provoquerait en retour le développement des particularismes et l'accentuation des phénomènes identitaires. Cependant, même les adversaires de la mondialisation se mobilisent à l'échelle mondiale ! Ils préfèrent d'ailleurs ne plus être qualifiés de partisans de « l'antimondialisation » mais d'« alter mondialistes », afin de marquer qu'ils ne s'opposent pas à la mise en relation des différentes parties du monde mais à un certain système économique jugé inégal et trop libéral économiquement. Ce qu'ils veulent, c'est « un autre monde ».

La fin des frontières ?

À l'heure de la mondialisation, certains se demandent si l'idée de territoire a encore un sens. Les différents flux transnationaux se jouent des frontières et recomposent les espaces économiques, culturels, politiques ou sociaux. Peut-on encore placer le territoire au centre de la réflexion sur les relations internationales ? Est-il encore possible d'exercer un contrôle politique sur les territoires ? Le processus accéléré de suppression des barrières empêchant la libre circulation des marchandises, des capitaux, des hommes et de l'information par-delà les frontières nationales vient-il ruiner la notion même de territoire ?

La « fin des frontières » est cependant une formule à relativiser. Les frontières sont certes plus perméables, elles ne sont plus des barrières infranchissables, mais elles continuent néanmoins d'exister et d'être un facteur clé des relations internationales, au nom desquelles des tensions et des conflits peuvent surgir.

Alors que l'Europe avait vu ses frontières parfaitement stables de 1945 à 1989, la décennie 90 aura été celle de leur bouleversement. Réunification allemande, implosion de l'URSS en quinze États, éclatement de la Yougoslavie en six États sur fond de guerres civiles... les questions de frontières se sont réellement posées. Le divorce entre la République tchèque et la Slovaquie fut un modèle de rupture pacifique, mais il ne fut pas reproduit partout. Et encore, la perte de stabilité et les perspectives d'adhésion à l'Union européenne ont permis de diminuer les tensions entre Hongrie et Roumanie, par exemple. Mais on voit bien que les questions de frontières ne sont pas un chapitre clos en Europe. Le Kosovo est devenu indépendant en 2007, tandis que la Géorgie et la Russie se sont livrées une courte guerre à l'été 2008 sur fond de sécession de l'Abkhazie et de l'Ossétie du sud. Qu'adviendra-t-il de l'enclave russe Kaliningrad (située entre la Pologne et la Lituanie) ? L'Arménie et l'Azerbaïdjan se disputent des territoires et l'ensemble des frontières du Caucase ne semblent pas très sûres.

En Afrique, l'intangibilité des frontières avait été élevée en dogme après les indépendances. Or, cela n'a pas empêché qu'un nouvel État, l'Érythrée, soit créé à la suite d'une longue guerre civile. La question du Sahara occidental n'est toujours pas résolue et a conduit à la fermeture de la frontière entre le Maroc et l'Algérie. Les multiples guerres civiles qui traversent le continent pourraient avoir des répercussions sur la délimitation géographique de droit ou de fait des États.

La délimitation territoriale apparaît également comme une donnée de première importance dans le règlement du conflit israélo-palestinien, qu'il s'agisse du territoire palestinien, de l'avenir des colonies israéliennes ou de la question de Jérusalem. Un mur vient enserrer physiquement une partie de la Palestine, la séparant d'Israël et d'une partie des territoires palestiniens. Ce conflit, par ailleurs, n'est ni religieux ni ethnique (le but n'est pas de convertir l'autre) mais bel et bien politique et territorial.

Les États-Unis, pays phare de la mondialisation, érigent eux aussi un mur à leur frontière avec le Mexique afin d'empêcher les flux migratoires du sud vers le nord.

La guerre du Golfe (1990-1991) s'est elle aussi disputée pour un territoire, en l'occurrence celui du Koweït, annexé par l'Irak puis libéré par une coalition internationale. De même, les relations entre le Japon et la Russie se sont détériorées du fait d'un contentieux portant sur les îles Kouriles, annexées par l'URSS après 1945 et dont le Japon réclame la restitution.

Aux portes de l'Europe, les enclaves espagnoles de Ceuta et Melilla perturbent les relations avec le Maroc. En 2005, des migrants subsahariens qui voulaient y pénétrer de force pour rejoindre l'Europe ont été tués lors d'affrontements. Les enclaves sont désormais protégées par des grilles et des murs hautement gardés. En 2002, l'îlot du Persil a été également l'objet d'un affrontement entre le Maroc et l'Espagne.

En Asie, le Cachemire – et sa délimitation – constitue l'une des clés majeures du différend indo-pakistanais impliquant deux États désormais nucléaires et s'étant déjà livrés à trois guerres déclarées et à de nombreuses escarmouches. La frontière entre l'Inde et la Chine est aussi l'objet de contestations. Enfin, c'est bien la division de la Corée en deux et la volonté de Pékin de voir le retour de

Taïwan sous sa souveraineté qui constituent les deux motifs majeurs de conflits potentiels en Asie.

Du reste, lorsque les conflits n'opposent pas les États, les envies et tentatives de sécession montrent l'attachement des peuples à la délimitation des frontières et leur volonté de contrôler un territoire.

Les nouvelles techniques de communication facilitent la disparition géographique de certaines activités – avant tout celles qui peuvent être codifiées et formalisées (saisie de données, numérisation de documents), c'est-à-dire les activités de traitement de masse de l'information (secrétariat, traitement de dossiers) et de partage de l'information.

Les gains de productivité dans le transport de l'information n'ont pas pour autant conduit à l'éclatement des villes, dont l'existence s'explique à l'origine par les économies de localisation et d'urbanisation.

L'idée même que le développement des moyens de communication affranchit des distances et des lieux trouve sa limite dans certains phénomènes emblématiques de la mondialisation. Ainsi, alors qu'on célèbre la fin des frontières et l'abolition des distances, l'on pose en même temps en modèle universel la Silicon Valley, qui concentre centres de recherches, entreprises technologiques performantes, réseaux de fournisseurs, capitaux disponibles pour le lancement d'entreprises novatrices, etc. On constate en effet que dès qu'un pays veut faire un effort dans le domaine des technologies de l'information, il déclare qu'il va lancer sa « Silicon Valley » nationale.

On voit dès lors que ceux qui mettent en œuvre les moyens technologiques permettant de supprimer les distances sont en réalité très regroupés géographiquement. Ce paradoxe illustre le fait que les technologies qui incarnent la fin des territoires sont nées sur un territoire précis et concentré.

Par ailleurs, contredisant la thèse selon laquelle grâce à ces nouveaux moyens technologiques l'innovation peut se créer sans prédétermination géographique (à l'inverse de ce qui se passe pour les matières premières), les entreprises de la Silicon Valley militent pour que des quotas d'immigration permettent d'attirer les spécialistes étrangers dont ils ont besoin, créant un véritable « brain drain » ou fuite des cerveaux.

La télévision par satellite permet d'envoyer des programmes par-delà les frontières. Ainsi, les islamistes ultra conservateurs iraniens sont allés jusqu'à qualifier les antennes qui en permettent la réception d'antennes « paradiaboliques », dans la mesure où elles donnent la possibilité de capter des programmes jugés immoraux.

Cela dit, les États – et la Chine en est un bon exemple – peuvent fort bien contrôler la distribution et le droit de posséder de telles antennes. En novembre 2000, un juge parisien condamnait la firme américaine Yahoo ! au motif que son portail permettait à des citoyens français d'acheter des objets nazis, ce qui est interdit par la loi française. La loi nationale pouvait donc s'imposer à l'utilisation internationale d'Internet.

Le Web, qui se caractérise par un réseau de millions de réseaux susceptibles d'être reliés entre eux et dépourvu de centre, n'échappe donc cependant pas à toute logique territoriale. La théorie selon laquelle Internet ne pourrait être contrôlé nationalement du fait de son caractère global a donc été battue en brèche. Lors des Jeux olympiques de 2008 à Pékin, le débat a été relancé sur le contrôle d'Internet par les autorités chinoises. Les régimes qui veulent en contrôler l'accès peuvent en effet censurer des mots clés, liés généralement à des thèmes politiques (nom d'opposants ou d'événements, par exemple).

On voit donc que, paradoxalement, la mondialisation renforce la concentration. Non seulement celle des richesses, mais également celle des hommes sur le territoire : les activités économiques se sont concentrées dans les grandes villes dans lesquelles se regroupent médias, sièges sociaux des entreprises, etc. Internet est présenté comme un instrument de décentralisation mais lorsque l'on se trouve en dehors des lignes à haut-débit, le risque est de se retrouver encore plus marginalisé.

Dans chaque pays, le savoir scientifique et technique est concentré dans quelques lieux qui réunissent institutions, entreprises et main-d'œuvre : le couloir de la M 4 à Londres, le sud de Paris en France, la zone Tokyo-Yokohama au Japon. Et si Munich a surpassé Berlin, c'est parce que les principales firmes allemandes ont voulu s'installer, après 1945, dans la zone d'occupation américaine.

Internet avait été présenté comme le moyen de permettre le travail à distance, susceptible de réaliser le vieux rêve d'Alphonse

Allais de faire les villes à la campagne. Il permet, certes, d'être en contact lorsque l'on est éloigné. Mais dans la mesure où le principal facteur d'innovation est la créativité, qui dépend en grande partie elle-même de la sociabilité, l'isolement conservera des vertus limitées.

La mondialisation actuelle repose sur un paradoxe. Si le monde s'est rétréci, si le fait de vivre sur la même planète pour tous les peuples du monde est une évidence qui s'impose désormais, il n'y a pas pour autant d'accord sur les règles de vie commune à établir et respecter. Parler de communauté internationale est une illusion. Si les grands défis à relever – du réchauffement climatique à la lutte contre les grandes pandémies, en passant par la réduction des inégalités économiques et les questions de sécurité internationale – ne peuvent l'être qu'à l'échelle mondiale, les désaccords entre les différents protagonistes empêchent de réels progrès. Nous vivons sur la même planète, mais il n'y a pas d'accord sur le partage des droits et des obligations que cela implique.

2

LES ACTEURS INTERNATIONAUX

On parle souvent de la scène internationale pour évoquer le cadre des relations internationales. Celle-ci serait animée par des acteurs dont l'action a des répercussions sur la vie internationale et qui prennent part d'une façon ou d'une autre au processus de décision. Les acteurs des relations internationales sont donc ceux qui ont assez de puissance pour agir à l'échelle internationale.

De la signature du Traité de Westphalie, qui reconnaissait le principe de la souveraineté (1648), jusqu'au début du XXe siècle, l'État était considéré comme l'acteur quasi unique des relations internationales.

Or depuis quelque temps, et parallèlement au phénomène de globalisation (mondialisation), un débat s'est engagé sur le fait de savoir si l'État continuait à être l'élément fondamental des relations internationales, ou si d'autres acteurs transnationaux n'étaient pas venus l'éclipser. Progressivement, d'autres acteurs sont effectivement apparus et sont venus concurrencer les États, sans pour autant remettre en cause le rôle primordial de ces derniers. Les États n'ont aujourd'hui plus le monopole de l'action internationale, ils demeurent néanmoins les acteurs pivots.

Les États, acteurs majeurs

L'État se définit comme étant formé par un gouvernement exerçant le contrôle d'une population sur un territoire donné. Territoire, population et gouvernement sont les trois caractéristiques d'un État, auxquelles il faut ajouter la souveraineté.

L'État est d'abord délimité par des frontières qui définissent son territoire.

L'histoire des relations internationales montre que les conflits ont principalement eu pour origine des contestations de frontières ou des revendications territoriales. L'État exerce sa souveraineté sur l'ensemble du territoire délimité par ses frontières, qu'il s'agisse de l'espace terrestre, maritime (douze milles marins à partir des côtes) ou aérien. L'espace situé au-dessus de l'espace aérien, que l'on appelle espace extra-atmosphérique, est libre. Cela explique que le survol des avions doit être soumis à autorisation alors que les satellites peuvent survoler tout à fait librement le territoire des États.

La taille du territoire ne peut être considérée comme un obstacle à la constitution d'un État. Il existe des micros États d'une taille extrêmement réduite et inférieure à celle de bien des villes. Les exemples les plus connus sont ceux de Nauru (avec 21 km2) ou Tuvalu (24 km2). Le cas de Singapour avec ses 620 km2, qui se situe parmi les pays les plus riches du monde, montre que la taille d'un État n'est pas forcément un obstacle à la prospérité. Les 20 700 km2 qui forment le territoire d'Israël montrent que la superficie limitée n'empêche pas non plus de jouer un rôle stratégique majeur à l'échelle mondiale.

La population d'un État est formée par l'ensemble des individus nationaux et étrangers qui vivent sur son territoire. Le lien juridique qui attache l'individu à l'État est le lien de nationalité dont chaque État détermine librement les conditions d'attribution. Pas plus que la taille du territoire, l'importance en termes quantitatifs de la population ne joue pour permettre la constitution d'un État. Nauru (10 000 habitants) et Tuvalu (10 500 habitants) sont, malgré leur faible population, néanmoins considérés comme des États.

Tout État a un gouvernement qu'il se choisit librement. La forme (démocratique ou non) du gouvernement n'a aucune importance aux yeux du droit et des relations internationales. Il est simplement nécessaire que le gouvernement dispose de l'effectivité, c'est-à-dire qu'il assume réellement les fonctions étatiques (légiférer, administrer, juger) à l'égard de la population vivant sur le territoire.

Lorsqu'une entité dispose de ces trois éléments et en exerce les compétences, elle est souveraine. Reste toutefois à être reconnue par les autres États. Lorsqu'un État nouveau se crée (indépendance, sécession), il lui faut en effet être reconnu par les autres États afin d'agir efficacement. La reconnaissance peut être universelle ou partielle. Quelques États, notamment latino-américains, reconnaissent Taïwan et non la Chine populaire. Un peu plus de soixante États reconnaissent le Kosovo. Pendant longtemps, au cours de la Guerre froide, les pays occidentaux et pro-occidentaux reconnaissaient l'Allemagne de l'Ouest et non l'Allemagne de l'Est, l'URSS et ses alliés faisant l'inverse. Aujourd'hui, seule la Turquie reconnaît la République turque de Chypre du Nord. Enfin, la Russie est, avec le Nicaragua, le Venezuela et Nauru, le seul pays à reconnaître l'indépendance des provinces sécessionnistes géorgiennes d'Abkhazie et d'Ossétie du Nord.

Néanmoins, une trop faible reconnaissance empêche l'exercice normal des compétences d'un État.

> **L'ÉTAT, AU CENTRE DE LA THÉORIE CLASSIQUE DES RELATIONS INTERNATIONALES**
>
> La théorie classique des relations internationales plaçait l'État au centre de la scène mondiale. Il était l'acteur principal, si ce n'est unique, des relations internationales. Le titre de l'ouvrage de l'américain Hans Morgenthau, *Politics Among Nations*, l'un des grands classiques des livres de relations internationales publié en 1950, rend compte de cette conception. Raymond Aron, qui publie en 1962 un autre grand classique sur les relations internationales, *Paix et guerres entre les nations*, ne s'en éloigne pas. Selon lui, « Les relations internationales sont, par définition semble-t-il, les relations entre nations... Dans la formule relations internationales, la nation équivaut à n'importe quelle collectivité politique territorialement organisée. Disons provisoirement que les relations internationales sont les relations entre unités politiques ».

Les relations inter-étatiques, selon Raymond Aron, s'expriment dans et par des conduites spécifiques, celles des personnages symboliques que sont le diplomate et le soldat. « L'ambassadeur et le soldat vivent et symbolisent les relations internationales qui, en tant qu'inter-étatiques, se ramènent à la diplomatie et à la guerre. Les relations entre États comportent par essence l'alternative de la guerre et de la paix. »

Cette suprématie de l'État sur la scène internationale est admise depuis les traités de Westphalie qui, en 1648, mettent fin à la guerre de 30 ans qui avait ruiné et ensanglanté l'Europe. Ils marquent à la fois l'échec du Saint-Empire romain germanique – l'Empereur n'ayant pas réussi à exercer le pouvoir temporel sur ses territoires – et celle de l'idée médiévale d'universalité. Les traités de Westphalie vont par ailleurs reconnaître la souveraineté des États tant par rapport à l'Empereur (pouvoir temporel) qu'au Pape (pouvoir spirituel).

La poursuite de l'intérêt national est légitime et concourt même à produire un certain équilibre des forces. Le concept d'État nation s'est ensuite étendu à l'Amérique du Nord et, au XIXe siècle, à l'Amérique du Sud. Il a ensuite été adopté avec plus de difficultés et de lenteur au Japon, en Russie, dans l'ancien Empire ottoman et en Chine puis, après la décolonisation, en Afrique et en Asie. Le tiers monde a embrassé avec enthousiasme le modèle défini par le colonisateur, sans avoir parfois les moyens de le mettre en œuvre.

L'État, qui est souverain, n'est subordonné à aucun autre membre de la communauté internationale. En vertu du principe de l'égalité souveraine des nations, il n'a pas de supérieur parmi les autres États, que des égaux. L'article 2, paragraphe 1 de la Charte des Nations unies dispose, en effet, que « l'organisation est fondée sur le principe de l'égalité souveraine de tous ses membres ».

Cette égalité est, bien sûr, plus théorique que réelle. Tous les États n'ont pas la même puissance. Le droit international lui-même reconnaît parfois cette inégalité dans les faits. Ainsi, les membres permanents du Conseil de sécurité ont plus de pouvoir que les autres pays membres de l'ONU. Le Traité de non-prolifération des armes nucléaires, quant à lui, reconnaît à cinq États (ceux qui ont procédé à un essai nucléaire avant le 1er janvier 1967) le droit de posséder ce type d'armes, tout en l'interdisant aux autres. De même, les droits de vote au FMI reflètent les quotes-parts des États. Les exemples d'inégalités consacrés sur le droit (mais représentant souvent les véritables rapports de force) sont nombreux. Pour ne pas parler des inégalités de fait, selon la puissance respective de chacun des États.

Les acteurs non étatiques

Les organisations internationales

Les organisations internationales, apparues au XIXe siècle, se sont particulièrement développées au XXe siècle. Elles se définissent comme des structures de coopération inter-étatique, des associations d'États souverains et égaux poursuivant un but commun par l'intermédiaire d'organes autonomes.

Les premières organisations internationales sont nées au XIXe siècle. Il s'agissait des commissions fluviales internationales créées pour régler les problèmes posés par l'utilisation des fleuves internationaux. Elles visaient notamment à éviter les entraves aux échanges dues au fait que chaque État s'estimait propriétaire exclusif de la partie du fleuve située sur son territoire. C'est ainsi que se met en place une commission centrale pour la navigation du Rhin, en 1831, et un système analogue sur le Danube, en 1856. Par la suite apparaissent les unions administratives : Union télégraphique (1865), Union postale universelle (1874), Union des chemins de fer (1890), Union pour la protection internationale de la propriétaire industrielle (1883). Ce premier type de coopération est purement technique. Il s'agit d'organiser l'utilisation de nouveaux moyens techniques qui développent les relations entre États.

Le choc de la Première Guerre mondiale suscitera une volonté politique d'organiser la société internationale. En 1919, est créée la Société des nations (SDN), ébauche d'un système de sécurité collective et première organisation universelle à caractère politique. Le mouvement s'amplifiera après 1945 sous l'effet de trois phénomènes :

- la révolution scientifique, qui justifie la multiplication d'organisations internationales à caractère technique ;
- l'interdépendance des États, qui rendra encore plus indispensable l'organisation de leur coopération politique. Ainsi, l'ONU (Organisation des Nations unies) succède à la SDN avec des pouvoirs importants. Créée par l'alliance des vainqueurs de la Seconde Guerre mondiale, elle survivra à leur rupture mais ne pourra pas tout à fait jouer le rôle qui aurait dû être le sien, notamment en termes de sécurité ;
- la décolonisation, qui a multiplié les organisations internationales à caractère régional.

Il existe aujourd'hui trois cents organisations internationales. L'augmentation devrait continuer, des besoins nouveaux suscitant la naissance de nouvelles organisations. Même si parfois elles ne sont guère utiles, il est rare qu'elles disparaissent. Le pacte de Varsovie, dissout le 25 février 1991, est l'exception qui confirme la règle.

Les organisations internationales sont donc des acteurs des relations internationales, mais des acteurs dérivés et secondaires car elles sont créées uniquement par les États. Leur existence dépend de traités internationaux qui constituent leur acte de naissance, et dont l'initiative ne leur appartient pas. Elles sont d'ailleurs uniquement composées d'États.

Certes, elles acquièrent après cette création une vie propre, pouvant même parfois s'opposer à un État membre. L'ONU a condamné l'Afrique du Sud à propos de l'occupation de la Namibie, a organisé juridiquement la guerre contre l'Irak après son invasion, puis annexion, du Koweït (1990-1991). La Cour internationale de justice, dans un avis célèbre de 1949, a même estimé que les décisions de l'ONU pouvaient même être imposées aux États non-membres de l'organisation, et ce indépendamment de toute reconnaissance de leur part.

Il n'en reste pas moins que les organisations internationales demeurent dépendantes des États qui les ont créées et les animent. L'ONU a des pouvoirs restreints, pour ne pas dire inexistants, lorsque les membres permanents du Conseil de sécurité ne veulent pas prendre de décision ou lui donner les moyens de mettre en œuvre les décisions prises. L'OTAN, où le poids des États-Unis est supérieur à celui de tous les autres États membres réunis, n'a jamais entrepris d'actions à laquelle Washington aurait été réticente.

Les firmes multinationales

Les premières firmes multinationales sont nées dans des petits États européens dont le marché intérieur était trop étroit (Philips aux Pays-Bas, Nestlé en Suisse). Elles se sont développées aux États-Unis après 1945 et il en existe désormais dans tous les pays industriels. Ayant la nationalité d'un État, elles possèdent des filiales dans d'autres pays, connaissent une internationalisation de leurs activités de production, mais disposent d'un centre de décision unique.

Les coûts des innovations technologiques et l'exigence du renouvellement rapide des équipements poussent les entreprises à élargir leur marché. Elles décident de s'internationaliser afin d'accéder au marché mondial et continuer à prospérer, ce qui ne serait pas possible à la seule échelle nationale.

Il s'agit donc de sociétés à but lucratif (contrairement aux ONG). Leur objectif officiel et affiché est de faire des profits. C'est la raison même de leur existence. Leur poids économique peut être énorme.

Ainsi, sur les cent plus grandes entités économiques au monde, 51 sont des multinationales et 49 des États. Le chiffre d'affaires des cinq premières sociétés mondiales est supérieur au produit national brut cumulé de 132 États membres des Nations unies. Selon la CNUCED, 65 000 firmes multinationales, avec 850 000 filiales à l'étranger, contrôleraient le tiers des avoirs productifs du secteur privé mondial. Le Japon, les États-Unis et l'Europe rassemblent, par la capitalisation boursière, 76 % des cinq cents premières firmes mondiales.

En 2000, la valeur boursière de la firme Nokia d'origine finlandaise (1 300 milliards de dollars) représentait près de deux fois le PIB finlandais. Sa capitalisation boursière représentait 70 % de celle de la bourse d'Helsinki. En décembre 1999, la valeur boursière de Nokia augmentait en une semaine de 30 milliards d'euro, soit l'équivalent du budget annuel finlandais ! Mais 85 % des actions de Nokia sont détenues par des non-Finlandais !

Classement des 10 premières multinationales par leur chiffre d'affaires en 2008

Entreprises	Chiffre d'affaires (en millions de dollars)
Wal-Mart Stores	378,799
Exxon Mobil	372,824
Royal Dutch Shell	355,782
BP	291,438
Toyota Motors	230,201
Chevron	210,783
ING Group	201,516
Total	187,280
General Motors	182,347
Conoco Philips	178,558

Comparaison par rapport aux PNB de certains États

Rang mondial	Pays	PNB en millions de dollars
17	Turquie	690,706
26	Danemark	325,060
23	Norvège	415,249
22	Pologne	453,034
24	Arabie Saoudite	374,333
29	Afrique du Sud	283,310
52	Koweït	99,865
61	Libye	72,735
116	Sénégal	11,825

La libéralisation des mouvements de capitaux a diminué considérablement l'autonomie de la politique économique et financière des gouvernements, investisseurs et entreprises. En d'autres termes, le « marché » peut plus facilement faire jouer la concurrence entre les différents pays et aller où son intérêt y est le mieux servi.

En outre, les firmes multinationales peuvent jouer un rôle politique important et s'opposer aux États. On peut citer l'exemple des « républiques bananières », ces compagnies américaines possédant de vastes exploitations agricoles en Amérique centrale et qui jouaient, au début du XIXe siècle, un rôle essentiel dans la vie politique de ces États. Un autre cas symbolique est l'action de la firme américaine ITT, qui joua un rôle considérable dans le sanglant coup d'État militaire qui renversa le président élu Salvador Allende en 1973.

Les entreprises multinationales sont, malgré tout, des entreprises ayant « une capitale » et une nationalité. On se rappelle du slogan du président Wilson : « Ce qui est bon pour la General Motors est bon pour les États-Unis et tout ce qui est bon pour les États-Unis est bon pour la General Motors ».

L'assimilation d'une firme multinationale à son pays d'origine est toujours une réalité, ces entreprises conservant un ancrage particulier avec leur territoire d'origine. Ainsi, les multinationales américaines respectent, fût-ce à contrecœur, la politique de leur gouvernement à l'égard de l'Iran ou de Cuba. À l'inverse, l'État américain intervient en leur faveur pour l'obtention de certains marchés. Il arrive cependant que des entreprises commercent clandestinement avec des États soumis à l'embargo ou avec lesquels leur pays n'entretient pas de bonnes relations.

En juillet 2000, le secrétaire général de l'ONU, Kofi Annan, réunissait les patrons de cinquante multinationales pour élaborer un partenariat visant à lutter contre les dérives de la mondialisation sur la base des principes de la Déclaration des droits de l'homme.

Il reconnaissait par là même que l'organisation mondiale, représentant les États, tenait compte de l'existence de ces firmes et admettait leur statut d'acteur important des relations internationales. De leur côté, les sociétés multinationales entendaient démontrer qu'elles étaient préoccupées par l'état de la société internationale, au-delà de la seule recherche immédiate de profits.

Dans les années 1960, les sociétés multinationales ont subi de nombreuses critiques, accusées à la fois de piller le tiers monde, d'y mener des activités politiques séditieuses contre des gouvernements progressistes, et d'imposer de façon non démocratique leur loi aux États-nations.

Aujourd'hui, elles sont critiquées par ceux qui s'opposent à la mondialisation au motif qu'elles écraseraient les différentes identités et particularismes et poursuivraient un profit immédiat au détriment de l'intérêt général (pétroliers qui polluent ; groupes agroalimentaires qui jouent avec la santé publique ; entreprises pharmaceutiques insensibles aux souffrances du tiers monde). Les firmes multinationales sont ainsi régulièrement mises sur la sellette, que ce soit McDonald's (devenu symbole de la « mal bouffe et de l'américanisation du monde »), Monsanto (accusé de ruiner les paysans par sa politique de brevet), Nike (accusé de faire travailler des enfants en Chine et au Pakistan), Shell (pour fournir des armes à la police du Nigeria) ou Total (pour aider le régime dictatorial birman).

D'autres les voient au contraire comme un vecteur de modernité, faisant remarquer que leurs employés sont généralement mieux payés que ceux des entreprises nationales, que leur activité mondiale leur donne des obligations à cette échelle, et que leur plus grande visibilité les contraint à des efforts d'image(s) dont peuvent s'exonérer les entreprises plus petites.

La notoriété est, en effet, à la fois la force et le talon d'Achille des multinationales. Très visibles, elles peuvent être économiquement affectées par des campagnes négatives à destination des opinions publiques. Plus généralement les sociétés multinationales, toutes-puissantes soient-elles, ont intérêt à soigner leur image, qui devient une partie importante de leur capital. Faute de quoi les consommateurs se détourneront d'elles.

Les Organisations Non Gouvernementales

C'est, depuis deux ou trois décennies, l'acteur « en vogue » des relations internationales.

À la différence des organisations internationales, elles ne sont pas composées d'États mais créées par des individus. Elles interviennent dans tous les secteurs de la vie sociale, politique, juridique, scientifique, sportive, religieuse et humanitaire. Ce sont par exemple :

- les internationales politiques (socialiste, démocrate-chrétienne, etc.) ;
- les syndicats ;
- le Comité International de la Croix Rouge) ;
- le Comité International Olympique), la Fédération Internationale de Football).

Elles ne bénéficient pas de la personnalité juridique internationale et exercent leurs activités selon les règles nationales de l'État dans lequel est fixé leur siège.

À côté des ONG « traditionnelles », sont apparues plus récemment des ONG plus dynamiques à vocation humanitaire, dont le but est d'intervenir dans la politique interne des États (Amnesty International, Médecins Sans Frontières, Greenpeace, etc.) en s'appuyant sur l'opinion publique internationale.

En 1995, un rapport de l'ONU estimait le nombre des ONG internationales à 29 000. Aujourd'hui, l'Union des Associations Internationales en recense 135 000, dont 65 000 en Europe. Les principales d'entre elles sont de gigantesques et richissimes organisations dont le champ d'action est la planète. On peut les qualifier d'ONG internationales ou même d'organisations transnationales dans la mesure où elles déploient leurs activités au niveau mondial.

Elles sont aussi connues (et souvent plus populaires) que de nombreux États ou grandes firmes multinationales.

> **BUDGET ANNUEL DE QUELQUES ONG**
> - Médecins sans frontières : 400 millions d'euros
> - Handicap international : 217 millions de francs
> - Oxfam (Royaume-Uni) : 600 millions de livres
> - Save the Children (Royaume-Uni) : 85 millions de livres
> - World Vision relief and development (USA) : 800 millions de dollars
> - Care (USA) : 900 millions d'euros

Amnesty International a des sections dans 162 pays. Greenpeace dispose de 40 bureaux dans le monde, une flotte de plusieurs navires, 1 500 salariés et un budget de 200 millions d'euros. MSF emploie 20 000 personnes dans 80 pays.

Par ailleurs, les ONG sont actives dans les débats internationaux les plus sensibles : droits de l'homme, éthique, commerce, prévention des conflits, préservation de l'environnement, aide au développement, désarmement, protection des enfants, statut de la femme, défense des minorités, etc.

L'aide économique internationale qui transite par les ONG en direction des pays pauvres est désormais plus importante que celle de la Banque mondiale. Les grandes fondations américaines ont, en 2004, consacré 2,9 milliards d'euros à des programmes d'aide au développement (l'aide publique au développement de la France représentait la même année la somme de 3,1 milliards d'euros).

Elles sont au service d'une cause particulière et s'appuient le plus souvent sur l'opinion publique à travers les médias pour la faire progresser. Ce serait cependant une erreur de les réduire à des associations militantes habiles à se servir des médias. Elles sont souvent très professionnalisées dans leur structure, disposent de permanents de haut niveau, d'experts de première qualité et ont une gestion professionnelle non seulement de la communication et du *Fundraising* (recherche de financements) mais aussi de la relation avec les États, les organisations internationales et même les firmes multinationales (qui peuvent y voir un intérêt en terme d'image et décider de les aider financièrement).

Leur rôle a été décisif pour établir certaines normes internationales. Ainsi, c'est largement l'action d'une coalition composée de

1 500 ONG disséminées dans 90 pays qui a permis la conclusion, en 1997, d'un traité interdisant l'usage et la possession de mines antipersonnel (le traité d'Ottawa, ratifié par 156 États en 2008). Un autre exemple est la médiation effectuée par la Communauté catholique de Sant'Egidio, qui a permis de mettre fin à la guerre civile au Mozambique en 1992.

Leur rôle a été essentiel dans le secours d'urgence apporté à Haïti après le tremblement de terre de janvier 2010.

Le poids croissant des ONG dans la société internationale est souvent présenté comme participant au déclin de l'État comme acteur central des relations internationales. Les ONG contribuent souvent à déterminer la politique des gouvernements sur les dossiers qu'elles prennent en charge. Plus fondamentalement, elles sont nées du constat que l'État n'est pas en mesure de répondre aux besoins de la société.

Cela dit, sont-elles, comme cela est souvent présenté – notamment par elles-mêmes –, l'incarnation de l'intérêt général, l'expression de l'opinion publique internationale, ou l'incarnation de la société civile internationale ? Sont-elles les représentantes de l'intérêt général, à l'opposé des États qui poursuivent, eux, des buts particuliers constitués par le seul intérêt national ? Sont-elles le volet moral de l'action internationale opposé à la *Realpolitik* cynique des États ?

Cette présentation est sans doute simpliste. S'il est certain que les ONG poursuivent des idéaux généreux et sont très largement le résultat d'actions militantes désintéressées, il y a cependant des limites. Les ONG se veulent à l'avant-garde de l'opinion publique, mais elles n'en sont pas forcément les porte-parole légitimes.

À côté d'ONG très visibles et à finalité politique, on doit recenser parmi ces organisations l'Union internationale des philatélistes, la Conférence internationale des syndicats libres, le Rotary Club, l'Organisation Internationale des Normes de Sécurité, la Fédération mondiale des anciens combattants, le Comité olympique international, l'Association internationale des transporteurs aériens, l'Institut du droit international, la Fondation Brigitte Bardot ou encore la Fondation Khadafi, qui montrent l'extrême diversité des ONG et le fait que leurs motivations, officielles ou occultes, peuvent être très diverses. Lors du sommet du Millenium, les ONG françaises présentes à New York ont été conduites à dénoncer la reconnaissance par l'ONU de certaines ONG s'apparentant, à leurs yeux, à des lobbies économiques ou à des sectes religieuses.

Avec l'affaire de « l'Arche de Zoé », on a vu également que des ONG pouvaient, au nom de la morale et de l'urgence, s'affranchir de toute règle éthique, dans un mélange de compassion, d'absence de vision politique d'ensemble et de recherche de notoriété. Cette ONG voulait emmener en France des enfants africains censés être des orphelins du conflit du Darfour et qui étaient en fait des enfants tchadiens, qui n'étaient pas orphelins.

Certaines ONG peuvent être instrumentalisées par les États ou leurs services. D'autres peuvent même être créées artificiellement par les États eux-mêmes (c'est le cas des GONGOS : Government-operated non governmental organization). Il s'agit de fausses organisations non gouvernementales qui se font en réalité les porte-parole de leurs gouvernements.

Les firmes multinationales peuvent également chercher à instrumentaliser les ONG. Ainsi, Monsanto a financé un centre de recherche sur les questions alimentaires dont les études et publications plaident inlassablement en faveur du développement des OGM, dont Monsanto est le principal producteur mondial.

Les ONG n'ont pas pour objet le sort du monde dans sa globalité mais la poursuite d'une cause particulière. Elles ne peuvent, de ce fait, être l'incarnation de la globalité de la situation. Le sort des baleines ou des pandas suscite plus d'activité et de mobilisation de leur part que la misère dans les bidonvilles du tiers monde.

En outre, leur légitimité est plus militante ou médiatique que démocratique. Elles sont largement autoproclamées et représentent une fraction – souvent la plus active et la plus visible – des opinions publiques occidentales. De nombreuses ONG luttent contre l'inégalité Nord/Sud, mais c'est bien le Nord qui domine le monde des ONG.

Les individus

La doctrine classique considère que les individus ne sont pas des acteurs internationaux car ils ne sont pas sujets du droit international. Cependant, il est difficile de nier l'importance de certains chefs d'États, qui deviennent des figures historiques et sur lesquels pèsent *in fine* des décisions importantes. Certes, on ne peut expliquer l'histoire par l'action des « grands hommes ». Mais l'action de tel ou tel dirigeant de grande puissance peut marquer l'histoire de façon négative ou positive, que l'on pense à Gandhi, Mandela, Gorbatchev, Barack Obama, etc. Les figures morales ou religieuses (le pape, le Dalaï Lama) ont également eu une action internationale importante qui dépasse le seul cadre spirituel.

Il en va de même pour certains grands chefs d'entreprise. Dans les années 1990, George Soros, Américain d'origine hongroise, est le symbole du rôle fort que peuvent jouer certains individus à l'échelle mondiale et devient l'une des incarnations physiques du « marché » qui guiderait désormais le monde. En effet, en 1992, la société qu'il dirige spécule contre la livre sterling, contribuant à obliger le gouvernement britannique à dévaluer. Au passage, il empoche un milliard de dollars de plus-value.

On a ici les éléments d'une nouvelle répartition du pouvoir qui s'appuie sur les règles invisibles du marché : un homme et la société financière qu'il dirige ont fait céder le gouvernement de l'un des pays les plus puissants du monde ! Il récidivera en 1997-1998, au cours de la crise asiatique, et sera même présenté par certains dirigeants de la région comme l'ennemi public n°1. Parallèlement, il entreprend des actions de mécénat de grande ampleur en Europe de l'Est et en Russie, notamment pour y soutenir la démocratie. Là encore, l'image est forte, le mécénat d'un individu peut contribuer plus efficacement que l'action des grandes puissances à modeler le système politique des ex-membres du pacte de Varsovie.

Ted Turner, président de CNN, s'est engagé à verser un milliard de dollars sur dix ans afin de financer des programmes de l'ONU. À la veille du dernier Sommet du millénaire, il fait un don de 34 millions de dollars à l'organisation mondiale, débloquant ainsi le lancinant problème de la dette qu'entretenaient les États-Unis à l'égard de cette dernière. Le patron de Microsoft, Bill Gates, considéré comme l'homme le plus riche du monde, a versé pour la seule année 2005 250 millions de dollars à l'Organisation mondiale pour la santé (OMS). Il a, en outre, créé une fondation dotée de 31 milliards de dollars de capital, à laquelle s'est joint le milliardaire Warren Buffet pour 37 milliards de dollars, soit l'équivalent des PNB du Vietnam ou de la Slovaquie.

Les médias

Le rôle des médias dans la gestion des relations internationales est de plus en plus mis en avant.

Il a souvent été dit que les images de la guerre du Vietnam ont notablement contribué à mobiliser les opinions, notamment occidentales, contre cette guerre. De même, le rôle des médias a été spectaculaire dans la guerre du Golfe de 1991, suivie en direct sur CNN.

Le rôle et l'impact des médias sont évidemment beaucoup plus visibles lors des moments de fortes tensions, tels que crises humanitaires et guerres.

L'épisode fameux du débarquement des troupes américaines à Cuba à la fin du XIXe siècle est un exemple historique emblématique du rôle joué par les médias. La presse populaire américaine, que dirigeait William Hearst (modèle d'Orson Welles pour le film *Citizen Kane*), cherchait à populariser l'idée d'aider les Cubains contre les Espagnols en vue de légitimer l'intervention militaire américaine. Au reporter dépêché à La Havane qui, dans un télégraphe, déclarait : « Rien à signaler. Tout est calme. Il n'y aura pas de guerre. Voudrais rentrer. », Hearst répondait sur-le-champ : « Vous prie de rester. Fournissez illustrations, je fournirai la guerre ».

Cent ans plus tard, l'image des colonnes de réfugiés kosovars fuyant les troupes de Milosevic aura été capitale pour « vendre » la guerre du Kosovo auprès des opinions publiques occidentales. En 1992, on a vu les journalistes américains arriver en Somalie juste avant les troupes américaines, à temps pour filmer leur débarquement.

Certains n'hésitent pas à dire que CNN est le 6e membre permanent du Conseil de sécurité car il n'est pas envisageable de mettre sur pied une opération militaire de l'ONU si le public n'a pas vu auparavant à la télévision les images justifiant une telle opération.

Mais le monopole de la chaîne américaine et, plus généralement, des Occidentaux sur les informations télévisées internationales a été brisé. Al Jazeera, la chaîne qatarie, est devenue le symbole d'une information concurrente. Pour les conflits du Proche-Orient par exemple, les chaînes arabophones ne donnent ni les mêmes images, ni les mêmes commentaires des événements que les médias occidentaux.

Il faut cependant dissiper le lieu commun selon lequel ce serait les médias qui, formatant l'opinion, dirigeraient le monde. Des informations trop biaisées, ou qui apparaîtraient trop liées à la propagande, ne seraient pas suivies par le public, qui n'est pas si facilement manipulable. Par ailleurs, les médias sont concurrentiels et participent à l'économie de marché. Il ne leur faut donc pas, pour des raisons économiques, se couper du public.

Cela dit, ils peuvent contribuer à façonner l'opinion, à condition de venir confirmer des préjugés existants. La chaîne Fox News a beaucoup fait pour convaincre le public américain que la guerre d'Irak de 2003 était justifiée et nécessaire. Il était faux de dire que Saddam Hussein possédait ou était sur le point de posséder des armes nucléaires et qu'il était lié à Al Qaïda, mais le public américain était prêt à le croire. Par ailleurs, aller trop à l'encontre de ce que le public veut croire conduit à l'échec. Les Américains ont voulu, après la guerre d'Irak, lancer des chaînes de télévision d'information à destination des pays arabes afin de donner une image positive de la politique extérieure de leur pays. Ce fut un échec, les chaînes ayant vite été considérées comme des canaux de propagande et non d'information par les publics arabes, peu enclins à croire au caractère positif de la politique proche-orientale des États-Unis. De même, avant la Première Guerre mondiale, les responsables français, soucieux de la mauvaise image de la France auprès du public allemand, avaient acheté un quotidien allemand pour promouvoir un discours positif sur la France. Au bout de quelques mois, le journal a fermé, faute de lecteurs. Ces derniers n'avaient aucune envie de lire des reportages et éditoriaux favorables à la France.

L'opinion mondiale

Se crée aussi sur de nombreux sujets une opinion publique mondiale, équivalente de ce que l'on appelle, en interne, la « société civile ». La mondialisation permet de susciter des mobilisations de citoyens autrefois impassibles par un système mêlant ONG, médias, Internet et individus. De la justice internationale à la préservation de l'environnement, en passant par la lutte contre les organismes génétiquement modifiés et les dénonciations des excès de la mondialisation, de nombreux sujets mobilisent de façon transnationale des milliers d'individus qui vont définir des objectifs et essayer de les imposer aux gouvernements.

Les grands problèmes stratégiques sont ainsi de plus en plus soumis à l'examen critique des opinions, qui n'hésitent pas à faire pression en faveur de telle ou telle décision, en s'affranchissant très souvent des frontières nationales. Le 15 février 2003, des dizaines de millions de personnes manifestaient contre la future guerre d'Irak. Il est certes toujours possible pour un gouvernement de mener une politique étrangère qui n'aurait pas le soutien de l'opinion publique, mais le coût politique est de plus en plus lourd à payer.

Cela vaut, bien sûr, pour les démocraties. Tony Blair, malgré des résultats économiques satisfaisants, et bien qu'il soit le premier ministre d'un pays fier de ses relations spéciales avec les États-Unis, a quitté le pouvoir en Grande-Bretagne, alors que les citoyens britanniques lui reprochaient notamment un trop grand suivisme à l'égard de Washington, surtout à propos de la guerre d'Irak. Ce comportement lui a valu d'être surnommé le « caniche de Bush » (Bush's poodle).

De même, José María Aznar a perdu à la surprise générale les élections législatives de mars 2004 suite aux attentats de Madrid. Les électeurs espagnols lui ont reproché à la fois la participation du pays à la guerre d'Irak, contre leur avis majoritaire, et les mensonges proférés sur les attentats, attribués à tort à l'ETA et non à Al Qaïda afin de ne pas faire de liens entre ces attaques et la participation espagnole à la guerre d'Irak.

Mais les régimes non démocratiques doivent, eux aussi, tenir compte de leurs opinions – à l'exception des régimes totalitaires de type Corée du Nord ou Myanmar. Les régimes autoritaires ne peuvent pas trop souvent ou trop fortement prendre à rebrousse-poil leur population, y compris sur les questions internationales. Ainsi, le régime chinois à dû faire face pendant la guerre d'Irak à la grogne de sa population, mécontente de voir son gouvernement s'opposer trop mollement à l'intervention militaire. Il a au contraire reçu un appui déterminé lorsqu'il a reçu des menaces extérieures de boycott des Jeux Olympiques.

Le roi d'Arabie Saoudite, pour sa part, ne risque pas d'être renversé par les élections. Toutefois, il sait que s'il apparaît trop proche des États-Unis, il laissera un espace politique aux islamistes radicaux et se mettra politiquement en danger.

> **« VOUS, OUI VOUS »**
>
> En décembre 2006, le magazine *Times* attribuait son titre de la « personnalité de l'année » à « Vous, oui, vous. Vous contrôlez l'ère de l'information. Bienvenue dans votre monde ». Le magazine faisait en fait référence à la montée en puissance de sites Internet alimentés par les citoyens.

Les acteurs illégaux : mafias et groupes terroristes

À côté des acteurs exerçant leur rôle international de façon publique, d'autres se caractérisent par la clandestinité de leurs activités. Ainsi, les mafias s'inscrivent, elles aussi, dans le cadre de la mondialisation.

Interpol (abbréviation de International Police) dès 1988, définissait la criminalité organisée comme étant « toute entreprise (ou groupe de personnes) engagée dans une activité illégale permanente ne tenant pas compte des frontières nationales, et dont l'objectif premier est le profit ».

Au départ, les mafias ont une base nationale ou locale et sont dotées de racines historiques et culturelles issues de cet environnement géographique.

Or, désormais, les mafias contestent l'État à la fois sur le plan local et mondial. Leur organisation transnationale leur permet de se prémunir contre les coopérations inter-étatiques destinées à lutter contre elles. Les différents groupes régionaux (de la Cosa Nostra sicilienne aux Yakusa japonais, en passant par le Cartel de Medellín et les triades chinoises) ont constitué un réseau international qui se joue des frontières étatiques et fait fortune grâce aux trafics illicites de tous les produits dont la vente est interdite par l'État (drogues, êtres humains, rackets, produits contrefaits, fausses monnaies, etc.) ou strictement réglementée (cigarettes, jeux de hasard).

De même, à l'échelle nationale, la mafia joue dans certains cas un rôle extrêmement important. On estime que l'économie clandestine représentait 40 % de l'économie russe à la fin du régime de Boris Elstine, et que la moitié des banques de ce pays avaient un lien avec le crime organisé. Il n'était pas rare en effet que, devant la faillite de l'État, les entreprises préfèrent céder au racket, susceptible d'assurer une protection plus efficace qu'une police corrompue et sans moyens.

En Colombie, en Bolivie et au Nigeria notamment, les mafias jouent un rôle macro-économique capital. On a même vu un pays aussi important que le Japon subir le contrecoup du poids de la mafia dans la vie économique. La crise de 1992, due à la banqueroute de plusieurs établissements bancaires, s'explique en effet au moins en partie par les prêts, pour le moins risqués, consentis aux Yakusis et aux hommes politiques corrompus.

Les estimations des profits annuels dérivés du trafic de drogue vont de 300 à 500 milliards de dollars, le trafic de drogue représentant, à l'échelle mondiale, un chiffre d'affaires supérieur à celui du pétrole. Le chiffre d'affaires de la contrefaçon, quant à lui, est évalué à 1 000 milliards de dollars, auquel il faut ajouter les trafics d'animaux, d'hommes et de femmes, et le crime organisé.

De façon générale, on estime que le poids du crime mondialisé représente 10 % du PIB mondial.

En décembre 2000, 124 pays réunis à Palerme sous l'égide des Nations unies ont signé une convention contre la criminalité transnationale organisée. Ce texte vise à lutter plus efficacement contre toutes les mafias en renforçant la coopération entre les États et en harmonisant leur législation.

Les groupes terroristes

Les attentats du 11 septembre ont montré que les groupes infra-étatiques pouvaient avoir un impact considérable sur la scène internationale. Le réseau terroriste qui les a commis, Al Qaïda, a réussi à frapper le cœur de la puissance économique (le World Trade Center) et militaire (le Pentagone) des États-Unis, pourtant inégalée. Washington a fait de la guerre contre le terrorisme son objectif stratégique principal, montrant de ce fait combien était prise au sérieux la menace de ces groupes à la fois infra-étatiques et agissant à l'échelle transnationale.

Le Conseil de sécurité de l'ONU a adopté, en janvier 2002, la résolution 1390 qui impose le gel des avoirs financiers des membres présumés d'Al-Qaïda, interdit leurs déplacements et impose un embargo sur les armes.

Le terrorisme est vécu par les pays occidentaux en ce début de XXIᵉ siècle comme la principale menace pesant sur leur sécurité.

L'État conserve un rôle incontournable

Aujourd'hui, le rôle de l'État dans les relations internationales est remis en cause. On estime que la notion d'État est dévaluée sous le triple effet de l'arrivée de nouveaux acteurs internationaux, qui viennent directement le concurrencer sur la scène internationale, du phénomène de la mondialisation, qui affaiblit la notion de territoire, et de l'essoufflement du modèle de l'État-nation.

Le modèle de l'État-nation est contesté parce qu'il ne peut être appliqué universellement selon les critères définis par et pour les États-nations européens.

Certains États n'ont pas les moyens de la souveraineté. Ils n'exercent pas à l'intérieur de leurs frontières le « monopole de la violence légitime » qui, selon Max Weber, appartient aux États et constitue même leur essence. Ils ne sont donc pas en mesure d'exercer les compétences supposées être les leurs. C'est ce que l'on appelle les *« collapsed states »*, les États faillis, où le gouvernement ne contrôle ni la population ni les territoires. Cela peut venir du fait que des groupes armés contestent son autorité et sont parvenus à maîtriser une partie du territoire et de la population, soit parce que des groupes terroristes mettent en échec la souveraineté de l'État, soit parce que ses mafias, notamment par le contrôle des trafics de drogue, exercent une autorité de fait. On a vu ainsi le cartel du trafic de drogue bolivien proposer de racheter la dette internationale du pays en échange d'un engagement concernant l'extradition de ses membres vers les États-Unis.

Certains micros États n'ont pas les moyens, ni parfois même la volonté, d'exercer leurs responsabilités. On peut trouver plaisant de voir le 189ᵉ État membre de l'ONU, Tuvalu, faire fortune grâce à la vente de son sigle national sur Internet (TV) qui intéresse fortement les grands groupes de communication. Mais tout ceci ne peut que laisser un sentiment étrange quant à l'organisation rationnelle de la scène mondiale ! De façon plus préoccupante, les micros États sont utilisés pour le blanchiment d'argent sale et la protection d'activités illicites ou contestables sur le plan des principes. Les Îles Caïmans (46 000 habitants) connaissent la plus forte densité d'établissements financiers au monde (40 000 sièges de société écrans, 600 banques). Elles représentent la cinquième place financière mondiale. Le quart du budget des Îles Vierges est assuré par des sociétés *offshore*, ces entreprises dont l'activité ne s'exerce pas dans le pays où elles ont leur siège social. 120 milliards de dollars y sont transférés chaque année, 2 200 fonds spéculatifs et fonds de pension y gèrent l'équivalent de trois fois le budget de la France. Chaque année, 150 000 sociétés extra-territoriales opaques sont créées au niveau mondial. Les centres financiers *offshore* représentent 1,2 % de la population mondiale, 3 % du PNB mondial et 31 % des bénéfices des sociétés multinationales américaines.

Les États se sont en fait accommodés de ces paradis fiscaux jusqu'en mai 2000, où le G7 a publié une liste de 42 États accusés d'être des paradis fiscaux et dont les actifs financiers s'élevaient à plus de 500 milliards de dollars, soit 3 % de la richesse mondiale. Après la crise financière de 2008, la lutte contre les paradis fiscaux a été de nouveau jugée indispensable.

Même en Europe occidentale, où le modèle a été créé, l'État-nation est contesté, et ce tant par le haut (il cède une partie de ses compétences au niveau européen) que par le bas (communes, régions et autres entités issues des démembrements territoriaux voient leurs compétences s'élargir).

C'est le cas notamment des collectivités locales qui, même dans un pays à tradition jacobine comme la France, ont une activité internationale affirmée, appartiennent à des réseaux structurés (Euro-régions, association internationale des maires, etc.) et se dotent souvent de directions internationales qui touchent à la vie culturelle, économique, etc. Dans un pays fédéral comme l'Allemagne, le rôle des *Länder* est encore plus accentué.

Les collectivités territoriales sont, de fait, de plus en plus actives sur la scène internationale, notamment au travers de ce que l'on appelle en France la coopération décentralisée. Ce terme recouvre des actions pouvant relever de l'aide au développement, de l'action humanitaire, de la coopération culturelle et scientifique, mais aussi de la promotion des intérêts de la collectivité collective concernée. Dans le cadre de la compétition économique internationale, l'enjeu pour les collectivités locales est en effet de promouvoir les atouts et les capacités d'accueil de leur territoire auprès des décideurs étrangers. Il s'agit également d'aider le tissu économique local à développer ses marchés à l'étranger.

La coopération d'État et la coopération décentralisée ne se concurrencent pas mais se valorisent mutuellement. La coopération entre villes est plus aisément ressentie par les populations que la coopération inter-étatique, c'est une coopération plus orientée sur le concret, sur le quotidien. Elle peut en outre s'avérer plus souple que l'aide gouvernementale ou internationale, et plus durable dans le temps que certaines initiatives d'associations ou d'ONG. La coopération décentralisée est par ailleurs perçue comme étant à la fois politiquement neutre, s'attachant principalement au domaine technique de la gestion urbaine, et préparant parallèlement de fait à l'ouverture politique, de par l'éveil à la citoyenneté locale qu'elle suscite. En France, l'on dénombre 2 600 collectivités territoriales engagées dans des milliers d'actions de coopération décentralisée.

L'État n'est donc plus la seule instance vers laquelle chacun se tourne naturellement lorsqu'un défi nouveau doit être résolu. Les grandes orientations économiques, budgétaires et sociales ne peuvent être définies au seul échelon étatique, mais doivent être situées dans un contexte international. Dès lors, protection de l'environnement, lutte contre les pandémies (SIDA, etc.), régulation des marchés boursiers, développement des biotechnologies, maîtrise de la démographie, etc. ne peuvent plus être traités uniquement à l'échelle nationale.

Par ailleurs, la montée des identifications communautaires sur des bases religieuses, ethniques, régionales et linguistiques, ainsi que le développement des micros particularismes, mettent à mal le lien entre les individus et les États.

Ainsi a-t-on pu dire que l'État est devenu, selon une formule qui a fait florès, « trop grand pour les petites choses et trop petit pour les grandes choses ».

La mondialisation vient également contester la pertinence de l'échelon national en retirant à l'État une partie des moyens et des pouvoirs de décisions sur ce qui se passe sur son territoire. La multiplication des flux et des réseaux se fait en concurrence et souvent par soustraction au contrôle étatique.

On assiste, par ailleurs, à une crise de l'État providence. L'État n'a plus les moyens d'assurer aux citoyens le niveau de protection sociale auquel ils aspirent et auquel ils ont été habitués au cours des Trente glorieuses (1945-1975). Les ressources deviennent limitées alors que les besoins, notamment du fait de l'élévation de la durée de vie, explosent.

Enfin, les relations transnationales se sont multipliées et de nouveaux acteurs (organisations et même individus) viennent agir parallèlement et souvent en concurrence avec l'État. Ils ont leur propre volonté, leur propre « agenda », qui n'est pas forcément défini en conformité avec celui des États.

Réseaux et flux ignorent les frontières et ne se préoccupent donc que modérément des questions de souveraineté qui sont au cœur de l'action de l'État.

Alors que la création des États-nations en Europe, il y a cinq siècles, s'était affirmée contre des institutions transnationales comme la papauté, la chevalerie et les ordres religieux ou monastiques, les citoyens semblent désormais se détourner de plus en plus de l'État pour s'adresser à des organismes transnationaux.

Ainsi, selon certains auteurs, au système international fondé sur la logique stato-nationale se superpose désormais un réseau de flux transnationaux.

Mais l'État est-il aussi dépassé que l'on veut bien le laisser entendre ? Non, car après tout, même pour les « nouveaux » acteurs, il reste la référence finale, l'interlocuteur le plus important, celui vers lequel on se dirige pour obtenir une décision. C'est aux États que les ONG s'adressent pour obtenir la libération de prisonniers politiques, l'édiction de normes respectant l'environnement ou l'interdiction des mines antipersonnel. Les États, en se coordonnant ou non, permettent à la spéculation de réussir ou d'échouer. Selon que les États demeurent passifs ou qu'ils coopèrent activement, les mafias ont plus ou moins de liberté d'action.

De même, s'il n'était qu'une occasion de rencontre entre patrons, le sommet de Davos – présenté de façon exagérée par certains comme le nouveau centre du monde – aurait un intérêt limité. Ce qui compte pour les chefs d'entreprise, c'est d'avoir accès en direct, et de façon non protocolaire, aux responsables des pays dans lesquels ils veulent investir et avec lesquels ils veulent commercer.

Le marché n'a donc pas remplacé les États. Quels que soient ses mérites, le marché ne peut pas, de toute façon, tout régler. Il ne peut fonctionner sans solides infrastructures matérielles (routes, voies ferrées, aéroports, acheminement de l'eau et de l'électricité, etc.) ou sociales (éducation, santé, sécurité publique) qui sont largement du ressort de l'État.

Parallèlement, lors des étapes clés du développement, ce sont les gouvernements qui peuvent définir une stratégie et mettre en place une politique fiscale, sociale ou douanière susceptible d'améliorer la productivité et le développement de technologies nationales, et ce même dans une économie globalisée. Au Japon, par exemple, le METI (Ministry of Economy, Trade and Industry) a joué un rôle fondamental dans le développement économique de l'empire nippon.

L'État demeure, par ailleurs, le véritable lieu d'expression de la démocratie et de définition de l'intérêt général, fonctions que ne peuvent remplir tout à fait les autres acteurs, qu'il s'agisse des ONG, des multinationales et, évidemment encore moins, des mafias. C'est dans le cadre étatique que se définit encore la lutte pour le pouvoir, et que se prennent les arbitrages essentiels. Les politiques de santé publique, d'éducation, de fiscalité et d'investissement sont encore très largement définies par les gouvernements des États.

De même, dans le développement de nouvelles technologies, le rôle de l'État est capital, au-delà du mythe du patron de multinationale technologique qui aurait débuté tout seul dans son garage. Les contrats militaires et le programme spatial de la NASA ont joué un rôle central sur le marché de l'électronique américain. Ce dernier n'aurait pas survécu sans le soutien du gouvernement américain, soucieux de retrouver une supériorité technologique sur l'URSS.

> **INTERNET**
>
> Internet, désormais irremplaçable, est le fruit d'efforts entrepris trente ans auparavant par l'armée américaine pour améliorer les systèmes de télécommunication nécessaires à des unités mobiles, éloignées de leur base. C'est la Darpa (Défense Advanced Research Projects Agency), l'agence pour les projets de recherche avancée du ministère de la défense américain, qui est à l'origine d'Internet.

En fait, dans le développement des technologies de l'information, il y a interaction entre, d'une part, les programmes de macro-recherche et les grands marchés développés par l'État et, de l'autre, l'innovation décentralisée stimulée par une culture de créativité technologique et certains exemples de réussites personnelles.

Par ailleurs, il est remarquable que Microsoft, la plus puissante compagnie mondiale, ait été partiellement démantelée par décision d'un juge fédéral pour éviter qu'elle ne jouisse d'un monopole jugé nocif pour l'innovation et la concurrence dans le domaine des ordinateurs et de l'Internet. L'État américain, présenté comme l'archétype du libéralisme, intervient donc de façon spectaculaire dans le développement d'une industrie stratégique de pointe.

En outre, la firme de Seattle a dû céder, en 2007, aux exigences de la Commission européenne, soucieuse pour sa part d'éviter qu'elle ne joue un rôle trop dominant sur le marché européen. De même, la Commission imposait à la firme Intel, en mai 2009, une amende d'un milliard de dollars pour abus de position dominante.

Dans les relations avec les multinationales, l'État a pour lui le droit de réglementer les investissements.

Il existe une relation dialectique, basée sur des rapports de force, entre entreprises multinationales et États. Les États cherchent à attirer sur leur territoire des entreprises susceptibles de fournir capitaux et emplois. Les entreprises, de leur côté, tentent d'obtenir des États un certain nombre d'avantages ou de compensations les induisant à s'installer sur leur territoire (mise à disposition de terrains, exonérations fiscales, construction ou existence d'infrastructures). On constate toutefois que ce sont les États forts et structurés de façon cohérente qui attirent les multinationales, non les États faibles.

On assiste, plus récemment, à l'essor des fonds souverains. Ceux-ci apparaissent lorsque des États placent les excédents provenant de leurs exportations (à l'instar de la Chine, de l'Inde, de Singapour) ou de leurs revenus pétroliers (pays du Golfe, mais aussi Russie, Norvège) dans la création de véritables « véhicules d'investissement » alliant la force de frappe du capitalisme et celle de la puissance étatique. Ainsi ont été fondés la KIA (Kuwait Investment Authority), l'Adia (Abu Dhabi Investment Authority), la GIC (Government of Singapore Investment Corporation), la QIA (Qatar Investment Authority), ou encore le DIC (Dubai Investment Capital). En 2008, avant l'éclatement de la crise financière, on estimait la capacité d'investissement de ces fonds à 2 500 milliards de dollars.

Ils sont capables de prendre de larges participations dans le capital des grandes multinationales.

Parmi ces fonds, le GPF (Government Petroleum Fund), le fonds pétrolier du gouvernement norvégien – troisième fonds souverain après celui des Émirats arabes unis et de Singapour et disposant, en 2008, de 300 milliards de dollars – a une particularité : il joue la carte de la transparence (publie un rapport annuel) et de l'éthique (refusant d'investir dans des sociétés jugées politiquement incorrectes comme celles liées au commerce du tabac, de l'armement, etc.). Il affiche pourtant un retour sur investissement de 80 %.

Les ONG remplissent de nombreuses missions liées à l'aide, quand ce n'est pas pour le compte des États ou des organisations. L'aide économique internationale transite principalement – de par la volonté des États ou des organisations inter-étatiques – par elles. Ainsi, dans la première moitié de la décennie 1990, 70 % de l'aide accordée par l'Union européenne (qui fournit à elle seule 55 % de l'aide publique au développement) passait par des ONG. Le budget d'Oxfam (100 millions de livres sterling), par exemple, dépend du gouvernement britannique et de l'Union européenne. Cela dit, les États, en faisant appel aux ONG, ne renient pas leur propre rôle. Ils essaient simplement de se rendre plus efficaces en procédant à une sorte de privatisation de leur action humanitaire. Passer par des ONG est en effet plus rapide, moins coûteux et plus efficace. Les ONG peuvent par ailleurs – de par leur connaissance du terrain et les facultés que leur procure leur caractère non officiel – représenter des sources d'informations et d'expertise particulièrement utiles pour les gouvernements.

Par ailleurs, les ONG peuvent elles-mêmes souhaiter travailler avec des agences gouvernementales fortes lorsqu'il s'agit d'édicter des normes pour respecter l'environnement, par exemple.

L'examen des réalités internationales conduit donc plutôt à conclure à une vaste interpénétration des responsabilités, à un jeu extrêmement complexe où chacun occupe une parcelle de pouvoir et le fait d'autant mieux qu'il s'appuie sur les autres acteurs.

On peut se demander d'ailleurs si l'effacement de l'État serait nécessairement souhaitable. Lorsque l'État est faible, le pouvoir ne va pas automatiquement aux citoyens. Les mafias et les groupes criminels se renforcent.

Le monde serait-il, pour reprendre l'expression d'Hubert Védrine, « une immense assemblée de copropriétaires »[1] ?

Au-delà de la formule, la comparaison est pertinente. Dans les deux cas, le poids de chacun diffère : il y a le gros copropriétaire, qui occupe le *penthouse* au dernier étage, ceux qui ont des appartements familiaux de grandes tailles, les propriétaires de petits appartements, de studio, et ceux qui ne possèdent qu'un parking ou une cave. Dans cette image, les mafias ou groupes terroristes ont le rôle de squatters, d'occupants sans titre. Le poids de chacun au sein de l'assemblée diffère, tout comme dans le monde États-Unis, Japon, Allemagne, Argentine, Lesotho ou Haïti n'ont pas le même statut. Mais, au final, l'harmonie de la copropriété – ou celle du monde – dépend de décisions majoritaires où il est moins coûteux et plus efficace de convaincre que d'imposer. En outre, de même que le mauvais comportement d'un petit propriétaire peut nuire à l'harmonie de la copropriété, un pays comme la Corée du Nord dispose d'un pouvoir de nuisance sans commune mesure avec les quelques tantièmes de copropriété mondiale qu'il détient. Il y a donc des premiers rôles et des figurants. Mais tous ont leur importance.

---

1. Discours de clôture des 3e conférences stratégiques de l'IRIS, p. 270, 1998.

3

LA PUISSANCE INTERNATIONALE

Le thème de la puissance est traditionnellement au cœur de la réflexion sur les relations internationales. Ces dernières sont, avant tout, des relations de puissance, le reflet de rapports de force.

La puissance représente la capacité d'action des acteurs sur la scène internationale. Les auteurs classiques la définissent principalement comme le moyen d'imposer sa volonté à un autre acteur.

Selon Robert Dahl, la puissance est « la capacité d'obliger l'autre à faire ce dont il se serait autrement abstenu ». Raymond Aron la définit, quant à lui, comme « la capacité de faire, produire ou détruire », ou comme « la capacité d'imposer sa volonté aux autres ». Pour Arnold Wolfers, il s'agit de « l'aptitude à exercer une coercition, à infliger un dommage aux autres » par la menace ou l'usage de la violence. Il distingue de manière plus fine la *power politics* – imposer sa volonté par la force ou la menace – et l'influence politique – faire adopter par les autres son point de vue – ; ce qui préfigure la distinction *Hard power/Soft power* que le politologue américain Jo Nye popularisera au début des années 1990. Selon Samuel Huntington enfin, « la puissance est la capacité d'un acteur, habituellement mais pas forcément un gouvernement, d'influencer le comportement des autres, qui peuvent être ou ne pas être des gouvernements ».

La puissance est une notion évidemment relative. Elle n'a de signification que par rapport à la puissance des autres acteurs internationaux. En termes absolus, la Grande-Bretagne ou la France sont plus puissantes aujourd'hui qu'elles ne l'étaient au XIXe siècle. Certes, leur territoire est plus réduit, décolonisation oblige, mais leur population est plus nombreuse, leur richesse nationale plus grande et le pouvoir de destruction de leurs armées sans commune mesure avec ce qu'il était un siècle auparavant. Néanmoins, la Grande-Bretagne ou la France « pèsent » relativement moins dans la mesure où d'autres États ont davantage progressé qu'elles dans tous ces domaines. C'est donc à l'aune de la puissance des autres que se mesure celle d'un acteur international.

La puissance est également évolutive. Successivement les Pays-Bas, l'Espagne, la France, la Grande-Bretagne et les États-Unis ont été des puissances dominantes de ce monde. La puissance d'aujourd'hui, quelle que soit sa maîtrise des affaires du monde, ne peut être assurée de la pérennité de sa suprématie.

En 1973, Henry Kissinger définissait cinq pôles de puissance : les États-Unis, l'URSS, l'Europe, le Japon et la Chine. Remplaçons l'URSS par la Russie et l'on constate que, vingt ans plus tard, ce sont toujours les mêmes qui sont en tête de cette course à la puissance, même si leur positionnement réciproque a pu évoluer. Si la puissance est évolutive, il faut toutefois reconnaître que les évolutions sont lentes. Au cours du XXe siècle par exemple, le Japon a été le seul pays à rejoindre le club des pays considérés comme des puissances, la Chine faisant de même dans la dernière décennie du siècle. À l'inverse, l'on peut assister à des effondrements brutaux, comme celui de l'URSS.

Quels sont les critères de la puissance ?

En 1513, Nicolas Machiavel consacre à cette question un chapitre du *Prince* : « Comment la puissance de chaque principauté doit être mesurée ». Les critères retenus sont déjà variés, matériels mais aussi immatériels : les forces armées, les disponibilités financières, les atouts immatériels comme l'art de régner, le talent militaire, le moral des troupes et de la population. À la fin du XVIIe siècle sont intégrées des considérations d'ordre économique et démographique.

Le premier critère historique de la puissance a été le critère militaire. C'était la clé de la sécurité et donc de la survie de l'entité politique. Avant le XXe siècle, la guerre était considérée comme un moyen légal et légitime de régler les différends entre États. Être une puissance militaire constituait donc la première des précautions. Les États faibles étaient amenés à être soumis ou à disparaître. Selon l'adage populaire, chaque État avait une armée sur son territoire. Si ce n'était pas la sienne, c'était celle d'une puissance occupante.

À la fin de la Guerre froide, avec la disparition de la menace soviétique et l'émergence de nouveaux risques (écologiques, mafias, trafics de drogue, terrorisme, zones grises, conflits ethniques) contre lesquels les solutions militaires classiques semblaient inopérantes, le critère est paru moins opérationnel. On observait par ailleurs que les pays qui, comme l'URSS, avaient trop misé sur le facteur militaire s'étaient désintégrés, alors que les pays sur lesquels persistait un interdit militaire apparaissaient comme les véritables vainqueurs de la Guerre froide et les puissances montantes, à l'instar du Japon et, dans une moindre mesure, de l'Allemagne. Il est d'ailleurs plus facile pour une puissance économique ou technologique de se militariser (comme le Japon), que pour une puissance militaire de se transformer en puissance économique (comme l'URSS).

Cela dit, force est de constater que la force militaire reste un critère fongible de la puissance. Dans la comparaison Europe/États-Unis, sur laquelle nous reviendrons par la suite, c'est le seul critère qui manque à l'Europe. En effet, on mesure mieux l'importance du critère militaire quand on voit la différence de perception des États-Unis et de l'Europe en termes de puissance dans le reste du monde. La puissance américaine est incontestée, alors que la puissance européenne paraît toujours incertaine, pour ne pas dire discutable. C'est dire toute l'importance que continue de revêtir le critère militaire.

Les États-Unis s'appuient toujours sur leur formidable appareil militaire pour obtenir des contrats au Proche-Orient et y être la seule puissance qui compte, établir des pressions commerciales sur le Japon, exercer un incontestable pouvoir d'attraction sur l'Europe de l'Est, maintenir un solide *leadership* sur l'Europe occidentale, ou encore apparaître comme le principal interlocuteur aux yeux des Chinois.

La définition de la puissance militaire a, par ailleurs, changé : les effectifs ne comptent plus guère aujourd'hui et la force d'une armée ne se mesure pas au nombre de poitrines qu'elle peut aligner derrière les baïonnettes, mais à la qualité de son matériel et au degré de sophistication des techniques qu'elle y incorpore (la précision des missiles, la capacité d'observation, de détection et d'acquisition des cibles, les communications).

S'il n'est pas, comme l'ont dit des observateurs pressés au début des années 1990, disqualifié en tant que critère de puissance, force est de constater que le critère militaire ne peut être considéré comme l'alpha et l'oméga de la puissance, ainsi que l'a prouvé l'exemple de l'URSS. Il faut noter en outre que la puissance militaire n'est pas forcément synonyme de sécurité absolue à l'heure des guerres asymétriques, comme l'ont montré les attentats du 11 septembre contre les États-Unis. De surcroît, une utilisation malencontreuse de la puissance militaire peut aboutir à un affaiblissement relatif, ainsi que la guerre d'Irak lancée par George W. Bush en 2003 l'a démontré.

Le critère démographique arrive en second. Selon Jean Bodin, « Il n'est de richesse que d'hommes ». À l'inverse, Malthus voyait dans une trop grande croissance démographique la certitude de l'affaiblissement de l'État. Si l'importance de la population a été considérée comme un facteur capital de la puissance, c'est qu'elle déterminait la taille des armées. La France était la première puissance européenne – et donc mondiale – au XVIIIe siècle grâce à son poids démographique. Le critère démographique était en quelque sorte une composante du critère militaire, partant du principe : un homme = un fusil.

Or, aujourd'hui, non seulement le critère militaire n'a plus l'importance capitale qui était la sienne autrefois mais, de plus, la taille de la population n'a plus la même répercussion automatique sur la puissance d'une armée.

On ne peut donc plus tout à fait dire, comme Aristide Briand, « Je fais la politique étrangère de notre natalité ».

Néanmoins, une population importante permet toujours de peser davantage sur la scène internationale. L'exemple caricatural en a été fourni par le Premier ministre chinois de Mao Tsé-Tung, Chou En-Lai, qui déclarait que peu importait à la Chine de perdre 300 millions d'habitants dans une guerre nucléaire si les États-Unis en perdaient 50 millions. De plus, lorsqu'il est question de la Chine, la référence au mythique marché de 1,4 milliard de consommateurs est toujours mise en avant afin d'établir le caractère incontournable de la République populaire chinoise. Pourtant, Pékin a mis en place dès 1978 la plus stricte politique de contrôle de la natalité en interdisant aux familles d'avoir plus d'un enfant afin de limiter une croissance démographique qui entrave son développement économique et donc l'affirmation de sa puissance. Depuis Deng Xiaoping, les dirigeants chinois préfèrent faire prévaloir la croissance du PIB par habitant à tout autre critère comme facteur de puissance.

Le critère démographique peut donc être à double tranchant.

L'Éthiopie et le Nigeria ont longtemps triché sur leur recensement pour mieux conforter leur rôle de leader en Afrique. De même, l'Iran voit dans sa force démographique un moyen d'asseoir son leadership sur le Golfe Persique.

La natalité peut donc être vue comme une arme. Les Québécois ont parlé d'une « revanche des berceaux », leur taux de natalité supérieur leur ayant permis d'éroder l'avantage démographique des Canadiens anglophones.

Les Palestiniens des territoires occupés vivant en Israël suivaient la même voie avant que la Perestroïka, puis la fin de l'URSS ne permettent l'émigration de Juifs russes en Israël. Toujours est-il que l'enjeu démographique est essentiel dans le conflit israélo-palestinien.

La réunification allemande a permis d'enrayer le déclin démographique relatif de l'Allemagne occidentale. L'Allemagne s'appuie sur son différentiel démographique avec les autres « grands » pays européens pour réclamer une répartition plus à son avantage des droits de vote à la majorité qualifiée au sein de l'Union. Il est remarquable que Berlin n'a, pour ce faire, jamais mis en avant son différentiel de PNB avec les autres pays européens, pourtant plus fort encore que son différentiel démographique. La France, pour sa part, a voulu mener une politique nataliste afin de maintenir son rang mondial. Le Canada, l'Australie, le Japon voient dans leur faible natalité un facteur certain de déclin relatif et d'inquiétude sur l'avenir.

Cependant, les pays les plus peuplés figurent souvent parmi les plus pauvres de la planète. À l'inverse, certains micro-États ont des revenus par habitant parmi les plus importants au monde.

Lors de la première conférence de l'ONU sur la population (Bucarest, 1974), les pays développés ont plaidé pour une démographie contrôlée. Les pays du Sud y ont vu un interventionnisme inacceptable, considérant qu'une démographie vigoureuse était une source de puissance. Lors de la conférence de Mexico (1984), les pays du Sud admettaient qu'une forte démographie constituait plus un frein qu'un levier pour le développement. Puis à la conférence du Caire (1994), la croissance démographique du Sud a clairement été identifiée comme un handicap majeur à son développement. En effet, la démographie peut également être un drame si un pays ne parvient pas à fournir à sa jeunesse éducation et emploi.

L'étendue territoriale compte également. Ainsi, un territoire exigu est perçu comme une source de fragilité. Or, de petits États peuvent jouer un rôle bien supérieur à leur dimension géographique (Israël, Qatar, Singapour) et, à l'inverse, un territoire trop étendu par rapport aux moyens de contrôle d'un État peut être une source de fragilité.

La possession de ressources naturelles était, dans les siècles passés, un élément clé de la puissance. En 1900, sur les douze plus grandes entreprises américaines, dix exploitaient des ressources naturelles. Tous les pays qui se sont enrichis au XIXe siècle et au cours de la première moitié du XXe disposaient de ressources naturelles.

Aujourd'hui cependant, le Japon, qui en est dépourvu, fait la course en tête au niveau international. L'Argentine, qui en regorge, fait partie par contre du gros du peloton. Le fait d'en posséder en quantité incomparable n'a pas empêché l'URSS de s'effondrer. La comparaison entre l'URSS et le Japon est d'ailleurs pleine d'enseignements. À bien des égards, leur situation respective en 1989 était tout à fait opposée. Un continent vaste, riche en ressources naturelles, face à un archipel qui en est dépourvu et, de surcroît, surpeuplé. Pourtant, le résultat final a été à l'avantage de celui qui semblait le moins bien loti au départ.

La possession de gisements de pétrole n'était d'aucune utilité il y a 130 ans. Or, le pétrole devient le facteur clé des rapports de force internationaux dans les années 1970. La manne de la rente pétrolière n'a pas toujours permis un véritable développement économique, comme le montre le cas du Nigéria. On évoque parfois le « syndrome hollandais » pour définir la situation des pays pétroliers. L'augmentation des revenus issus des ressources naturelles accroît le taux de change, rendant les autres industries exportatrices non compétitives, ce qui peut conduire à la désindustrialisation du pays. Mais le problème réside avant tout dans la corruption.

Le diamant, matière première la plus précieuse au monde, est en général extrait des pays les plus pauvres. Or, bien souvent la providence se transforme en malédiction. Au Liberia, au Congo, en Angola, la guerre se fait par le contrôle des diamants (phénomène popularisé par le film *Blood Diamond*). En 2000, une étude de la Banque mondiale portant sur 97 guerres civiles au cours des trente dernières années démontrait ainsi qu'au-delà des tensions ethniques ou religieuses, c'était très souvent la lutte pour le contrôle des matières premières qui était à l'origine des conflits. En 2000, sur la pression des ONG, États et diamantaires lançaient le processus de Kimberley (du nom d'une ville minière d'Afrique du Sud), mettant en place un processus de certification destiné à bannir les « diamants de sang ».

Aucun pays n'a construit sa prospérité sur l'exploitation des matières premières. À l'inverse, celle-ci crée un phénomène inflationniste et déstabilise le reste du tissu économique comme au Nigeria, où le pétrole a tué l'agriculture. Au contraire, les pays d'Asie du Sud-Est et le Japon, dépourvus de matières premières, se sont remarquablement développés.

Peut-être peut-on faire un parallèle avec la situation dans la Grèce Antique entre Athènes et la Béotie. Selon Arnold Joseph Toynbee, l'érosion des terres autrefois fertiles de l'Attique contraignait les Athéniens à se concentrer sur leur richesse locale d'oliviers et à l'exporter pour se procurer les céréales nécessaires à leur alimentation. Cela les conduisit à développer l'art des poteries et, surtout, à renforcer leur marine marchande, parvenant ainsi à la maîtrise des mers.

À l'inverse, les Béotiens – qui ne sont pas passés à la postérité pour leur grande ingéniosité – disposaient de terres particulièrement fertiles, ce qui ne les a pas poussés à adopter une conduite dynamique. Alors que les matières premières étaient, à la fin du XXᵉ siècle, considérées comme des atouts obsolètes face aux nouvelles technologies, au début du XXIᵉ siècle, la soif de consommation des pays émergents est venue rehausser leurs cours et leur redonner une valeur essentielle.

La puissance économique est désormais le critère majeur. Elle est la source des autres atouts, dont la puissance militaire. Un pays qui ne serait pas riche aurait plus de difficultés à développer une armée puissante, un système éducatif performant, un modèle social cohérent, etc. **La maîtrise technologique est un atout maître.** Les industries de demain sont des industries de matière grise : micro-électronique, biotechnologies, logiciels, ordinateurs, télécommunications, robots, machines-outils, Internet, multimédias, etc. N'étant pas localisées par avance et pouvant être installées partout, elles iront là où l'on saura organiser les ressources intellectuelles qui les attireront.

La nouveauté de ce critère doit toutefois être relativisée, Winston Churchill remarquait déjà à son époque que « les empires de l'avenir sont les empires de l'esprit ». Plus lointain encore, les Diadoques, successeurs d'Alexandre, ne fondèrent-ils pas, après l'éclatement de l'Empire, des bibliothèques dans les grandes capitales hellénistiques (dont la plus célèbre fut celle d'Alexandrie) afin de rassembler des livres du monde entier et leur traduction en grec, et pouvoir, de ce fait, dominer les peuples en les comprenant mieux ? C'était donc déjà l'intelligence, au sens britannique du terme, au service de la puissance.

Pour le futurologue américain, Alvin Toffler, la puissance au XXIᵉ siècle résiderait donc non pas dans les critères économiques ou militaires classiques, mais dans le facteur « K » (pour *knowledge*, la connaissance). Selon lui, « La connaissance, après avoir été un ajout au pouvoir de l'argent et du muscle, est devenue leur véritable essence. Elle est en fait l'ultime amplificateur ». Les puissances militaires dépendent en effet largement du degré de technologie, donc de connaissance, qu'elles intègrent ; et, contrairement aux critères économiques et militaires, celle-ci n'a pas de limites et est inépuisable.

De façon quelque peu naïve, Toffler précise qu'elle est en outre la plus démocratique des sources de puissance, puisqu'elle peut être à la disposition du riche comme du pauvre. En réalité, les nouvelles technologies de l'information peuvent, du fait de la fracture numérique, être un facteur d'aggravation des inégalités entre ceux qui les maîtrisent et ceux qui en sont exclus.

Que l'on soit pour ou contre la mondialisation, l'amélioration du niveau de compétence de base est ainsi devenue un enjeu essentiel, et ce autant en termes d'aptitude à être employé – car le nombre d'emplois peu qualifiés diminuera – qu'en termes de puissance internationale.

Selon une étude de l'OCDE, les sociétés qui maîtrisent le savoir domineront le XXIe siècle. La demande de hauts niveaux de connaissance dans ces sociétés ne va cesser de croître. De ce fait, les gouvernements replacent l'éducation et la formation au centre de leurs priorités et, dans les pays développés, les budgets éducatifs font partie des rares à non seulement ne pas subir de coupes, mais même à connaître une augmentation.

Le niveau d'éducation et de formation de la main-d'œuvre devient un critère décisif de puissance au milieu des années 1990. La Corée (43 millions d'habitants) compte à l'époque environ 1,4 million d'étudiants, alors qu'ils sont seulement 145 000 en Iran (sur 54 millions d'habitants), 15 000 en Éthiopie (sur 45 millions) et 159 000 au Vietnam (sur une population de 64 millions). Dès 1980, les établissements coréens décernent autant de diplômes d'ingénieurs que la Grande-Bretagne, l'Allemagne de l'Ouest et la Suède réunis. De même, l'accès ou non à l'éducation de base a beaucoup compté dans le différentiel de développement constaté entre les Tigres asiatiques et les pays africains.

Dans les sociétés du savoir et de l'information, la connaissance devient ce qu'étaient au XIXe siècle les matières premières.

De nos jours, on estime à 500 000 (sur deux millions de jeunes qui étudient en dehors de leur pays) les entrées annuelles de nouveaux étudiants étrangers sur le territoire américain. Parmi les meilleurs d'entre eux, bon nombre ne retourneront jamais dans leur pays d'origine. Le facteur éducation joue ici comme un produit d'appel pour les États-Unis et permet d'établir à leur profit un véritable *brain drain*. De plus, le marché des étudiants étrangers apporte directement 13 milliards de dollars par an à l'économie américaine. Il s'agit donc à la fois d'une source de profit et d'influence.

Il convient d'ajouter d'autres facteurs. **La cohésion nationale et sociale,** notamment, sans laquelle aucun pays n'a de force. Comment expliquer, en effet, la réussite du Japon et de la Corée face à l'URSS et au Congo ?

C'est l'organisation étatique et la cohésion sociale qui ont donné la victoire aux premiers, alors que les seconds pouvaient *a priori* être considérés comme disposant de plus d'atouts. Car si une industrialisation réussie et une économie florissante peuvent faire la différence, ces deux objectifs n'auraient pas pu être réalisés sans une organisation étatique rationnelle et un consensus social. Nous avons vu précédemment qu'en tant que tels, les critères de la puissance pouvaient avoir un effet positif, négatif ou neutre. En fait, ces différents critères auront un effet positif s'ils s'appuient sur une organisation étatique efficace engendrant une cohésion sociale. Ceci semble donc être le critère surdéterminant qui valorise ou dévalorise tous les autres.

D'autres théoriciens estiment qu'actuellement la véritable primauté est celle du droit, et remarquent que le droit international est désormais majoritairement d'origine anglo-saxonne. Mais on ne saurait non plus négliger les moyens modernes d'influence sur l'information, l'image et les communications.

Hollywood ne produit pas que du rêve, il génère également de la puissance et de l'influence. Il peut notamment contribuer à façonner la représentation, en bien ou en mal, de nombreuses situations stratégiques. De la mobilisation contre Hitler à la lutte anticommuniste pendant la Guerre froide, en passant par la dénonciation du terrorisme, Hollywood a considérablement servi les desseins diplomatiques de Washington.

Les grands canaux d'information sont des relais d'influence majeurs. Ainsi, bien que créée avec des capitaux privés, la chaîne CNN a contribué à façonner une perception globalement américaine de l'information. Al Jazeera constitue un instrument de notoriété et d'influence sans pareil pour le Qatar. La BBC World contribue au prestige britannique. La Chine et la Russie, mais également l'Amérique latine avec TeleSur, se sont dotées d'instruments comparables. En 2006, la France lançait – avec un succès mitigé – France 24.

La grande hétérogénéité des critères rend donc délicate l'évaluation de la puissance. Comment opérer le classement ? Comment mesurer les différents indices ? Comment les pondérer ? Peut-on établir, à l'image des différentes sociétés entrant dans la définition de l'indice boursier, un indice Dow Jones ou un CAC 40 de la puissance où le militaire compterait pour 8 %, l'économie pour 12 %, le savoir pour 15 % et la démographie pour 3 % ? La tâche est d'autant plus difficile que si certains de ces critères sont mesurables – comme la démographie, les ressources naturelles, la situation géographique, la capacité industrielle, les réserves monétaires, ou la force militaire –, beaucoup ne le sont pas, tels que la cohésion nationale, la qualité de la diplomatie, la capacité d'un peuple à innover et à faire des sacrifices, la qualité de l'enseignement, etc.

Hard et soft powers

Joseph Nye oppose le *hard power*, c'est-à-dire la puissance pure ou brute, au *soft power*, grâce auquel un pays « se montre capable de structurer une situation de telle sorte que les autres pays fassent des choix ou définissent des intérêts qui s'accordent avec les siens propres[1] ». Le *hard power* est donc l'utilisation de moyens économiques et militaires par un pays en vue de conduire les autres États à faire ce qu'il veut. Le *soft power* consiste à parvenir au même résultat par un effet d'attraction. Il est plus facile et moins coûteux pour un pays de diriger lorsque les autres ont le sentiment de vouloir la même chose que lui, ou d'avoir avec lui des intérêts partagés. Selon Nye, l'essentiel du *soft power* américain réside dans ses valeurs (liberté, droits de l'homme, démocratie), son système universitaire (attractif pour les étudiants du monde entier) et sa culture (cinéma, télévision, Internet).

CNN et Hollywood permettraient donc aux États-Unis de dominer le monde à moindre frais, rendant attrayants et universels les

---
1. Joseph Nye, *Bound to lead*, New-York, Basic Books, 1990, p.173.

standards américains. Toujours selon Nye, « l'Université de la culture d'un pays et sa capacité à fixer un ensemble de règles et d'institutions qui lui sont favorables représentent d'importantes sources de puissance. »

De nombreux Américains se sont d'ailleurs émus des effets de la guerre d'Irak sur l'image des États-Unis dans le monde, sur leur rayonnement et donc, à terme, sur leur puissance. L'usage, jugé excessif dans le reste du monde, du hard *power* américain a eu pour effet de réduire son *soft power*. L'importance de l'image est ainsi ce qui est certainement le plus nouveau dans la détermination de la puissance – non pas les images fournies par la télévision mais la perception que l'on a d'un pays. Cette image est, elle-même, la résultante de facteurs extrêmement divers : la puissance certes, si elle paraît légitime, respectueuse des autres et consacrée au moins partiellement à un but d'intérêt commun, mais aussi la créativité culturelle, la place d'un pays dans l'industrie des loisirs, les qualités prêtées à son peuple ou la qualité de jeu de son équipe de football. De fait, le sport, devenu mondialisé, est devenu plus que jamais une source de popularité, de visibilité et de prestige.

Le concept de puissance a été au cœur des relations internationales au XVIe siècle. Ce concept va-t-il être amené à disparaître au XXIe siècle ? Il semble en effet subir le poids de l'opprobre moral et souffrir d'obsolescence stratégique.

La politique de puissances, tout au long des siècles précédents et principalement lors de celui qui vient de s'achever, a conduit l'humanité à des catastrophes majeures. Elle paraît n'avoir débouché que sur des guerres, massacres et violations massives des droits des peuples. La politique de puissance semble pouvoir se définir comme une politique qui s'impose aux peuples contre leur volonté, et qui est contraire aux principes fondamentaux de liberté et d'autodétermination. Synonyme de volonté de dominer, le concept de puissance passe pour antidémocratique.

Au-delà de cette condamnation morale est apparue également une remise en cause de l'utilité et de la pertinence même du concept de puissance. L'influence est présentée comme pouvant le remplacer à meilleur escient. La force brute à laquelle est spontanément associée l'idée de puissance s'efface devant le dialogue et la force de conviction. Bref, au XXIe siècle, la puissance serait non seulement dangereuse mais également démodée.

Il est cependant une autre façon d'envisager l'avenir de la notion de puissance. Il s'agit d'abord d'affirmer, qu'on le veuille ou non, que le monde sera toujours dirigé selon un certain rapport de force. Que la détermination de ce rapport de force ait changé, que les facteurs culturels deviennent aussi importants que les critères militaires, que la persuasion l'emporte sur la coercition, que la CNN soit aussi importante pour le rayonnement américain que les GIs, cela ne signifie pas, pour autant, que l'idée même de puissance ait disparu. Ce sont les critères permettant sa détermination qui ont été modifiés.

Aujourd'hui, la puissance est davantage l'affirmation d'une volonté d'indépendance que l'expression d'un dessein hégémonique. À l'heure de la mondialisation, il n'y a plus de volonté de conquête territoriale. Le véritable défi de la puissance réside dans la préservation des marges de manœuvre.

COMPRENDRE LE MONDE

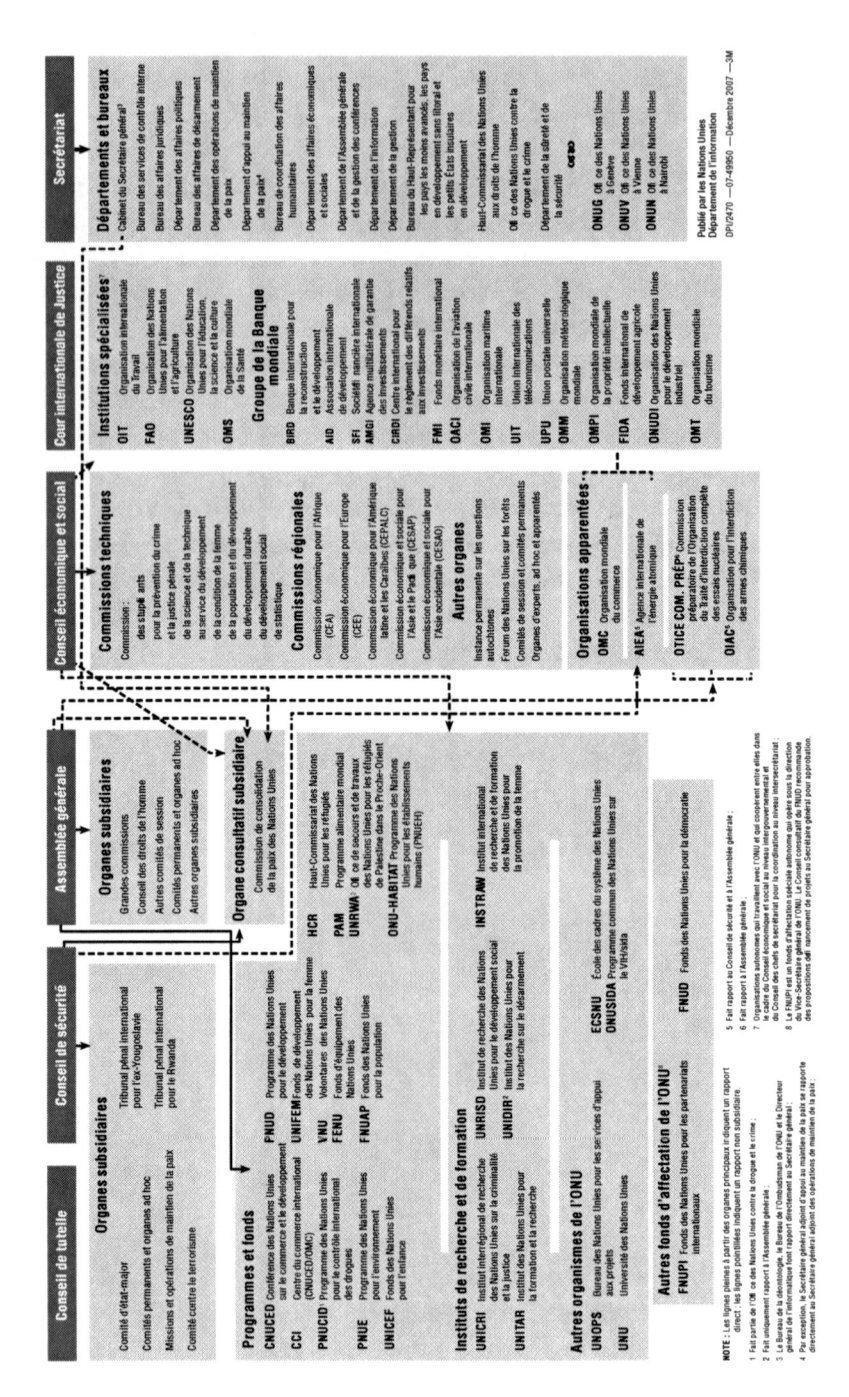

Le système des Nations unies : les principaux organes

4

LES INSTITUTIONS INTERNATIONALES

S'il existe une communauté internationale, elle doit se doter d'institutions qui puissent en assumer la gestion, la direction, bref, le gouvernement. Aucun acteur national n'est suffisamment légitime pour décider des affaires de la collectivité internationale. Ce sont donc des organisations internationales qui peuvent jouer ce rôle, en permettant une coopération entre les différents États.

L'attitude de ces derniers reste cependant ambiguë. Conscients des nécessités de décision collective, ils sont réticents à déléguer l'exercice de leurs compétences et craignent que la règle collective ne leur soit défavorable. Chacun aimerait que les abandons de souveraineté concernent avant tout les autres pays.

Néanmoins, et fût-ce de façon imparfaite et lente, émergent dans le paysage mondial des organisations internationales dotées de pouvoir.

Au centre du dispositif, l'Organisation des nations unies, seule organisation à vocation universelle, est chargée de la question clé des relations internationales, à savoir la paix et la guerre ou, pour reprendre un vocabulaire plus actuel, la sécurité internationale. Elle représente l'embryon d'un gouvernement de la société internationale, ayant même des pouvoirs de sanction à l'égard des membres de cette dernière. Ensuite, certaines organisations sont chargées de piloter – plus que de véritablement diriger – l'économie mondiale ; quant au respect du droit international – ou, pour être plus précis, les sanctions de ses violations les plus graves –, il est désormais pris en charge par une institution internationale. Par ailleurs, face à l'ampleur du défi environnemental, on évoque de plus en plus la création d'une organisation internationale chargée de la protection de l'environnement.

L'ONU : un gouvernement mondial ?

L'Organisation des Nations unies serait bien sûr la plus légitime pour représenter ce gouvernement mondial. Tous les États, ou presque, en sont membres et elle représente donc bien le monde dans ses diversités géographiques, culturelles, ethniques, politiques etc. Elle a des compétences générales aussi bien sur les plans stratégique, économique, juridique que culturel. Créée après la Seconde Guerre mondiale pour tirer les leçons de l'échec de la Société des Nations, ses trois missions principales sont le maintien de la paix et de la sécurité internationale, le développement économique, et le respect des droits de l'homme et des libertés fondamentales.

L'Assemblée générale, organisée selon le principe « un État = une voix », est le principal organe de délibération sur les grandes questions internationales. Sa force constitue également sa faiblesse. En effet, dans la mesure où le principe démocratique engendre des majorités souvent éloignées des rapports de force réels, les recommandations qu'elle adopte ne sont pas toujours suivies d'effet.

Le Conseil de sécurité, qui est un organe restreint, détient pour sa part un véritable pouvoir de décision pouvant aller jusqu'au recours à la force. Composé de quinze membres dont cinq permanents qui ont droit de veto (États-Unis, Russie qui a succédé à l'URSS, Grande-Bretagne, France, Chine) et dix élus pour deux ans sur une base régionale[1], il est en charge du maintien de la paix et de la sécurité internationale.

Le Secrétaire général de l'ONU est nommé, quant à lui, par l'Assemblée générale sur recommandation du Conseil de sécurité, ce qui signifie qu'il doit obtenir l'aval des cinq membres permanents.

L'ONU dispose de plusieurs organes subsidiaires (Conférences des Nations unies pour le commerce et le développement (CNUCED), Programme des Nations unies pour le développement (PNUD), Haut Commissariat pour les réfugiés), ainsi que des institutions spécialisées (Organisation internationale du travail (OIT), Organisation mondiale pour la santé (OMS), Agence des Nations

---

1. Cinq États membres d'Afrique et d'Asie (en général, trois d'Afrique et deux d'Asie) ; un État membre d'Europe orientale ; deux États membres d'Amérique latine ; deux États membres du groupe des États d'Europe occidentale et autres États.

unies pour l'éducations, la science et la culture (UNESCO), Agence internationale de l'énergie atomique (AIEA), Fonds monétaire international (FMI), etc.).

Le bon fonctionnement de l'ONU dépend avant tout de l'entente des cinq membres permanents du Conseil de sécurité qui, du fait de leur droit de veto, peuvent en bloquer le fonctionnement. Sans droit de veto, le système ne peut cependant pas exister car les grands États n'auraient jamais accepté d'être soumis à une majorité contraire. Cela dit, le droit de veto, de par les blocages qu'il peut provoquer, empêche au système de fonctionner parfaitement. De plus, aucun membre permanent du Conseil de sécurité ne peut concrètement être mis en cause. Or, le statut de membre permanent n'est pas nécessairement le gage d'un comportement respectueux du droit et il arrive que les membres permanents cherchent davantage à protéger leurs alliés proches qu'à faire respecter le droit international.

Cependant, contrairement à une croyance générale, il n'y a pas abus du droit de veto. Depuis 1989, la France et la Grande-Bretagne ne l'ont jamais utilisé. La Russie l'a fait sur la question chypriote en 1993 mais c'était plutôt pour signifier aux États-Unis qu'il fallait cesser de la considérer comme quotité négligeable. La Chine s'est opposée au renouvellement des mandats d'opération du maintien de la paix dans les États ayant reconnu Taïwan (Guatemala en 1997, Macédoine en 1999). Les États-Unis, pour leur part, l'ont utilisé à chaque fois qu'Israël a été mis en cause et également afin de bloquer, en 1996, la réélection comme Secrétaire général de Boutros Boutros Ghali.

Des échecs et quelques succès en demi-teinte

Toutefois, la Guerre froide et la création des alliances militaires ont empêché la mise en place d'une véritable sécurité collective. Le Conseil de sécurité n'a pu véritablement fonctionner comme l'avaient prévu les rédacteurs de la Charte qu'une seule fois, lors de la guerre du Golfe en 1990-1991 quand a été décidé l'emploi de la force contre l'Irak suite à son invasion et annexion du Koweït.

L'action de l'ONU lors de la guerre du Golfe avait fait naître un grand optimisme. La division Est-Ouest ayant auparavant empêché l'organisation mondiale d'exercer sa mission première, la fin de ce clivage devait lui permettre de reprendre toutes ses prérogatives. Ainsi, en juillet 1992, Boutros Boutros Ghali présentait son Agenda pour la paix avec pour ambition de profiter du nouveau contexte mondial pour permettre à l'organisation de réaliser la mission pour laquelle elle avait été créée.

Il y propose une redéfinition des missions de l'ONU dans trois directions : la diplomatie préventive, le maintien de la paix et son rétablissement. Dans cette optique, Boutros Ghali suggère, outre le règlement des problèmes financiers récurrents de l'organisation, que le Conseil de sécurité se dote d'un réel fonctionnement collégial. Il appelle également de ses vœux le développement de la démocratie dans le monde et la mise en place d'une véritable armée de l'ONU, prévue à l'article 43 de la Charte mais jamais mise en place.

Malheureusement, le souffle d'optimisme retombe assez vite. La multiplication des opérations de maintien de la paix et leur relatif échec donnent plutôt l'impression d'une ONU mal organisée, impuissante et inefficace.

L'ONU a en effet multiplié ses interventions au cours de la décennie 90, en réalisant plus sur cette période qu'au cours de ses 45 premières années d'existence (avec 36 opérations contre 14 seulement entre 1945 et 1989). Celles-ci ont consisté en la reconstruction d'États (Cambodge, Namibie), en la surveillance d'élections et, bien sûr, en des opérations de maintien de la paix. Mais trop souvent les moyens mis à la disposition de l'ONU n'ont pas été à la hauteur des besoins.

De plus, l'embryon de l'armée permanente n'a jamais pu être mis en place, notamment du fait du refus des États-Unis ou de la Chine qui redoutaient que l'organisation puisse agir de façon trop autonome vis-à-vis des membres permanents du Conseil de sécurité. La perspective que cela puisse constituer les prémisses d'un gouvernement mondial était énergiquement rejetée par ces deux grands, qui y voyaient une atteinte à leur souveraineté.

Par ailleurs, les opérations de maintien de la paix ont été faites souvent avec des mandats peu clairs (les conditions dans lesquelles les casques bleus pouvaient utiliser leurs armes étaient mal définies), dans des situations instables (alors que, souvent, les belligérants n'acceptaient le cessez-le-feu que pour mieux le violer), avec des troupes très disparates et sans cohérence (superposition de détachements d'armées nationales aux équipements et au professionnalisme particulièrement variables[1]) et avec des problèmes de logistique (absence de véritable État-major). L'échec ne pouvait qu'être au rendez-vous, comme il l'a été de façon spectaculaire en Bosnie où l'ONU s'est révélée incapable pour toutes les raisons indiquées ci-dessus de maintenir une paix dont aucun des protagonistes ne voulait vraiment. Le massacre, en 1994 à Srebrenica, de 7 000 civils bosniaques par des miliciens serbes dans une zone pourtant supposée être sous protection de l'ONU l'illustre dramatiquement. L'ONU a été violemment dénoncée, alors que son impuissance en la matière n'était que le reflet de l'absence de volonté des pays membres – et de certains membres permanents du Conseil de sécurité en tout premier lieu – de lui donner réellement les moyens financiers, humains et opérationnels nécessaires.

En août 2000, un groupe de travail remet au Secrétaire général de l'ONU un rapport qui, dans une franchise inhabituelle, reconnaît la faillite du passé. Le rapport met en exergue les faiblesses d'un système voué à l'échec et cite, parmi les causes, un État-major insuffisant (trente-deux personnes basées à New York censées diriger 35 000 soldats et 9 000 policiers), des mandats adoptés sans clarté, des délais de six à neuf mois entre leur adoption et l'envoi des troupes, etc. Pour y remédier, le rapport préconise le maintien à disposition des Nations unies de forces cohérentes et multinationales de la taille d'une brigade mobilisable dans un délai de trente jours. Il recommande également de donner aux opérations de maintien de la paix des mandats clairs, crédibles et réalistes.

Cependant, le plus grave défi posé à l'ONU en matière de maintien de la paix est la tentation des membres du Conseil de sécurité d'agir en dehors du cadre onusien lorsqu'ils estiment que cela est plus commode pour eux. En 1999, l'OTAN déclenche une opération militaire pour porter secours à la population du Kosovo. Devant l'hostilité de la Chine et de la Russie, l'opération se fait sans le vote du Conseil de sécurité. Là où les pays européens ont voulu voir une exception dictée par l'urgence humanitaire, les

---

1. Chaque casque bleu est payé par l'ONU 1000 dollars par mois au pays qui le fournit. Ce système fait qu'il peut être financièrement intéressant pour des pays pauvres – et donc *a priori* moins efficace militairement, d'envoyer des troupes que pour des pays riches.

États-Unis ont plaidé pour en faire un précédent. En 2003, les États-Unis et la Grande Bretagne lancent une guerre contre l'Irak malgré un vote au Conseil de sécurité comptabilisant quatre pays favorables et onze contre l'intervention.

En ce qui concerne le développement économique, le bilan de l'ONU est maigre. Malgré la mise en place d'institutions spécialisées (Conférence des Nations Unies sur le Commerce et le Développement – CNUCED), les pressions exercées par les pays du Sud (par le biais du Groupe des 77), les votes répétés de résolutions et l'adoption d'instruments para-juridiques (Décennie du désarmement, Charte des droits et des devoirs économiques, Proclamation de la souveraineté permanente sur les richesses naturelles, etc.), force est de constater que l'ONU ne possède pas un véritable pouvoir de décision en matière économique. Ainsi, même si elle est bien le forum des grands débats sur le développement, il faut reconnaître que lorsqu'il y a effectivement eu développement (pays émergents, nouveaux pays industrialisés), l'ONU n'a pas réellement pu s'en attribuer le mérite et que, lorsque l'organisation a cherché à promouvoir le développement (Afrique, Pays les moins avancés, CNUCED, etc.), il n'y a pas eu de développement. C'est pour cela qu'est parfois réclamée la création d'un Conseil de sécurité économique, même s'il est légitime de se demander si ce conseil aurait plus de pouvoir sur la vie économique internationale que le Conseil de sécurité sur les affaires stratégiques.

Pour ce qui est du respect des droits de l'homme, et malgré l'activité de nombreuses ONG ayant établi un partenariat avec l'ONU, la structure inter-étatique ne laisse par nature guère la place à une véritable évolution des situations. Les membres permanents ont peu de risques de se voir soumis à la critique, pas plus d'ailleurs que leurs protégés ou que les États qui appartiennent à des regroupements politiques où la solidarité de groupe l'emporte sur la vérité des situations. Le donnant-donnant (si tu votes contre ceux qui me mettent en cause, j'en ferai de même en retour) conduit un peu plus encore à bloquer la situation.

En 2005, Kofi Annan déplore que des États aient cherché à se faire élire à la Commission des droits de l'homme non pas pour les défendre mais pour se soustraire aux critiques ou critiquer les autres. La Commission des droits de l'homme des Nations unies, créée en

1946, avait été à l'origine de la Déclaration universelle des droits de l'homme de 1948. Cependant, malgré le rôle des rapporteurs spéciaux géographiques ou thématiques, elle était devenue le symbole des blocages. Elle a donc été remplacée en 2006 par le Conseil des droits de l'homme des Nations unies, composé de quarante-sept États élus pour trois ans au scrutin secret.

Une institution vieillissante ?

Mais l'une des questions les plus importantes en suspens concerne le vieillissement des institutions et la réforme du Conseil de sécurité. Les cinq membres permanents sont, en effet, représentatifs des grands équilibres tels qu'ils étaient en 1945 à la création de l'ONU. Or, depuis, la situation a évolué et l'on estime désormais que le Conseil de sécurité n'est plus suffisamment représentatif pour être réellement opérationnel et légitime.

Lors du sommet de l'ONU de 2005, une réforme a été prévue afin d'élargir le Conseil de sécurité et y ajouter de nouveaux membres permanents. Ainsi, le Japon, l'Inde et l'Allemagne devraient y siéger, de même que le Brésil pour représenter l'Amérique latine et l'Afrique du Sud pour le continent africain. L'Égypte est parfois citée comme sixième nouveau membre permanent représentant le monde arabe.

Malgré quelques oppositions – le Mexique contestait la prééminence brésilienne pour le continent latino-américain, le Nigeria et l'Éthiopie se voyaient bien représenter l'Afrique, l'Italie vivait mal d'être laissée en dehors alors que trois pays européens étaient membres permanents –, c'est surtout sous l'effet de la double opposition de la Chine et des États-Unis que la réforme n'a pas pu être menée à bout. Les États-Unis, qui sortaient à peine de la guerre d'Irak, n'avaient aucune envie de donner plus de légitimité à l'organisation mondiale et ne voulaient pas que l'Allemagne, qui s'était fortement opposée à la guerre, soit récompensée par l'obtention d'un siège permanent. Ainsi, ils ne proposaient l'élargissement qu'au seul Japon. La Chine, pour sa part, voyait d'un mauvais œil le fait que ses rivaux indiens et japonais intègrent le Conseil de sécurité et lui fassent perdre ainsi son avantage relatif vis-à-vis d'eux. Le blocage a donc prévalu.

Opérations de maintien de la paix de l'ONU (au 31 juillet 2009)

Missions en cours	Personnel déployé (militaires, civils, policiers)
MINURSO (Sahara occidental, établie en 1991)	507
MINURCAT (Tchad/Rép. Centrafricaine, établie en 2007)	3 434
MINUS (Soudan, établie en 2007)	13 091
FINUL (Liban, établie en 1978)	13 104
UNFICYP (Chypre, établie en 1964)	1 075
MINUK (Kosovo, établie en 1999)	361
MONUG (Géorgie, établie en 1993)	440
UNMOGIP (Inde/Pakistan, établie en 1949)	112
MANUA (Afghanistan, établie en 2002)	1 612
MINUSTAH (Haïti, établie en 2004)	11 073
MINUL (Libéria, établie en 2003)	13 178
ONUCI (Côte d'Ivoire, établie en 2004)	9 515
MONUC (Rép. démocratique du Congo, établie en 1999)	22 876
BINUB (Burundi, établie en 2007)	429
MINUAD (Darfour, établie en 2007)	20 571
ONUST (Proche-Orient, établie en 1948)	373
MINUT (Timor oriental, établie en 2006)	3 029
FNUOD (Israël/Syrie, établie en 1974)	1 187

- 63 opérations de maintien de la paix depuis 1948.
- 118 pays fournissant du personnel en uniforme.
- 2 609 morts en cours d'opération depuis 1948.
- 116 000 personnes déployées dans le monde.
- 61 milliards de dollars de budget depuis 1948

Source : ONU, 2009

Principaux pays contributeurs au budget ordinaire de l'ONU

État member	Quote-part
États-Unis d'Amérique	22.00 %
Japon	16.62 %
Allemagne	8.58 %
Royaume-Uni	6.64 %
France	6.30 %
Italie	5.08 %

Canada	2.98 %
Espagne	2.97 %
Chine	2.67 %
Mexique	2.26 %

- Montant brut des contributions des États membres au budget ordinaire pour l'année 2009 : 2 719 millions de dollars
- Budget biennal 2008-2009 adopté par l'Assemblée générale des Nations unies : 4 171 millions de dollars

Source : ONU, 2009

Les institutions de Bretton Woods

La Banque mondiale (Banque internationale pour la reconstruction et le développement – BIRD), créée en même temps que le Fonds monétaire international), est dotée d'un capital et peut recourir à des emprunts afin de financer des projets ou apporter des prêts d'ajustement structurels.

Alors que le rôle initial du FMI était d'aider les pays à maintenir le cours de leur devise pour compenser les déficits des balances de paiement apparus après la guerre, il est devenu l'instrument principal des politiques d'aide au développement des pays du Sud. De même, la Banque mondiale, créée afin de permettre la reconstruction des pays dévastés par la Seconde Guerre mondiale, s'est reconvertie elle aussi dans l'aide au développement lorsque sa mission initiale a été prise en charge par le Plan Marshall. Son objectif a alors consisté à favoriser le développement des pays émergents par le biais du soutien aux réformes institutionnelles et politiques, et à encourager la mise en place d'un environnement favorable aux transactions du secteur privé. Était à l'œuvre une logique de court terme pour le FMI (rétablissement des équilibres) et de long terme pour la Banque mondiale (développement).

Acquérant un rôle majeur dans l'aide au développement, la Banque mondiale est influencée par l'idéologie keynésienne dans les années 1960 et 1970, puis est marquée par la révolution libérale des années 1980 (initiée par le président américain Ronald Reagan et le premier ministre britannique Margaret Thatcher).

On a pu reprocher aux institutions de Bretton Woods, depuis l'effondrement du système monétaire international de change fixe au début des années 1970, de n'avoir eu de rôle majeur ni dans la coordination des politiques des pays développés ou dans le développement des pays pauvres, ni dans la stabilité des changes. Le marché semble l'avoir emporté : l'anarchie du mouvement des capitaux, et surtout son manque de régulation, a provoqué régulièrement des crises économiques (Asie en 1997, Russie en 1998, Amérique du Sud en 2001) avec des conséquences économiques et sociales désastreuses.

Par ailleurs, en conditionnant leur soutien, les institutions de Bretton Woods ont pu avoir une influence considérable sur l'organisation de la politique économique des pays qui ont sollicité leur aide, dans le Sud d'abord, à partir des années 1980, et en Europe centrale et orientale au cours de la décennie 90. Or, nourries des préceptes de l'école de Chicago, les conceptions du développement élaborées par la Banque mondiale et le FMI dans le cadre du Consensus de Washington sont nettement d'inspiration néo-libérale : liberté totale accordée aux marchés, privatisations des secteurs publics, dérégulation des prix, réduction du rôle de l'État dans l'économie et limitation des dépenses publiques. La mise en place de programmes d'ajustement structurel visant à réformer et discipliner les pays en développement va incarner l'ensemble de ces convictions, mais aussi en révéler les graves dérives sur les plans humain et social en raison notamment de la hausse des prix des biens de consommation (l'État cessant de les subventionner) et de la diminution des dépenses publiques.

BM et FMI

Du reste, même si l'intervention de la Banque mondiale et du FMI n'est pas décisive pour le montant des aides allouées, elle est souvent un levier pour obtenir d'autres prêts. De fait, les investisseurs privés et parfois même les États ne s'engagent pas dans un pays du Sud sans avis préalable positif de ces institutions.

Les opposants du FMI lui reprochent d'agir davantage pour protéger les capitaux en surveillant les politiques économiques des pays du Sud que dans le but d'encadrer les pouvoirs du marché. Les crises successives en Asie, Russie et Amérique latine ont ainsi mis en évidence les limites du système.

On a également reproché tant à la Banque mondiale qu'au FMI de n'avoir pas vu venir la crise financière de 2008. Celle-ci a pourtant permis de renforcer le pouvoir de ces institutions, le FMI se voyant notamment confier un rôle important dans la sortie de crise.

Il est également souvent reproché au FMI d'adhérer à des dogmes libéraux et de ne pas prendre en compte les effets de son intervention sur la population. Ainsi, dans son livre *La Grande Désillusion*, Joseph Stiglitz, ancien économiste en chef de la Banque mondiale, est très sévère à l'égard du FMI. Il lui reproche d'élaborer des prescriptions fondées sur l'hypothèse fausse selon laquelle le marché aboutirait spontanément à des résultats efficaces et l'intervention de l'État à l'inefficacité. Il l'accuse d'un mélange d'idéologie et de mauvaise économie qui contraint les pays en développement à ouvrir leur marché alors que les pays industriels, qui n'ont eux pas besoin de recourir aux aides du FMI, continuent à protéger le leur. Bien que Stiglitz refuse l'idée selon laquelle le FMI participerait à un complot, comme le prétendent parfois ses adversaires, il estime qu'il reflète cependant les intérêts et l'idéologie de la communauté financière internationale.

En avril 1997, les cent quatre-vingt-deux membres du FMI ont, suite à la crise mexicaine, modifié les statuts de l'organisation afin d'en faire le régulateur du marché financier et monétaire. Le FMI est alors autorisé à superviser et encadrer la libéralisation des mouvements de capitaux. Il a aussi la capacité de mobiliser rapidement des fonds importants pour des États en cessation de paiement.

Ensuite en 1999, le Fonds se réforme pour tenir compte des critiques qui lui avaient été adressées. Il accepte alors une plus grande transparence dans ses pratiques et vise à renforcer son efficacité dans l'une de ses principales fonctions, la surveillance. Il s'attache, en outre, à remédier à ses lacunes en matière de prévision et de prévention des crises.

Le FMI admet par ailleurs que les sociétés civiles doivent être associées aux réformes et qu'il est important que les populations pauvres soient mieux protégées durant leur mise en œuvre, dont l'impact social doit être davantage pris en compte. Le FMI et la Banque mondiale admettent en effet que les mesures d'ajustement structurel mises en œuvre dans les pays en développement devaient s'accompagner d'un volet social. Si le principe de base est que la croissance économique est au centre du développement et de la réduction de la pauvreté, il est désormais reconnu qu'une politique de redistribution et de réduction des inégalités peut avoir un effet positif sur la croissance générale. Le FMI a également accepté le fait que les questions du développement social et de l'allégement de la dette sont liées.

Des actions concrètes

La Banque mondiale et le FMI pourraient, à terme, adopter une série de principes généraux en matière de politique sociale : accès universel aux services sociaux de base (éducation élémentaire, santé), respect des droits sociaux fondamentaux (interdiction du travail forcé et du travail des enfants, notamment). Les pays européens, en particulier, souhaitent renforcer la dimension politique des organisations financières internationales.

Un exemple des nouvelles modalités d'intervention de la Banque mondiale, qui finance de plus en plus de projets, est fourni par le prêt octroyé au Tchad pour la construction d'un pipeline de 1 000 km devant rejoindre l'océan Atlantique pour exporter le pétrole tchadien récemment découvert. Bien que ce prêt ne concerne que 3 % du montant total du coût, son octroi a été décisif pour que les compagnies pétrolières acceptent de prendre en charge le reste du financement. Surtout, face à l'un des pays les plus pauvres de la planète, déchiré depuis son indépendance en 1980 par des guerres civiles, le prêt a été conditionné à l'exigence que le gouvernement tchadien garantisse que les revenus tirés du pipeline (estimé à 100 millions de dollars par an) soient utilisés afin d'améliorer les infrastructures de santé publique et d'éducation.

Aujourd'hui, les pays développés détiennent 57 % des voix au sein du FMI, contre 43 % aux pays émergents. Lors du Sommet du G20 de Pittsburgh, en septembre 2009, les pays développés ont accepté de transférer 5 % de leurs droits de vote au FMI au profit des pays sous-représentés au regard de leur poids dans l'économie mondiale. La réforme des droits de vote, qui entrera en vigueur dès 2011, favorisera surtout la Chine, deuxième économie mondiale, ainsi que la Corée et la Turquie. Collectivement sur-représentés (avec 32 % des voix aujourd'hui alors que leur poids dans l'économie mondiale n'excède pas 25 %), les pays européens devront faire des sacrifices, notamment la Belgique et les Pays-Bas. La France, la Grande-Bretagne et l'Allemagne céderont aussi quelques dixièmes de leurs droits de vote aux pays asiatiques. Les États-Unis, eux, n'auront aucun sacrifice à faire ni sur leur droit de vote ni sur leur veto car ils restent sous-représentés au FMI compte tenu de leur poids dans l'économie mondiale.

Pourcentages des droits de votes au FMI

États-Unis	16.7
Japon	6.02
Allemagne	5.88
France	4.85
Royaume-Uni	4.85
Chine	3.66
Pays-Bas	2.34
Italie	3.19
Arabie saoudite	3.16
Canada	2.88
Russie	2.69
Belgique	2.09
Brésil	1.38

Source : FMI, 2009

L'OMC (Organisation mondiale du commerce)

Créée le 1er janvier 1995 à la suite de l'accord de Marrakech d'avril 1994, l'Organisation mondiale du commerce (OMC) s'est substituée au GATT (General Agreement on Tariffs and Trade, en français : Accord général sur les tarifs douaniers et le commerce).

Si, comme le GATT, l'OMC fonctionne sur le principe du consensus, sa principale différence réside dans sa capacité à trancher les différends commerciaux entre États. En effet, bien qu'il existât, dans le cadre du GATT, quelques procédures d'arbitrage, chaque pays demeurait souverain dans l'application d'éventuelles sanctions. Ce système était largement profitable aux puissances commerciales dominantes ; les États-Unis, en particulier, qui ont eu souvent recours à cette forme d'unilatéralisme. Par l'utilisation d'un vaste arsenal juridique, ces derniers n'hésitaient pas à punir tout État ou toute firme considérés comme usant de pratiques commerciales déloyales. Dans le cadre de l'OMC, les pays ne peuvent donc plus se faire justice eux-mêmes. Ainsi, les États-Unis ont été plusieurs fois condamnés lors de procédures d'arbitrage.

Bien que reprenant les missions du GATT, l'OMC s'est par ailleurs dotée de nouvelles fonctions visant, d'une part, à établir une autorité plus ferme sur les règles multilatérales (surveillance et répression des pratiques déloyales) et, d'autre part, à organiser l'ouverture de nouveaux domaines aux règles multilatérales (services financiers, marchés publics, produits agricoles, produits culturels, etc.) – l'objectif consistant à promouvoir le multilatéralisme au détriment du bilatéralisme, voire de l'unilatéralisme.

L'OMC est devenue la cible des militants et des ONG « anti-mondialisation » qui ont bruyamment manifesté leur mécontentement lors du sommet de Seattle en 1999, notamment. Ils reprochent à l'OMC de ne pas protéger les pays pauvres et de libéraliser les échanges mondiaux au profit des pays riches qui imposent aux autres nations leurs produits. De fait, sans protection tarifaire, les petits producteurs des pays du Sud ne peuvent lutter contre cette concurrence. À ceux qui accusent l'OMC d'être « une machine à libéraliser, au service d'une idéologie libre-échangiste », ses partisans soulignent au contraire que l'organisation peut jouer un rôle important de régulation et que le renforcement de ses pouvoirs devrait permettre d'éviter que ne s'impose ouvertement la loi du plus fort. Selon eux, l'OMC cherche à introduire une forme de réglementation et de respect des engagements pris dans le cadre des échanges économiques internationaux. Elle serait ainsi l'instrument de régulation d'une mondialisation économique qui se ferait, de toute façon, avec ou sans elle, et un moyen d'équilibrer la mondialisation par la régulation et non par le libre jeu du marché.

Dès lors, ceux qui s'opposent à l'OMC au nom de la justice économique se tromperaient de combat. D'abord, parce qu'ils se retrouvent du même côté que les ultra-libéraux qui s'opposent à l'OMC pour des raisons inverses, estimant qu'elle conduit à trop de réglementations dans un jeu économique qui n'en a pas besoin. Ensuite parce que c'est plutôt dans le cadre de l'OMC qu'ils devraient porter leurs revendications quant à la protection de l'environnement, le respect des normes sociales et la garantie de l'accès des pays les plus pauvres au marché du Nord. Selon eux, sans l'existence de l'OMC, ce serait la loi de la jungle au niveau de l'économie mondiale, et celle-ci n'a jamais été favorable aux plus faibles.

Un nouveau cycle, celui de Doha, lancé dans la capitale du Qatar en 2001, n'est toujours pas parvenu à une régulation sur les nouvelles libéralisations du commerce. Pour la première fois, il établit un lien entre développement et commerce afin de promouvoir les deux et non seulement la libéralisation commerciale. Mais il bute sur l'ouverture des marchés des pays du Nord (pourtant essentielle au développement du Sud), les politiques agricoles européenne et américaine, la question de la propriété privée et celle de l'accès aux médicaments de la part des pays pauvres. On constate par ailleurs le poids grandissant des pays émergents dans les négociations.

Du G8 au G20

L'idée de réunir au cours d'un sommet informel annuel les leaders des pays les plus industrialisés revient au président français Valéry Giscard d'Estaing, qui estimait que les relations personnelles entre dirigeants étaient susceptibles de dénouer les problèmes politiques. Selon lui, « l'idée initiale était d'organiser un échange de vues entre les principaux dirigeants occidentaux, comme une réunion d'amis dans une maison de campagne. »

Lorsqu'il lance cette idée au début de l'année 1975, son intention est d'organiser une rencontre annuelle des dirigeants des cinq pays les plus industrialisés : États-Unis, RFA, Grande-Bretagne, Japon et France. Très rapidement, l'Italie et le Canada viennent s'ajouter à ce club restreint. Tenu à Rambouillet au mois de novembre de la même année, le premier sommet s'inscrit dans un contexte économique et financier particulièrement inquiétant du fait des effets de la fin de la convertibilité du dollar en or, qui date de 1971, et du choc pétrolier de 1973.

Face au désordre monétaire et à la récession économique, il s'agit ainsi d'éviter, comme ce fut le cas dans les années 1930, les initiatives désordonnées des pays les plus riches et leurs conséquences catastrophiques. Plus précisément, c'était pour Valéry Giscard d'Estaing l'occasion de « provoquer une prise de conscience des responsabilités globales, politiques et économiques, qu'implique la situation de l'économie occidentale ».

Les discussions entre chefs d'État ou de gouvernement portent sur un ordre du jour longuement préparé et négocié par les « sherpas » au cours des mois précédant la réunion au sommet. Celle-ci s'achève sur un communiqué d'intentions dont l'impact médiatique est sans commune mesure avec sa force juridique ou sa mise en œuvre politique.

Chaque été, le sommet du G8 donne donc l'occasion aux chefs d'États et de gouvernements de prendre des engagements formels. Ils promettent ainsi de s'attaquer à la pauvreté, aux guerres, aux déficiences de la santé publique, au crime international ou à la pollution. Toutefois, les engagements sont rarement suivis d'effets.

En 1997, le G8 est ouvert à la Russie alors que son PNB a diminué de moitié depuis l'implosion de l'URSS et qu'il équivaut alors à celui des Pays-Bas. Les pays occidentaux veulent toutefois faire un geste à son égard et « récompenser » un pays certes en difficulté économique et politique mais qui a adopté l'économie de marché.

Le G7, transformé en G8, n'a plus rien à voir avec la partie de campagne entre amis. Il est devenu une lourde machine politique et médiatique que suivent des milliers de journalistes. Depuis les années 1980, l'ordre du jour déborde les seules questions économiques pour aborder l'ensemble des sujets politiques. Ceux qui n'en sont pas membres critiquent ce club de riches qui voudrait diriger le monde sur la seule base de sa puissance économique et sans être représentatif de l'ensemble de la planète.

On peut remarquer que, malgré les critiques dont il est l'objet, le FMI est une institution universelle et ouverte, alors que le G8 n'est, lui, qu'un forum intergouvernemental fermé. Les très vives manifestations des militants antimondialisation lors des sommets du G8 ont conduit à en diminuer l'importance.

La France elle-même, pourtant à l'origine de sa création, résiste depuis le début des années 1980 à cette tendance du G8 de vouloir concurrencer le Conseil de sécurité des Nations unies et s'ériger en directoire mondial. Car si officiellement le G8 n'a pas de pouvoir de décision, les pays qui en sont membres préparent entre eux les politiques qui seront proposées dans les autres instances internationales.

En 1999, en marge du G7 de Washington, un nouveau groupe est créé afin de rendre possible un dialogue élargi entre pays industrialisés et pays émergents tenant compte du poids économique croissant de ces derniers. Les membres du G20[1], pérennisé et intronisé comme « forum prioritaire de la coopération économique internationale » lors du Sommet du G8 de Pittsburgh, représentent les deux tiers du commerce et de la population mondiale et 85 % du PIB mondial. Le G20 aurait dès lors une légitimité supérieure au G7 (dont le poids économique ne dépassait pas 50 % du PIB planétaire).

Lorsque la crise financière de 2008 éclate, c'est le G20, réuni à Londres en avril 2009, qui se charge de trouver une sortie de crise. Certains y ont vu une preuve supplémentaire de la « multipolarisation » du monde, du passage de témoin entre le G8 et le G20, censé donner davantage de voix aux pays émergents. Si le G8 est appelé à se maintenir, il est certain en effet que le G20 va progressivement lui faire de l'ombre. Cependant, bien que ce dernier offre plus de multipolarité, on remarquera que les pays pauvres n'y sont pas représentés.

La régulation juridique : la justice internationale

La Cour internationale de justice, créée en 1945, est l'organe judiciaire principal de l'ONU. Située à La Haye, aux Pays-Bas, elle est composée de quinze juges élus pour neuf ans par l'Assemblée générale et le Conseil de sécurité.

La Cour internationale de justice tranche les différends juridiques des États qui acceptent volontairement sa compétence soit de façon

---

1. États-Unis, Canada, Japon, Allemagne, France, Italie, Royaume-Uni (G7) + Russie (G8) + Afrique du Sud, Arabie Saoudite, Argentine, Australie, Brésil, Chine, Corée du Sud, Inde, Indonésie, Mexique, Turquie et Union Européenne (G20). Répartition géographique : 32 % de pays asiatiques, 25 % de pays européens, 15 % de pays d'Amérique du Nord, 10 % de pays d'Amérique du Sud, 5 % de pays africains, 5 % de pays du Moyen-Orient, 8 % d'autres pays.

générale, soit sur un litige spécifique. Cela dit, même lorsque les États ont accepté la clause de compétence générale de la Cour, ils peuvent la dénoncer s'ils craignent d'être mis en difficulté sur un sujet qu'ils estiment essentiel (la France l'a fait lorsque l'Australie et la Nouvelle Zélande avaient saisi la Cour internationale de justice en 1974 à propos des essais nucléaires français dans le Pacifique ; les États-Unis ont fait de même lorsque le Nicaragua avait saisi la Cour à propos du minage de ses ports par les Américains). La Cour a cependant pu jouer un rôle important pour trancher des litiges frontaliers de pays ayant accepté sa compétence (à l'exemple du conflit entre la Libye et le Tchad à propos de la bande d'Aouzou).

La Cour internationale de justice peut également émettre des avis consultatifs. La nécessité d'établir un tribunal international afin de poursuivre les individus coupables de génocide est une préoccupation récurrente de l'ONU qui adopte, dès 1948, la notion de crime de génocide (résolution 260). De plus, la Cour internationale de justice de La Haye pouvant traiter uniquement les litiges entre États, il existe un vide juridictionnel en ce qui concerne les coupables individuels.

Ce n'est qu'en 1993, avec le développement du conflit en ex-Yougoslavie, que l'urgence du problème devient manifeste. Afin de juger les coupables de génocide, le Conseil de sécurité établit alors en février de la même année un Tribunal pénal international pour l'ex-Yougoslavie (TPIY). Un tribunal de même nature est ensuite créé pour juger les crimes commis au Rwanda. Ces expériences montraient alors l'urgence d'une structure permanente en lieu des tribunaux ad hoc.

C'est ainsi que sous la pression des ONG et de l'opinion publique internationale est créée, lors de la conférence de Rome de 1998 à laquelle participent 160 pays, une Cour pénale internationale (CPI). Siégeant à La Haye, celle-ci est composée d'un procureur et de dix-huit juges de nationalités différentes, élus par les États membres pour un mandat de neuf ans non renouvelable.

Le caractère permanent de la CPI lui permet d'éviter le reproche de représenter une justice des vainqueurs. Surtout, il lui permet, comparée aux tribunaux ad hoc, d'avoir un effet préventif plus important. Dans un contexte particulier, un tribunal spécial pour le Liban avait été créé, en 2007, par un accord entre le gouvernement libanais et le Conseil de sécurité de l'ONU après l'assassinat de l'ancien premier ministre Rafik Hariri.

La compétence de la Cour pénale internationale est précisément délimitée, à la fois *ratione personae* (seuls peuvent être jugés les crimes commis sur le territoire ou par les ressortissants des États signataires à moins que le Conseil de sécurité ne soit l'auteur de la saisine), *ratione temporis* (pas de rétroactivité) et *ratione materiae* (crimes les plus graves, à savoir crimes de guerre, crimes contre l'humanité, crimes de génocide et crimes d'agression[1]). Elle peut être saisie par un État partie, par le Conseil de sécurité de l'ONU ou par le procureur agissant de sa propre initiative, au vu de plaintes qui lui sont transmises. Par ailleurs, la saisine peut se faire contre un pays non-membre sur décision du Conseil de sécurité, à condition qu'il ne soit pas, naturellement, l'allié d'un membre permanent.

Le président Clinton avait consenti à signer le traité de Rome en décembre 2000, quelques jours avant de transmettre ses pouvoirs à son successeur George Bush Junior. Or, le nouveau président a renvoyé le traité, qui n'aurait de toute façon pas été ratifié par le Sénat. En fait, l'idée même de tribunal international, auquel pourraient être soumis des citoyens américains, est violemment rejetée par les États-Unis. Mais ils sont loin d'être les seuls réfractaires à la CPI. De nombreux pays, craignant d'être un jour mis en accusation, ont refusé d'être partie au traité (États-Unis, Chine, Russie, Inde, la plupart des pays arabes, Israël). Au 1er juillet 2009, cent neuf États ont ratifié le traité instituant la CPI.

En mars 2009, la CPI, saisie par le Conseil de sécurité, lance un mandat d'arrêt à l'encontre du président soudanais Omar El-Bechir pour crime contre l'humanité en raison des massacres commis au Darfour depuis 2003. Les pays africains et arabes dénoncent alors le « deux poids deux mesures » implicite dans le fait que la cour soit saisie par des pays non-membres. Un réflexe de solidarité des pays africains et arabes se met alors en place.

Ainsi, si le fait que, pour la première fois, un chef d'État soit inculpé par la CPI représente un signe de progrès pour la justice internationale, l'absence d'universalisme demeure problématique.

---

1. En l'absence de consensus, la définition du crime d'agression a été reportée à une date ultérieure.

5

EXISTE-T-IL UNE COMMUNAUTÉ INTERNATIONALE ?

À un monde globalisé correspond-il une communauté internationale ?

Face à des défis globalisés et à une interdépendance accrue, cela semble aller de soi. Mais, à y regarder de plus près, l'existence d'une communauté internationale n'est pas évidente. Le terme est certainement l'un des plus fréquemment employés dans les médias lorsque l'on parle des questions stratégiques internationales. Mais malheureusement, lorsqu'on l'évoque, c'est davantage pour parler de ses échecs que de ses réussites, de ses prises de position que de ses véritables réalisations. La communauté internationale estime, déplore, s'indigne, revendique, exige… mais on parle moins souvent de ce qu'elle a réussi à obtenir ou à mettre en œuvre. On constate qu'elle est impuissante à faire face au réchauffement climatique, qu'elle ne parvient pas à résoudre la fracture Nord-Sud, qu'elle n'est pas efficace pour lutter contre le terrorisme, qu'elle ne parvient pas à résoudre le conflit israélo-palestinien, qu'elle a du mal à combattre la piraterie, etc.

Qui représente la communauté internationale ? Qui la compose ?

Pour René-Jean Dupuy, la communauté est « l'expression d'un phénomène naturel fondé sur l'interdépendance objective telle qu'elle résulte, au plan international, de l'exiguïté nouvelle du monde consécutive à l'essor des techniques de communication et d'échange ». La communauté est donc la juxtaposition et la mise en contact des uns et des autres.

Est-elle composée de l'ensemble des États ? Faut-il y inclure l'ensemble des acteurs des relations internationales ? Qui peut parler en son nom ?

Aujourd'hui, certains responsables et experts du monde occidental ont tendance à confondre communauté internationale et monde occidental. Ceci n'est pas nouveau.

Dans le passé, il y eut plusieurs formes de communautés internationales basées également sur les concepts d'inclusion et d'exclusion. La communauté s'est souvent définie par rapport à l'extérieur. Cela a été le cas notamment dans l'Antiquité et, plus tard, à la naissance de l'âge moderne européen. Dans l'Antiquité, un premier exemple peut être celui de la communauté formée par les cités grecques. Les membres d'une communauté ont le sentiment de faire partie d'une même civilisation qui exclut les barbares mais n'empêche pas pour autant les affrontements internes en son sein. La lutte contre l'ennemi commun, l'Empire perse, constitue un facteur de cohésion pour des hommes qui se rapprochent déjà par des cultes et des activités communes, comme les Jeux olympiques. Néanmoins, les haines et les divisions ne sont pas étrangères à l'intérieur de la communauté. Ainsi, si les cités grecques peuvent s'affronter entre elles, elles savent s'unir face à un danger extérieur.

Un peu plus tard, l'Empire romain relève de la même dynamique. Afin de faire régner une paix durable, les Romains soumettent les différents peuples du pourtour méditerranéen aux mêmes lois, créant ainsi une véritable communauté dont la frontière est délimitée par le *limes*, la limite définissant ce qui est dans l'Empire et ce qui n'y appartient pas.

L'Europe chrétienne va constituer une nouvelle forme de communauté internationale, parallèlement à un événement majeur, la découverte de l'Amérique. Celle-ci va en effet faire prendre conscience aux Européens, animés par la foi chrétienne, qu'il existe des hommes qui ne sont pas animés par la même croyance et qui vivent selon des règles différentes, au sein d'un ordre religieux distinct. Un débat va alors s'ouvrir pour déterminer si ces autres individus appartiennent à la même humanité ou s'il s'agit d'êtres inférieurs.

Cette communauté chrétienne trouve ses fondements dans l'interaction entre une menace commune – l'Empire ottoman – et la foi chrétienne et unificatrice. Cet ensemble de références contribue à la formation d'un univers chrétien.

Après 1815, la Sainte Alliance en Europe peut être présentée comme une nouvelle forme de communauté, elle aussi fondée sur la justice, la charité chrétienne et la paix. Elle va étouffer les appétits territoriaux et essayer de dépasser les rivalités entre les différents acteurs européens pour faire face au risque majeur de disparition de la monarchie. Eprouvé lors de la révolution française, ce risque est jugé suffisamment dangereux et fort pour conduire à la prudence les différents acteurs.

Le concert européen va laisser la place aux guerres inter-européennes. Les deux guerres mondiales dans lesquelles l'Europe plongera le monde illustrent en effet les limites de la communauté européenne. À chaque fois l'on assiste, sur les décombres des deux guerres mondiales, à des tentatives de construction d'un ordre mondial, d'édification d'une communauté mondiale, voire même de société internationale. Suite à l'échec de la première tentative, la SDN, qui n'a pas su empêcher l'explosion de la Seconde Guerre mondiale, a fait suite la création de l'ONU.

La communauté internationale est-elle un groupe de communautés ?

Différentes communautés existent, parmi lesquelles, le Commonwealth, la Communauté européenne, la communauté atlantique, la communauté musulmane, la communauté asiatique, latino-américaine, etc. Il y a une sorte de communautarisme à l'échelle internationale, moins fort tout de même qu'il ne peut l'être parfois à l'échelle nationale. Le monde est peuplé de communautés diverses, chacune ayant ses propres valeurs. La difficulté est de savoir s'il est possible de trouver des valeurs communes à ces différentes communautés.

Peut-on dire que cette communauté internationale existe ?

Si l'on entend par communauté internationale un état de fait, un ensemble d'acteurs vivant dans un espace commun au-delà de leurs divergences et ayant, de ce fait, une responsabilité commune même s'ils ne l'assument pas toujours de façon responsable, alors oui, on peut dire qu'il existe une communauté internationale. Si en revanche, par communauté internationale, l'on entend un ensemble cohérent qui poursuit les mêmes objectifs, alors certainement pas. S'il est vrai que nous vivons dans le même monde, il n'y a pas de gouvernance mondiale, nous n'avons pas les mêmes objectifs, les mêmes problèmes à résoudre et les mêmes solutions à apporter aux grands défis globaux. À ce stade, la communauté internationale reste un objectif mais n'est pas encore une réalité.

PARTIE II

LES PUISSANCES

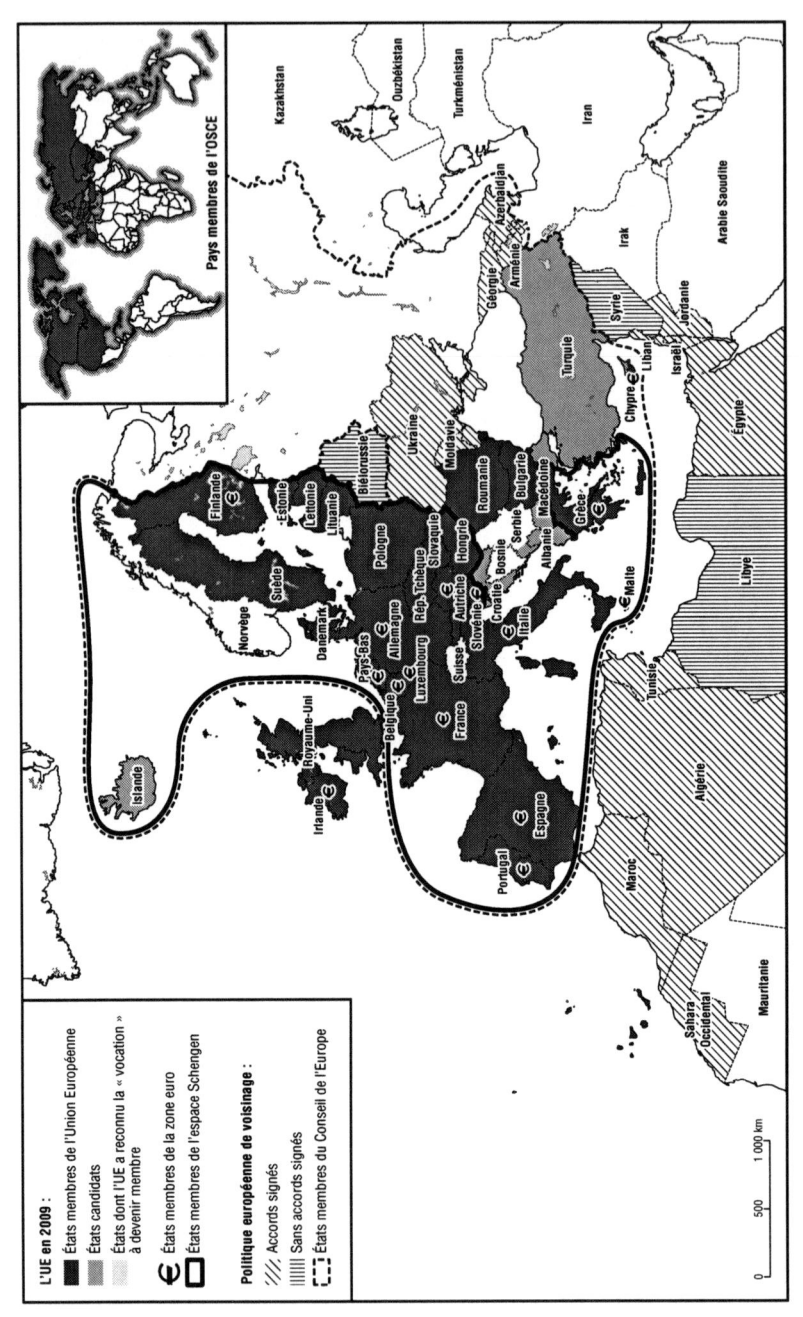

Sources : d'après M. Foucher, *L'Europe, entre géopolitiques et géographies*, Sedes, 2009, Fondation Robert Schuman

L'Union européenne : États membres et États voisins

1

L'EUROPE : PUISSANCE OU ESPACE ?

La construction européenne est certainement l'un des plus beaux exemples de réussite du volontarisme politique. Elle a permis la réconciliation historique entre pays ennemis – jusqu'à permettre sans heurts la réunification allemande qui n'aurait pas été aussi facilement admise en dehors du cadre de l'Europe –, et un développement économique du continent préservant le modèle social original. Cependant, l'Union européenne doit aujourd'hui faire face à un scepticisme croissant de ses propres citoyens, et s'interroger sur les limites géographiques de son élargissement. La question centrale est de savoir si l'Europe restera seulement une puissance économique ou deviendra une puissance stratégique. L'Europe sera-t-elle l'un des pôles majeurs d'un monde multipolaire ?

Le projet européen

Des pays qui n'ont cessé de se faire la guerre des siècles durant, qui ont même plongé deux fois la planète dans des conflits d'ampleur mondiale, ont réussi à construire un ensemble économique performant devenu par la suite une union politique dynamique. Que des peuples qui se considéraient comme des ennemis héréditaires se soient lancés ensemble dans un processus de construction prouve que l'Histoire n'est pas écrite à l'avance, que l'on peut en modifier le cours et que la volonté politique en reste l'élément déterminant. Il s'agit indiscutablement d'un facteur d'espoir pour des conflits actuels jugés inextricables.

Si les divergences entre les États membres subsistent, elles sont désormais régulées par le droit. Aucun État membre ne cherche à dominer les autres. La construction européenne, contrairement aux tentatives précédentes, s'est faite par la coopération volontaire et non en fonction de desseins hégémoniques comme ce fut le cas dans le passé, du Saint-Empire romain germanique à Napoléon, de la Sainte-Alliance au nazisme. Elle est, à n'en pas douter, l'un des phénomènes majeurs du XXe siècle.

Les premiers pas

La construction européenne a commencé de façon très pragmatique. Le 9 mai 1950, le ministre français des Affaires étrangères, Robert Schuman, en collaboration avec Jean Monnet, alors Commissaire au plan, publient un mémorandum indiquant que « L'Europe ne se fera pas d'un coup, ni dans une construction d'ensemble : elle se fera par des réalisations concrètes créant d'abord une solidarité de fait » entre les nations. L'enjeu premier est d'éliminer l'opposition qui a coûté si cher entre la France et l'Allemagne. La stratégie consiste alors à « placer l'ensemble de la production franco-allemande de charbon et d'acier sous une haute autorité commune dans une organisation ouverte à la participation des autres pays d'Europe ». Dès lors, « toute guerre entre la France et l'Allemagne devient non seulement impensable mais matériellement impossible ». C'est ainsi que naît, en 1952, la Communauté Européenne du Charbon et de l'Acier (CECA) qui réunit, outre la France et l'Allemagne, l'Italie, la Belgique, les Pays-Bas et le Luxembourg. C'est le premier pas concret de la construction européenne.

Par la suite, l'échec du projet de Communauté européenne de défense (CED), qui impose un coup d'arrêt au processus de construction européenne, va paradoxalement relancer la coopération en Europe.

La nature du défi est double. Politique d'une part : il s'agit de permettre, comme avait tenté de le faire la CED, la réintégration de l'Allemagne dans la famille européenne ; économique d'autre part, en faisant bénéficier les entreprises européennes d'un marché intérieur suffisamment vaste pour permettre leur renforcement face, notamment, à la concurrence américaine. Deux nouveaux traités sont alors signés à Rome, le 23 mars 1957. L'un donne naissance à la Communauté Européenne de l'Énergie Atomique et le second – qui s'avérera le plus important – crée la Communauté Économi-

que Européenne (Traité instituant la communauté e
TCE).

Plus précisément, ce dernier établit les modalités de libre ciculation des marchandises et proclame la fin des barrières douanières entre les pays signataires. Il fixe également un certain nombre de règles relatives à la concurrence, au commerce et à la fiscalité et définit une politique agricole commune. Avec la mise en place de ce Marché commun permettant notamment de mettre fin à l'émiettement de son marché, l'Europe a pour ambition de devenir le concurrent économique des États-Unis. Enfin, le TCE met en place des institutions : l'Assemblée parlementaire, le Conseil des ministres et la Commission – institution originale inspirée de la Haute Autorité de la CECA et formée de membres indépendants censés ne pas représenter les États d'origine mais l'intérêt commun.

Dans les années 1970, l'Europe s'est renforcée. Elle a notamment mis en place une coopération monétaire qui débouche, en 1979, sur la création d'un système monétaire stabilisant les taux de change entre les pays européens. La coopération politique est également renforcée. Surtout, l'Europe accepte de nouveaux membres : l'Eire, le Danemark et la Grande Bretagne en 1973 ; la Grèce, redevenue démocratie, en 1981 ; puis l'Espagne et le Portugal, après avoir eux aussi mis fin aux dictatures, en 1986. La même année est adopté l'Acte unique, qui vise à relancer l'intégration européenne et à établir progressivement le marché intérieur, défini comme « espace sans frontières intérieures dans lequel la libre circulation des marchandises, des personnes, des services et des capitaux est assurée », au cours d'une période expirant le 31 décembre 1992. Les pays membres s'engagent également à réunir régulièrement leurs ministres des Affaires étrangères pour définir une politique extérieure commune. Ils sont en effet conscients des faiblesses qu'implique leur absence de cohésion sur le plan international.

Vers une union économique et monétaire

Après la réunification allemande, et afin d'assurer l'arrimage de l'Allemagne à l'ensemble européen, la construction européenne connaît un nouveau coup d'accélérateur. Ainsi, avec l'entrée en vigueur en février 1992 du Traité de Maastricht (ou Traité sur l'Union européenne, TUE), la Communauté économique européenne laisse la place à l'Union européenne. Si la dimension économique y est renforcée, l'Europe ne veut pas s'en contenter et aspire également à jouer un rôle politique.

Le Traité prévoit aussi la création d'une union monétaire avec l'établissement d'une monnaie unique au 1er janvier 1999. L'Allemagne accepte ainsi de renoncer au Deutsch Mark, monnaie symbole non seulement de stabilité monétaire et de prospérité économique, mais également de l'enracinement démocratique de l'Allemagne. La solidarité européenne apparaît donc comme assez forte pour que les États membres de l'Union renoncent à un élément de leur souveraineté aussi fondamental que la monnaie. Est par ailleurs sous-jacente l'idée de se doter d'une devise unique pour concurrencer le dollar comme monnaie d'échanges internationaux. Enfin, le TUE institue une citoyenneté européenne, renforce le pouvoir du Parlement et dote l'Europe d'une politique étrangère et de sécurité commune (PESC) devant déboucher, à terme, sur une défense commune.

Le 1er janvier 1995, trois nouveaux membres, autrefois neutres, sont admis : l'Autriche, la Finlande et la Suède. En 2004, ce sont dix nouveaux pays d'Europe centrale et orientale qui rejoignent l'Union européenne, à savoir, Chypre, l'Estonie, la Hongrie, la Lettonie, la Lituanie, Malte, la Pologne, la République tchèque, la Slovaquie et la Slovénie. En 2007, ils sont rejoints par la Bulgarie et la Roumanie. Actuellement, parmi les candidats à l'adhésion, dont la Turquie, c'est le dossier croate qui est le plus avancé.

La délicate question des frontières

Ces élargissements successifs amènent à s'interroger sur les frontières de l'Europe. La question est difficile, car celles-ci ne se sont pas clairement définies. On pourrait bien sûr donner une définition géographique de l'Europe, en la délimitant de l'Atlantique à l'Oural. Mais la Russie, dont une partie du territoire se situe sur le continent européen, a-t-elle vocation à adhérer à l'Union européenne ? L'histoire n'apporte pas de réponse simple à la question des frontières européennes. À l'époque de l'Empire romain, moment clé de l'histoire européenne, la Méditerranée était au centre de l'Empire. Or, elle semble aujourd'hui en constituer la frontière. Par la suite, la colonisation a relié l'Europe aux deux Amériques, à l'Afrique et à l'Asie. Puis, pendant longtemps, le rideau de fer a coupé l'Europe en deux. Déterminer les frontières de l'Europe, c'est en outre fixer les limites de son élargissement. En 1993, le sommet de Copenhague fixe les conditions d'adhésion à l'Union (critères dits « de Copenhague »), à savoir la présence « d'institutions stables garantissant l'État de droit, la démocratie, les droits de l'homme et le respect des minorités », « une économie de marché viable et la capacité de faire face à la pression concurrentielle et aux forces du marché à l'intérieur de l'Union » et l'aptitude à transposer l'« acquis communautaire », soit l'ensemble de la législation européenne, dans le droit national.

Bien que le Traité de Rome limite l'adhésion au continent européen, les conditions d'appartenance sont en fait de nature universelle et pourraient *a priori* s'appliquer à des États situés en dehors de l'Europe. En ressort l'idée que l'identité européenne est à la fois géographique et politique.

Le grand défi qui se pose actuellement à l'Europe est de permettre son élargissement sans que celui-ci ne se traduise par une dilution de l'Europe qui viendrait entraver de nouveaux progrès, sur les plans de la politique et de l'action extérieure notamment, et risquerait de la transformer, *de facto*, en une simple zone d'échanges économiques sans volonté politique commune.

C'est tout l'objet du débat entre une *Europe espace* (l'Europe comme simple espace de libre-échange et de coopération économique) et une *Europe puissance* (l'Europe en tant qu'acteur international majeur sur la scène mondiale).

Par ailleurs, la question de l'élargissement à la Turquie soulève un certain nombre de points. Pour certains, l'Europe doit rester un « club chrétien » et ne peut intégrer ce pays dont, de surcroît, une partie importante du territoire se situe en dehors du continent européen. Pour d'autres en revanche, la Turquie appartient historiquement à l'Europe. Au-delà de ce débat sans fin, la question est de respecter les engagements pris à son égard : après plusieurs années d'incitations aux réformes économiques, institutionnelles et politiques, on ne peut rejeter la Turquie si elle parvient à respecter les principes fixés par l'Europe.

Le prix du refus pourrait d'ailleurs être lourd de sens, indiquant une fermeture de l'Europe sur elle-même pour des raisons culturelles et politiques. La question ne se pose certes pas dans l'immédiat, car il est nécessaire que la Turquie dispose d'un certain temps pour adapter son économie et sa législation aux normes européennes. Mais à terme, il est probable qu'un grand pays comme la Turquie, disposant d'une diplomatie puissante, représente un atout pour une Europe qui voudrait elle-même jouer sur le registre de la puissance. Du reste, la Turquie a montré qu'elle était capable d'indépendance. Malgré une promesse d'aide de 26 milliards de dollars, elle a refusé le passage des troupes américaines sur son territoire dans le contexte de la guerre en Irak de 2003.

Relancer l'Europe

Le reproche d'une bureaucratie tournée sur elle-même et insensible aux préoccupations quotidiennes des citoyens, de même que le sentiment que les objectifs historiques de l'Europe – la réconciliation entre les différents pays – ont été atteints et que le reste de l'agenda est moins mobilisateur et enthousiasmant, suscitent une certaine fatigue de l'Europe au sein de ses frontières. Les élections au Parlement européen de juin 2009 ont montré une véritable désaffection des citoyens à l'égard de leurs représentants alors même que cette institution dispose d'un poids beaucoup plus fort qu'auparavant. L'abstention y a été forte dans la plupart des pays et les partis protestataires, critiques de la construction européenne, ont prospéré. On avait déjà eu un avant-goût de ce divorce entre une partie de l'opinion publique et l'Europe au moment des « non » français et néerlandais aux referendums sur l'adoption du Traité établissant une constitution pour l'Europe (TCE). S'il est vrai que l'Espagne a voté « oui », on peut se demander toutefois quel aurait été le choix des autres pays s'ils n'avaient pas eu recours à la voie parlementaire. Cela dit, paradoxalement, l'Europe est toujours populaire à l'extérieur de ses frontières. On le constate à l'afflux de candidatures d'adhésion ou à l'espérance, exprimée aux quatre coins du monde, de voir l'Europe jouer un rôle plus important sur la scène internationale.

Signé en 2001, le traité de Nice devait permettre d'adapter le fonctionnement des institutions européennes à la nouvelle configuration d'une Union européenne à 27 membres. Afin de dépasser les blocages, il était en effet prévu qu'une décision pouvait ne pas nécessiter l'unanimité pour être adoptée à condition qu'elle représente 50 % des États, 62 % de la population et 72,2 % des voix du Conseil. Le traité de Nice élargissait en outre les domaines de compétence pour lesquels le vote à la majorité qualifiée venait remplacer la règle de l'unanimité.

Après l'échec du Traité constitutionnel européen du fait des refus français et néerlandais, le Traité de Lisbonne, appelé initialement « mini traité », a repris la partie institutionnelle du TCE. Il prévoit notamment une présidence stable de l'Union européenne pour deux ans et demi, permettant d'abandonner le système de rotation du Conseil tous les six mois, et la création du poste de Haut représentant de l'Union européenne pour les affaires étrangères et la politique de sécurité, qui fusionne les fonctions de Haut représentant pour la PESD et de Commissaire aux relations extérieures, et assurera également la vice-présidence de la Commission. Les domaines où l'unanimité n'est plus requise sont à nouveau élargis et les pouvoirs du Parlement se voient renforcés au travers de l'élargissement de la procédure de co-décision, notamment en matière de budget, justice, affaires intérieures et contrôle politique de la Commission. Le Traité crée également un droit d'initiative citoyenne. Enfin, prévaudra à partir de 2017 la règle selon laquelle l'adoption d'une décision à la majorité qualifiée nécessite un accord de 55 % des États membres et de 65 % de la population de l'Union.

Il y a une contradiction entre la nécessité de respecter les frontières de l'Europe, la mission historique de l'élargissement et le risque d'une fuite en avant dans des intégrations successives de nouveaux États venant peser sur le fonctionnement et l'efficacité de l'Union. Résoudre cette contradiction passe nécessairement par une réforme institutionnelle. Il sera donc indispensable de réduire la Commission ou, tout du moins, de plafonner le nombre de commissaires au niveau actuel. De même qu'il sera nécessaire de poursuivre l'extension de l'usage du vote à la majorité qualifiée à d'autres sujets. Se pose enfin le problème de la pondération des voix au Conseil en vue d'éviter qu'une coalition de petits pays puisse en bloquer le fonctionnement.

Vers une Europe puissance ?

L'Europe a tous les critères de la puissance – économique, commercial, technologique, démographique, culturel et maintenant monétaire –, à une exception près. Le seul qui lui fait en effet encore défaut est la puissance stratégique. D'un point de vue historique, il n'a jamais existé de puissance globale qui ne soit pas également une puissance militaire. L'Europe est donc dans une situation d'anomalie, et il est dans la logique des choses qu'elle se dote de l'autonomie stratégique dont elle est encore largement dépourvue en ce début de XXIe siècle.

Les raisons de cette anomalie sont multiples. Historiques d'abord : son statut séculaire de centre du monde et la coexistence en son sein de plusieurs puissances stratégiques ont conduit l'Europe au double suicide des guerres mondiales. En 1945, vainqueurs et vaincus sont réunis dans la ruine et la destruction, et l'Europe n'a plus les moyens de sa propre défense. Face à la nouvelle menace soviétique, elle confie alors sa protection à une puissance extérieure, les États-Unis, qui ont pris, au sortir du second conflit mondial, le relais de l'Europe comme première puissance mondiale.

Mais il existe également des raisons psychologiques au fait que l'Europe n'a jamais traduit sa puissance économique, acquise dès les années 1960 grâce notamment à la construction européenne, en puissance stratégique. Celles-ci ne sont pas les mêmes pour chaque pays : si l'Allemagne a peur d'elle-même et, surtout, de redevenir une puissance, la Grande-Bretagne estime quant à elle qu'elle peut exercer plus d'influence à travers l'Otan qu'à travers l'Union européenne, et la France pense exactement l'inverse. De nombreux pays européens estiment qu'en fin de compte le maintien d'une présence américaine présente l'immense avantage d'enfermer l'Allemagne dans une contrainte multilatérale et de repousser les tentations de domination françaises.

À de nombreuses reprises, la France, au travers de ses présidents de la République successifs (et particulièrement le général de Gaulle et François Mitterrand), a tenté de renforcer l'autonomie stratégique européenne. Mais la nature plus franco-française que franco-européenne de ce projet a contribué à ce qu'il soit perçu en dehors de l'Europe et en interne comme visant plutôt à remplacer l'hégémonie américaine par une influence française qu'à développer un réel projet européen. Il est vrai qu'il existe un problème de compréhension et de communication entre la France et les autres pays européens. La France pensait sincèrement, aussi bien avec le général de Gaulle qu'avec le président Mitterrand, construire un projet réellement européen. Mais ses voisins l'ont traduit différemment : ils ont toujours redouté l'arrogance française et la volonté de se substituer aux Américains sans en avoir les moyens. Cet état des choses a représenté pour eux un double péché, à la fois d'orgueil et de faiblesse, difficilement pardonnable.

L'OTAN : un cousin encombrant et incontournable

L'existence de l'OTAN a généré un autre problème. En garantissant la sécurité de l'Europe, l'Alliance atlantique est venue en effet anesthésier une potentielle volonté des pays européens de prendre en charge leur défense. C'est l'inverse de ce qui est advenu dans le domaine monétaire, dans la mesure où si les pays européens avaient utilisé le dollar comme monnaie nationale, l'euro n'aurait jamais été créé. Or, dans le domaine stratégique, l'OTAN existe bel et bien. Ainsi, la plupart des pays européens considère inutile de dupliquer les efforts en matière de sécurité en investissant des fonds supplémentaires dans d'autres moyens de défense. Le système fonctionne puisque depuis sa création il a assuré la sécurité des pays qui en sont membres. Il n'y a donc aucun avantage à le modifier.

De même, à la fin de l'Empire soviétique, on aurait pu penser que l'Otan n'allait pas survivre à la menace qui avait suscité sa création. Historiquement, les alliances militaires ne perdurent pas une fois qu'a disparu le péril qui a justifié leur existence. Or, l'OTAN n'a non seulement pas dépéri, elle s'est au contraire renforcée. Les pays membres de l'organisation ont, en effet, voulu maintenir son existence afin de conserver un élément de stabilité dans une Europe devenue plus instable, et pour maintenir un forum de consultation stratégique euro-américain. Quant aux anciens pays du bloc communiste, ils n'avaient qu'une idée en tête : adhérer le plus rapidement possible à l'Otan. Ainsi, tout comme l'essor économique amorcé dans les années 1960 n'a pas conduit l'Europe à consacrer plus de moyens à sa sécurité, la fin de la menace soviétique ne l'a pas non plus amenée à s'émanciper des États-Unis.

Au début des années 1990, juste après la signature du traité de Maastricht, la guerre éclate en ex-Yougoslavie. La question se pose alors de savoir si la Politique étrangère et de sécurité commune, prévue par le traité, va être mise en œuvre. Jacques Poos, premier Ministre luxembourgeois et à l'époque président en exercice du Conseil européen, déclare ainsi : « Voici venu l'heure de l'Europe ». Or, les performances européennes dans l'affaire bosniaque se sont révélées faibles. Ce qui n'était d'ailleurs pas illogique : une politique étrangère de sécurité commune ne se décrète pas et ne peut être mise en place du jour au lendemain. Au moment où la guerre en Yougoslavie a éclaté, cette politique n'était encore qu'au stade de projet.

Cependant, après le lancement de l'euro, la défense devenait véritablement le dernier grand chantier à mettre en œuvre pour les Européens. Le déclic a certainement été le sommet de Saint-Malo de décembre 1998, où Français et Britanniques se sont mis d'accord pour avancer ensemble sur la politique européenne de sécurité et de défense. Ces deux pays, dont les vues en matière de sécurité étaient traditionnellement opposées (Londres étant très atlantiste et Paris très pro-européenne), réaffirmaient ensemble l'importance d'un rôle accru de l'Europe sur la scène internationale et la nécessité de progresser dans le domaine de la défense en se dotant de capacités autonomes et crédibles en la matière. L'implication des Britanniques, jusqu'alors fortement liés aux États-Unis, était extrêmement importante, signifiant qu'un pilier européen sur les questions de défense et de sécurité avait toute sa place sans préjuger la question de savoir s'il devait être constitué au sein de l'OTAN ou parallèlement à cette organisation. Paradoxalement, les Britanniques, réticents face au processus de construction européenne, s'engageaient sur l'un des dossiers les plus sensibles politiquement, celui de la défense. En fait, il s'agissait certainement de l'un des rares chantiers européens dans lesquels ils pouvaient jouer un rôle pilote.

De son côté, l'Allemagne est certainement, depuis sa réunification et la disparition de la menace soviétique, le pays européen qui a le plus changé. Ses responsables ont voulu faire de l'Allemagne un acteur normal dans le jeu européen ce qui, en raison de la taille du pays, implique nécessairement un rôle important. Ils ont de plus réalisé qu'il était illogique de réclamer un siège permanent au

Conseil de sécurité sans être capable de participer à des opérations de maintien ou de rétablissement de la paix. L'ironie de l'histoire a voulu que ce soit une génération socio-démocrate et écologiste, venue à la politique sur des bases pacifistes, qui lance le pays dans la guerre du Kosovo.

Les dirigeants allemands ne craignent plus d'affirmer haut et fort leurs points de vue, y compris en matière stratégique. Ainsi en 2003, l'Allemagne s'est vigoureusement opposée à la guerre d'Irak, menant une véritable bataille diplomatique contre l'administration Bush. Ne craignant plus la menace soviétique, l'Allemagne est devenue moins dépendante vis-à-vis de la protection américaine et plus en mesure d'assumer des positions autonomes sur le plan stratégique. Le retour au pouvoir des chrétiens-démocrates n'a pas inversé cette tendance de fond. Pas plus qu'ils n'étaient revenus sur l'Ostpolitik de Willy Brandt, les chrétiens-démocrates ne sont revenus sur l'option de l'indépendance stratégique de Gerhard Schröder. La voie de l'autonomie stratégique est donc un choix national et non partisan.

En France aussi les responsables ont changé. La nouvelle génération au pouvoir, plus pragmatique, a pris conscience que la puissance européenne ne pouvait se réduire à une France élargie à ses voisins ou à un ensemble dirigé par la France avec une Allemagne faible et une Grande-Bretagne absente. La redécouverte par l'Allemagne du goût des affaires stratégiques et la plus grande implication du Royaume-Uni – qui semble vouloir fonder son possible leadership au niveau européen sur la carte de la défense – ont donc été acceptées par les Français.

Suite au conflit du Kosovo, les États européens ont donc cherché à accélérer le processus de mise en œuvre d'une politique de défense. Au sommet de Cologne de juin 1999, au lendemain immédiat de la guerre, ils déclarent vouloir se doter d'une capacité militaire de gestion de crises susceptible d'intervenir dans le domaine humanitaire et du maintien ou rétablissement de la paix. Il est précisé que l'Union européenne doit être en mesure d'agir, selon la situation, avec ou en dehors des capacités de l'OTAN. Au sommet d'Helsinki de décembre 1999, afin de faire de ces ambitions une réalité, les chefs d'État et de gouvernement décident de mettre à disposition de l'Union à l'horizon 2003 une force de 60 000 soldats dotée de moyens de commandement, de communication et de renseignement, et déployable dans un délai maximum de soixante jours sur une durée globale d'un an au moins (soit, pour un déploiement permanent de 60 000 soldats, une capacité totale de 200 000 hommes).

Vers une défense européenne ?

Pour la première fois depuis cinquante ans, l'émergence d'un pilier européen de défense devient une perspective raisonnable et non plus simplement une chimère. Pour les Européens comme pour les Américains, cela soulève un formidable défi : inventer un nouveau partenariat. Dans la mesure où les premiers sont habitués à dépendre des seconds, ils tendent (surtout les Français) à hésiter entre provocation et soumission. Quant aux Américains, ils ne sont pas habitués à mettre en place des stratégies ou des diplomaties avec des égaux. Tout en admettant le principe de l'identité européenne de défense, l'administration américaine fait preuve de réticente ; quand elle ne s'oppose pas clairement dès qu'il s'agit de passer à une phase concrète. Les Américains ont établi trois critères de validité de la démarche européenne : non-découplage Europe/OTAN, non-duplication des moyens, et non-discrimination à l'égard des pays de l'OTAN non-membres de l'Union. Il y a là une formidable contradiction. En effet, des rapports égalitaires sont-ils possibles si une partie détermine, seule, les points non négociables de compatibilité et d'incompatibilité entre les démarches ? Le pilier européen de la défense a-t-il seulement un sens si son périmètre se voit être strictement délimité par Washington ? Les Américains ont, dans la pratique, une tendance naturelle à craindre que l'identité européenne de défense ne se renforce au détriment de la cohésion de l'Alliance. Mais pour eux, cohésion est implicitement synonyme de centre unique de décision. D'où le refus constant d'un éventuel caucus[1] européen. Les Européens n'ont pas à en vouloir aux Américains de défendre leurs intérêts. Il leur faut plutôt les convaincre du fait que l'émergence d'une identité européenne de défense et de

---
1. Réunion de sympathisants politiques.

sécurité n'est pas contraire à leurs intérêts, et qu'elle est même susceptible de les servir.

La guerre d'Irak de 2003 a agi comme un révélateur des dissensions européennes sur les questions stratégiques, divisant l'Europe en deux avec, d'un côté, le « camp de la paix » réuni autour de l'axe franco-allemand et, de l'autre, l'alliance anglo-espagnole favorable à la guerre.

Les nouveaux membres de l'UE issus du Pacte de Varsovie, comme en a attesté leur soutien à la guerre d'Irak, sont pour leur part pro-américains. Ils vivent encore dans la crainte de la Russie et estiment que seuls les États-Unis sont en mesure de garantir leur sécurité contre Moscou. Cependant, leur adhésion à l'OTAN a contribué à crisper le Kremlin, déclenchant un cercle vicieux de méfiance réciproque.

Quant à l'Espagne, après la défaite des conservateurs et le retour au pouvoir des socialistes, elle a repris une position plus favorable à l'autonomie européenne.

En 2009, pour le soixantième anniversaire de l'OTAN, Nicolas Sarkozy décidait de la réintégration de la France dans les organes militaires intégrés de l'OTAN. Sans avoir approuvé la guerre d'Irak, il estimait que Jacques Chirac s'y était trop vivement opposé et voulait faire de la réconciliation franco-américaine une priorité. Sur le fond, la réintégration change peu de choses, la France réintégrant seulement deux des trois structures desquelles elle avait été absente (le Comité des plans de défense et le Commandement allié transformation). Sur le plan des symboles cependant, il en est autrement. Le geste a en effet pu être perçu comme un signe d'alignement de la France vis-à-vis des États-Unis. Nicolas Sarkozy affirme pour sa part vouloir développer un pilier européen de défense au sein de l'OTAN, partant du constat que sa constitution en dehors de l'organisation a jusqu'alors été un échec. Le fait que cette démarche se produise après l'élection de Barack Obama diminue la critique politique possible.

Mais la vraie question est de savoir ce que va devenir l'OTAN, quelles seront les limites de son élargissement géopolitique, et quelles missions nouvelles elle va prendre en charge. Face au projet d'en faire une forte alliance globale de lutte contre le terrorisme, émerge la crainte de la voir devenir, ou du moins être perçue, comme le bras armé du monde occidental au cœur d'un éventuel choc des civilisations.

En fait, de même que les responsables français ont eu l'intelligence de voir dans la montée en puissance de l'Allemagne – avec le rééquilibrage que cela impliquait – non pas un moins pour la France mais un plus pour l'Europe, les États-Unis ont tout intérêt à voir dans l'émergence d'un pôle de puissance européen non pas un obstacle mais un possible renfort dans la défense de leurs valeurs.

La progression de l'Europe vers l'autonomie stratégique va automatiquement entraîner un rééquilibrage des relations au sein de l'Alliance atlantique et, parallèlement, entre l'Europe et les États-Unis. Selon l'attitude qu'adopteront les Américains, cela améliora ou non la puissance globale des démocraties occidentales. Les Américains peuvent se crisper contre ce rééquilibrage, en estimant qu'il porte atteinte à leur leadership et qu'il rendra plus difficile la cohésion globale de l'Alliance. Mais ils peuvent également estimer, et ce serait beaucoup plus lucide de leur part, qu'Europe et États-Unis ne seront pas de trop pour amener un peu de stabilité dans un monde qui en a bien besoin.

L'action en faveur d'une « Europe-puissance » ne peut pas par ailleurs se confondre avec une volonté de domination. Même si l'Europe devient un acteur international majeur et autonome, elle ne sera pas en mesure d'imposer son point de vue aux autres nations. Cette tendance à l'unilatéralisme, qui a existé par le passé et s'est révélée finalement coûteuse pour l'Europe, est révolue. Le projet d'une puissance européenne peut en fait contribuer à l'autodétermination générale. Il s'agit de préserver les marges de manœuvre des pays européens tant entre eux qu'à l'égard des autres États de la planète. L'Europe ne peut donc pas être soupçonnée de tentations hégémoniques. Elle est justement née dans le but d'éviter les conflits générés par ces mêmes tentations entre les pays membres et s'est bâtie par la négociation et les compromis réciproques, adoptant une culture du consensus qui a su éviter l'impuissance. L'Europe n'est pas la France, l'Allemagne ou le Royaume-Uni élargis, mais la construction négociée d'un ensemble politique. La façon dont l'Europe s'est faite n'est pas sans conséquences sur sa façon de concevoir le monde. De même qu'aucun pays membre ne peut, ni ne veut, gouverner l'Europe, l'ensemble européen ne souhaite, ni ne peut, dominer le monde. La perspective d'une « Europe-puissance » est d'ailleurs considérée, dans la plupart des pays, comme un facteur d'équilibre favorisant l'émergence d'un monde multipolaire.

En ce sens, l'élection d'Obama est une bonne nouvelle, signe d'États-Unis davantage ouverts sur le monde et plus multilatéralistes. Mais l'Europe demeure marginale dans les priorités stratégiques du nouveau président. Elle perd de surcroît vis-à-vis du reste du monde ce qu'était l'un de ses principaux atouts, à savoir la capacité à incarner une puissance douce par rapport à la puissance dure et brutale américaine. Avec Obama à la Maison Blanche, Washington réunit les deux types de puissances, et bien mieux que l'Europe.

2

LES ÉTATS-UNIS

Un empire inégalé

Deux exemples récents montrent, si besoin était, le caractère exceptionnel de la place des États-Unis sur la scène internationale.

D'une part, les élections qui ont porté Barack Obama à la Maison Blanche en novembre 2008 ont été des élections mondiales, même si seuls les électeurs américains ont eu le droit de vote. Les citoyens européens ont suivi ces élections avec une passion sans commune mesure avec l'intérêt suscité par leurs propres élections pour le renouvellement du Parlement européen de juin 2009, et ce malgré les pouvoirs élargis des députés européens. De la même manière, les élections de septembre 2009 en Allemagne, pourtant principal partenaire de la France, ont été extrêmement peu suivies par les médias et les citoyens français.

Les élections américaines ont suscité l'intérêt du monde entier – y compris dans des pays où les citoyens n'ont pas la possibilité d'élire leurs propres représentants –, comme s'il s'agissait d'élections nationales. Pendant plus d'un an, elles ont occupé le devant de l'actualité, chaque peuple se sentant intimement concerné par le résultat et ayant intégré le fait que son propre sort dépendait très largement de la personnalité et de la politique que suivrait celui qui serait élu à la Maison Blanche. Aucun autre pays ne peut se vanter d'avoir autant d'influence sur le sort des autres États.

D'autre part, aujourd'hui, pour les 191 autres pays membres des Nations unies, la relation bilatérale la plus importante est celle entretenue avec Washington. Et cela est vrai aussi bien pour les pays qui ont un partenariat stratégique étroit avec les États-Unis que pour ceux dont les relations sont empreintes d'hostilité ou d'antagonisme, pour Israël comme pour l'Iran, pour le Venezuela comme pour la Colombie, pour la Corée du Nord comme pour la Corée du Sud.

La disparition de l'URSS n'a pas débouché sur la création d'un monde multipolaire. Les États-Unis n'ont ni pairs, ni rivaux. Ils sont la première puissance globale de l'Histoire, les empires précédents – romain, chinois ou mongol – ayant été des puissances régionales et non des empires globaux. Seul État disposant d'un arsenal militaire complet – arme nucléaire, forces de projection, satellites, armes sophistiquées, etc. –, première économie mondiale, aux capacités d'innovation et de souplesse incontestées, culture universellement attractive, les États-Unis bénéficient non pas d'une supériorité mais d'une véritable suprématie. Aucune autre puissance ne peut prétendre rivaliser avec eux dans les quatre domaines essentiels (militaire, économique, technologique et culturel) qui caractérisent une puissance globale.

La suprématie américaine

Dans le domaine militaire, le verdict est sans appel. Si l'URSS semblait au cours de la Guerre froide pouvoir se mesurer aux États-Unis, aucun État n'est plus en mesure de le faire aujourd'hui. Les États-Unis réalisent à eux seuls plus de la moitié des dépenses militaires mondiales, chiffrées à 1 300 milliards de dollars. Il s'agit d'une situation unique dans l'Histoire. Même s'ils dénoncent la montée en puissance des budgets militaires russes ou chinois, ceux-ci ne font qu'à peine 10 % du total du budget américain. Washington possède toute la panoplie de la puissance militaire : des forces nucléaires à la fois aériennes, sous-marines et terrestres, des capacités de projection avec 10 porte-avions, des bases sur les cinq continents, des satellites d'écoute et d'observation, des missiles tirs à distance et des fantassins équipés comme ne l'auraient pas même imaginé les meilleurs auteurs de science-fiction quinze ans auparavant. Les États-Unis disposent de 766 bases militaires dans 40 pays. Paradoxalement pourtant, les États-Unis ne se sentent pas en sécurité. Le 11 septembre 2001 les a profondément marqués, mais ils n'ont pas su apporter les réponses adéquates à cette agression.

L'OTAN, organe politico-militaire largement dominé par les Américains, a survécu à la disparition de la menace qui avait suscité sa création. L'implosion de l'URSS, loin d'avoir mené au démantèlement de l'Alliance atlantique, l'a au contraire confortée dans son rôle d'acteur majeur de la sécurité européenne. Tous les anciens pays du Pacte de Varsovie y ont adhéré. Pour eux, l'attraction de l'OTAN a été plus forte que celle de l'Union européenne, car elle impliquait un partenariat avec les États-Unis qu'ils jugeaient indispensable pour faire face à la Russie, toujours vécue par eux comme une menace.

Après une période de stagnation dans les années 1980, l'économie américaine a connu une expansion ininterrompue depuis le début des années 1990. Elle a connu, selon le bilan dressé par Bill Clinton devant la Convention démocrate d'août 2000, « le plus long cycle d'expansion de l'Histoire des États-Unis ». Pendant les deux mandats du président démocrate, 22 millions d'emplois ont été créés et chaque année 1 million d'immigrants a parallèlement été absorbé par l'économie américaine, par ailleurs « boostée » par la nouvelle économie reposant sur les technologies de l'information. Le chômage était réduit à un taux qui paraissait incompressible de 4 % de la population active.

Malgré la crise financière et économique qui a frappé les États-Unis à l'automne 2008 (et qui a très rapidement affecté l'ensemble du monde), le PNB américain reste de loin le plus important au monde, avec près de 14 000 millions de dollars contre 4 300 pour le Japon, en deuxième position, et environ 3 200 pour l'Allemagne et la Chine.

Les États-Unis sont également une grande puissance – la première au monde – en matière d'innovation technologique, grâce à un fort taux de recherche et développement. Les grands symboles de l'innovation technologique (Microsoft, la Silicon Valley) sont américains. Dès qu'un pays ou une région veut faire un effort conséquent en matière de nouvelles technologies, il annonce qu'il veut créer une Silicon Valley nationale ou régionale, indiquant ainsi où se situe la référence universelle.

De même, les grands standards culturels, au sens de consommation de masse, sont américains. Comme CNN, parfois présentée comme le sixième membre du Conseil de sécurité comme nous l'indiquions plus haut. Hollywood produit non seulement du rêve mais aussi de la richesse. Les exportations de l'industrie culturelle, qui sont équivalentes à celles de l'industrie aéronautique, constituent en outre un moyen d'influence considérable par les messages directs ou subliminaux qui sont envoyés et intégrés d'autant plus facilement qu'ils ne sont pas imposés. Les grandes universités américaines sont très attractives et sont considérées comme les meilleures au monde. Elles drainent les élites étudiantes de tous les pays qui, en rentrant chez eux ou en demeurant sur place, constituent un pont entre les États-Unis et leur pays d'origine. Quelles que soient les critiques apportées à la politique extérieure des États-Unis, la société américaine garde donc des capacités d'attraction très fortes.

Les références culturelles ou économiques mondiales – de McDonald's à Coca-Cola en passant par Hollywood, Wall Street, Bœing ou Microsoft – sont donc la plupart du temps américaines au point où, pour beaucoup, mondialisation rime avec américanisation. Après l'implosion de l'URSS, plus rien ne semble pouvoir s'opposer à la diffusion universelle du modèle américain. De fait, même ceux qui le rejettent ne semblent pas être en mesure de proposer un modèle alternatif.

Par ailleurs, le poids des États-Unis dans les grandes institutions internationales – ONU, FMI, Banque mondiale et, plus encore, OTAN – est bien supérieur à leur poids théorique. Afin de promouvoir leurs propres intérêts, ils sont capables de peser sur les débats et d'orienter les décisions de ces organisations plus que tout autre membre, et ce sans hésiter à s'affranchir du cadre multilatéral s'il est jugé trop contraignant. Certains responsables américains ont déclaré être multilatéralistes s'ils le pouvaient et unilatéralistes s'ils le devaient, ce qui signifie qu'ils sont prêts à s'émanciper du cadre multilatéral s'ils ne peuvent faire prévaloir leur point de vue.

L'élection de Barack Obama

Le 4 novembre 2008, Barack Obama était élu président des États-Unis. Pour la première fois, un Noir était élu à la Maison Blanche dans un pays où, il y a seulement trois générations, Noirs et Blancs n'avaient pas le droit de s'asseoir dans les mêmes bus et où, dans certains États, le mariage entre Noirs et Blancs, celui-là même qui avait permis la naissance de Barack Obama, était interdit.

Obama avait gagné la campagne des primaires démocrates contre la femme de l'ancien président Bill Clinton, Hillary Clinton. George W. Bush ne pouvant se représenter, c'est le républicain John McCain, réputé pour son indépendance, qui l'affrontait. Les adversaires de Barack Obama – y compris, au cours des primaires, Hillary Clinton – mettaient en avant son inexpérience, susceptible d'être un frein face aux lourdes responsabilités de la première puissance mondiale. À l'inverse, les partisans de Barack Obama mettaient en avant son charisme, son dynamisme et sa clairvoyance. Il avait été l'un des rares responsables démocrates à s'opposer à la guerre d'Irak dès le départ, avertissant sur les dangers qu'elle contenait, et ce à une époque où s'opposer à ce projet pouvait être perçu comme anti-patriotique. Hillary Clinton ou John Kerry, l'adversaire de George W. Bush en 2004, avaient initialement soutenu cette guerre.

Ce qui a permis l'élection de Barack Obama est à la fois les qualités personnelles du candidat et le rejet de George W. Bush, auquel les Américains reprochaient alors de les avoir enfoncés dans le bourbier irakien. À tous égards, Barack Obama était l'anti-Bush. L'éclatement de la crise financière à partir de l'automne 2008, au crépuscule du mandat de George W. Bush, a également scellé le sort des élections. Jusqu'à son déclenchement, les sondages montraient un relatif coude à coude entre John McCain et Barack Obama ; ils ont tous été en faveur d'Obama par la suite. Comme si les Américains, prenant conscience qu'au désastre stratégique de la guerre d'Irak et à la crise morale subie par les États-Unis du fait de leur très grande impopularité dans le monde s'ajoutait l'effondrement de leur système économique, avaient compris qu'il fallait prendre une direction radicalement opposée à celle qui avait été suivie jusqu'alors.

Barack Obama prenait donc la tête d'un pays qui, bien que première puissance mondiale, connaissait une crise à la fois morale, stratégique et économique. Ses deux priorités étaient donc de restaurer à la fois l'économie américaine – et, partant, les bases de sa puissance – et l'image des États-Unis dans le monde, les deux mandats de George W. Bush ayant conduit à un affaiblissement de la position américaine, notamment par rapport à son pic de puissance du début des années 2000. Les États-Unis demeuraient cependant une puissance inégalée.

Sources : *Le Monde diplomatique*, « L'Atlas », 2010.

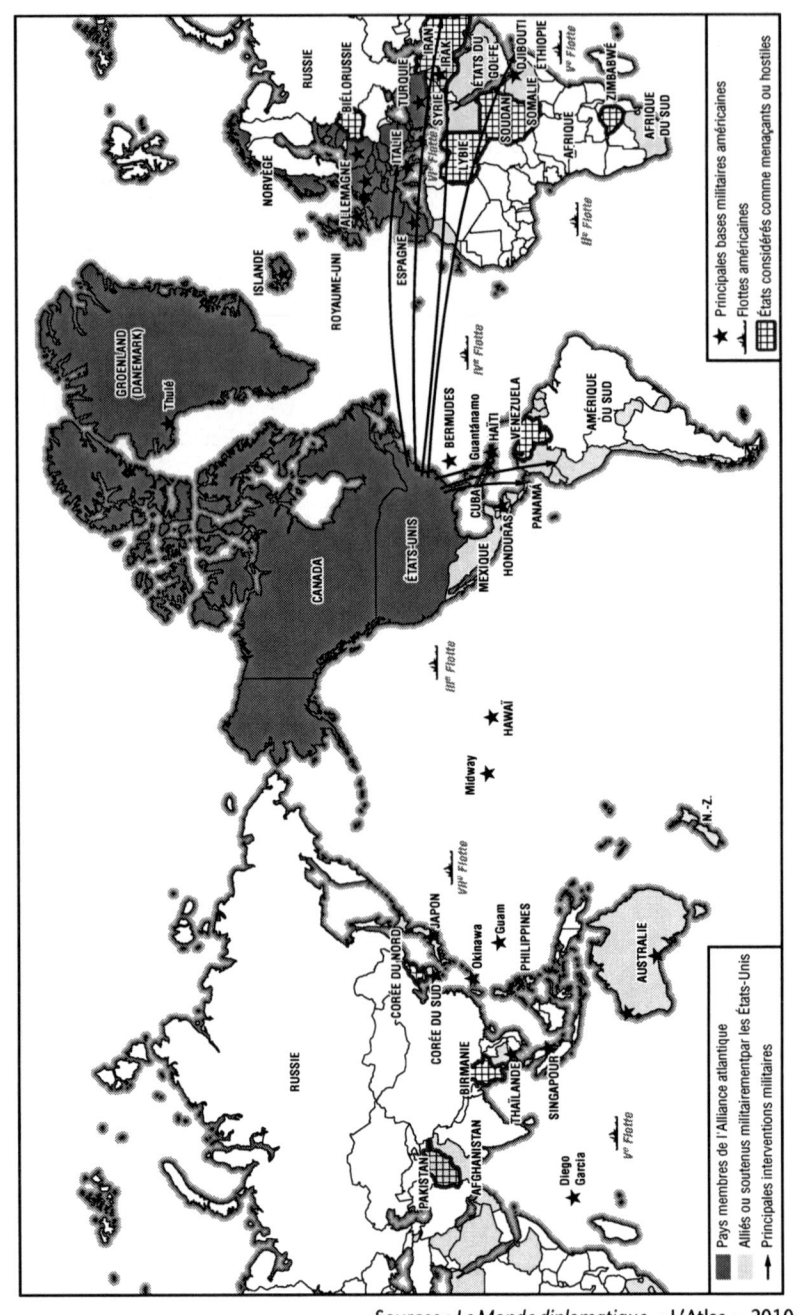

Les États-Unis : présence militaire

L'exceptionnalisme américain

Les États-Unis se pensent et se veulent uniques. Ils le sont d'ailleurs puisque, effectivement, nul ne peut songer à se comparer à eux. Mais il y a dans cette croyance quelque chose qui va au-delà du constat brut d'un rapport de force. Les États-Unis, dès l'origine, se sont perçus comme différents, exceptionnels d'un point de vue moral.

Déjà, dans le livre *Gulliver empêtré*, le politologue américain d'origine européenne Stanley Hoffmann écrivait : « Les Américains, dont l'histoire est le récit d'une réussite, sont portés à croire que les valeurs qu'ils ont tirées de leur propre expérience ont une application universelle. Ils se refusent à admettre que ces valeurs sont liées aux conditions particulières qui ont rendu possible le succès américain ».

Les États-Unis n'ont jamais eu à pratiquer une diplomatie entre puissances égales. Lorsqu'ils étaient une nation en devenir, l'isolationnisme les protégeait du monde extérieur et des grandes puissances européennes.

Au XIXe siècle, ils ont affronté successivement les tribus indiennes, le Mexique – difficilement en état de leur résister –, et les restes d'un empire espagnol en déclin.

Lorsque, en 1945-1947, ils rompent volontairement et définitivement avec l'isolationnisme, ils sont déjà une superpuissance désireuse de prendre « la tête du monde libre » et de participer pour la première fois à une alliance militaire en temps de paix. La seule période où ils ont eu à affronter un rival à leur dimension avait été la courte période allant de la fin des années 1960-1970 au milieu des années 1980, lorsque l'URSS avait atteint son objectif de parité stratégique.

LE MESSIANISME AMÉRICAIN

Le messianisme est une composante fondamentale de la dynamique de l'histoire américaine. Il est en conformité avec le projet initial de colonisation du Nouveau Monde, qui supposait la volonté d'atteindre la perfection et de faire triompher les valeurs fondatrices. C'est ce que Jefferson appelait « l'Empire de la liberté ». Les nouvelles terres conquises représentaient à la fois la promotion de la liberté et la grandeur nationale. Cette mythologie collective quasi religieuse est au fondement de la relation au monde des États-Unis, comme le rappelait Thomas Paine avant de prononcer la Déclaration d'indépendance : « Il est en notre pouvoir de reconstruire le monde ».

> Ce messianisme a été théorisé par John Lee O'Sullivan, directeur de la *Democratic Review of New York*, au travers du concept de *manifest destiny*. Suite à l'annexion du Texas en 1848, il écrivait : « Les États-Unis feront battre en retraite tous ceux qui tenteront de s'opposer à notre politique ou de faire obstacle à notre puissance, de limiter notre grandeur et d'empêcher la réalisation de notre *destinée manifeste*, qui est de nous répandre à travers tout le continent pour assurer le libre épanouissement de millions de personnes [...] ».
>
> Lorsque la frontière fut atteinte, la *manifest destiny* perdit sa connotation d'expansion territoriale pour devenir un élément central du discours nationaliste selon lequel les États-Unis avaient un devoir de civilisation universelle, un avenir d'expansion commerciale et culturelle et un destin de grande puissance.

Pendant la Première Guerre mondiale et après, le président Wilson et les États-Unis ont toujours mis en avant leurs aspirations pour un ordre international moral (droit des peuples à disposer d'eux-mêmes, démocratie, etc.), qu'ils opposaient volontiers au cynisme ou à la *realpolitik* européenne, au règne de la force brutale et de la volonté de puissance. Ils ont cependant souvent utilisé la force, même si c'était au nom de la morale.

En 1945, l'émergence d'une superpuissance à l'est de l'Europe créant par son seul poids un déséquilibre stratégique, dotée d'un régime communiste et paraissant pouvoir et vouloir dominer l'ensemble du continent va contraindre les États-Unis à rompre avec l'isolationnisme. Ils vont le faire en poursuivant deux objectifs même si, dans les discours, ils ne mettront en avant que le seul argument moral. Le premier objectif est politique, il s'agit de lutter pour la défense des libertés. Le second est géopolitique, et consiste à éviter qu'une puissance domine l'Europe et/ou l'Eurasie.

Selon Dean Acheson, secrétaire d'État de l'administration Truman, il n'y avait pas eu, depuis Rome et Carthage, une telle polarisation du pouvoir dans le monde. Ainsi affirmait-il : « Pour les États-Unis, prendre des mesures pour renforcer les pays menacés par une agression soviétique ou par la subversion communiste, c'est protéger la sécurité des États-Unis, c'est protéger la liberté elle-même ».

La bataille entre l'Est et l'Ouest a été longue et incertaine. Elle a néanmoins été gagnée – sans affrontement militaire – par les États-Unis.

George Bush senior, dans son discours sur l'état de l'Union de 1992, déclarait : « Grâce à Dieu, l'Amérique a gagné la Guerre froide. Un monde jadis divisé en deux camps armés reconnaît aujourd'hui la supériorité d'une seule puissance : les États-Unis. Cette constatation n'inspire plus aucune peur car le monde a confiance en notre nation et il a raison ».

Les élites de Washington pensent, naturellement, que les États-Unis doivent être le chef d'orchestre unique et incontesté remplissant un leadership pour le bien commun.

Or, si « ce qui est bon pour la General Motors est bon pour l'Amérique » – comme le déclarait le PDG du groupe, Charles Wilson, il y a un demi-siècle – ce qui est bon pour les États-Unis n'est pas forcément bon pour le reste du monde. Sûrs de leur « destinée manifeste », convaincus d'être « la seule nation indispensable » – pour reprendre la formule de Bill Clinton –, certains d'incarner des valeurs universelles, les États-Unis ne comprennent pas que l'on puisse s'opposer à eux. Une telle attitude presque naïve est inévitablement traduite comme une opposition aux valeurs universelles et non pas à l'intérêt national américain. De même que l'URSS confondait les intérêts de l'État soviétique avec les intérêts supérieurs du socialisme, les Américains ont parfois tendance à confondre les intérêts du monde occidental – voire du monde entier – avec les leurs. Ainsi, avant le 11 septembre 2001, 80 % des Américains pensaient que leur pays était meilleur que toute autre nation, score inégalé dans le reste du monde.

Unilatéralisme inévitable ?

L'unilatéralisme n'est cependant pas le résultat obligé de l'unipolarité ; un seul pays, fût-il le plus puissant, ne peut réellement diriger le monde. L'unilatéralisme apparaît plutôt comme un choix volontaire. C'est une chose de constater la prééminence américaine, cela en est une autre d'en tirer comme leçon le fait que les États-Unis pourraient agir seuls en s'affranchissant de l'opinion des autres États ou des règles communes établies. La perception de leur puissance sans égale conduit les États-Unis à croire qu'ils peuvent outrepasser des règles de droit définies à plusieurs, qu'ils peuvent faire preuve d'une certaine désaffection à l'égard des institutions multilatérales, et privilégier des pratiques unilatérales et coercitives. Bref, cela les conduit à considérer ce qu'ils n'ont pas défini seuls comme une contrainte injustifiée, pesant sur leur liberté d'action. Ces contraintes extérieures sont perçues comme inutiles (les États-Unis étant porteurs de valeurs universelles qui, mieux qu'eux, pourrait les promouvoir ?) et antidémocratiques (le peuple américain s'étant exprimé librement, des règles imposées de l'extérieur ne peuvent que l'empêcher d'exercer son libre choix). Les États-Unis ne voient dans l'interdépendance que la dépendance vis-à-vis des autres, situation qu'il convient donc pour eux d'éviter et de limiter. George W. Bush a accentué – mais pas créé – cette tendance, comme en atteste la guerre d'Irak qui a été déclenchée en dehors des règles de droit et contre l'avis de la majorité des États. Barack Obama entend prendre le contre-pied de cette dynamique.

En fait, chaque pays met en œuvre une politique qui allie unilatéralisme et multilatéralisme. La place même des États-Unis, leur puissance et le sentiment enraciné d'être un pays différent accentuent le caractère unilatéraliste de leur politique étrangère. Mais ce serait une erreur de penser que seul George Bush junior a incarné cette politique et que la parenthèse a été refermée avec la fin de sa présence à la Maison Blanche.

L'unilatéralisme américain s'est développé tout au long des années 1990, les États-Unis ayant peu à peu pris conscience – ou eu l'illusion – d'être une puissance inégalée et de vivre dans un monde unipolaire. En fin de compte, le premier à avoir pris unilatéralement la décision de bombarder l'Irak avec le soutien de la Grande-Bretagne mais sans l'accord des Nations unies a été le président Bill Clinton en décembre 1998. Déjà, sous son mandat, de nombreux gestes considérés comme unilatéraux avaient été entrepris. Il est vrai que, dès 1994, le Congrès était passé à majorité républicaine, mais il n'en reste pas moins que c'est sous les deux mandatures de Bill Clinton qu'ont été rejetés le protocole de Kyoto, le traité d'interdiction totale des essais nucléaires que les États-Unis invitaient pourtant les autres pays à signer, le traité d'interdiction des mines anti-personnel et la non-adhésion à la Cour pénale internationale.

George W. Bush, qui au cours de la campagne électorale avait plaidé pour des États-Unis modestes (sous-entendu ne cherchant pas à résoudre les problèmes du monde), a conduit une politique unilatéraliste après les attentats du 11 septembre, et ce malgré le soutien quasi unanime de la communauté internationale. La guerre d'Irak a été le symbole même de cet unilatéralisme. Barack Obama s'oriente, quant à lui, vers une politique beaucoup plus multilatéraliste. Cela s'explique tout d'abord par sa personnalité : de sang-mêlé, ayant vécu à l'étranger, il a une ouverture au monde que ne pouvait avoir George Bush qui, avant son accession à la Maison Blanche, ne s'était rendu que dans deux pays étrangers (le Mexique, voisin, et le Japon, où son père était ambassadeur). D'autre part, la faillite de la politique de George Bush ayant montré les limites de l'unilatéralisme, Barack Obama a compris que les États-Unis ne peuvent résoudre seuls tous les problèmes du monde, même si leur concours demeure indispensable. Reste à voir quelle sera sa marge de manœuvre par rapport au Congrès, à l'opinion américaine, et aux différents groupes de pression.

Les États-Unis devraient conclure de leur situation exceptionnelle qu'il leur faut tenir compte des avis et des intérêts du reste du monde. L'unilatéralisme n'est pas possible sans unipolarité – une petite puissance ou une puissance moyenne qui s'y risquerait serait rapidement isolée –, mais l'unipolarité ne débouche pas automatiquement sur l'unilatéralisme. La puissance dominante peut, au contraire, penser qu'il est dans son intérêt d'associer ses partenaires et de ne pas créer d'antagonisme avec ses rivaux. C'est ce que firent les États-Unis de 1945 à 1949, lorsque, tout en étant la première puissance mondiale, ils agissaient de façon multilatéraliste (création de l'ONU, de la Banque mondiale, du FMI, accords du GATT, plan Marshall).

Les limites de la puissance américaine

Pays émergents, rôle du dollar, déficit de l'image des États-Unis suite à l'administration Bush, montée du chômage, etc. Obama ne pourra tout réparer. Les États-Unis, malgré leur primauté, ne dirigent pas le monde à leur guise. Les bases mêmes de leur puissance ont des limites.

De nouvelles ségrégations

La première limite concerne l'état de la société américaine. En dépit de la croissance économique de la décennie 1990, 46 millions d'Américains, dont 11 millions d'enfants, n'ont pas d'assurance médicale. Malgré un recul du seuil de pauvreté à son niveau le plus bas depuis vingt ans, 33 millions de personnes (soit 11,8 % des foyers et un enfant sur cinq) vivent en dessous du seuil de pauvreté. Le système de retraite fédéral est menacé de faillite à l'horizon 2030 par l'évolution démographique.

Si la violence urbaine est en diminution, le problème de la sécurité reste un enjeu majeur. La délinquance des jeunes, la libre circulation des armes à feu et le manque de cohésion sociale et raciale forment un cocktail explosif. La construction de prisons est un secteur en expansion aux États-Unis. Critiquées pour les mauvais traitements infligés aux prisonniers, les prisons ne résolvent pas, par ailleurs, les problèmes de sécurité dont souffre le pays.

Avec 5 % de la population mondiale, les États-Unis représentent un quart de la population carcérale au monde, un adulte sur cent s'y trouve derrière les barreaux. La population carcérale est estimée à 2,3 millions de personnes pour 230 millions d'adultes. Par comparaison, la Chine, avec 1 milliard d'adultes, compte 1,5 million de prisonniers, et la Russie 900 000.

Les statistiques sont particulièrement frappantes parmi les minorités : alors qu'un adulte Blanc sur cent six est en prison, l'incarcération concerne un Hispanique sur trente-six et un Noir sur quinze. La moitié des prisonniers américains sont Noirs alors que ces derniers ne représentent que 12 % de la population. Dans la tranche d'âge des 20-34 ans, un jeune Noir sur neuf est derrière les barreaux. Il y a d'ailleurs plus de jeunes Noirs en prison qu'à l'université, même si l'entretien d'un détenu coûte entre 80 000 et 100 000 dollars par an contre 20 000 dollars pour un étudiant. L'État de Californie dépense autant pour ses prisons que pour l'enseignement (9 % de son budget dans les deux cas). À ces chiffres s'ajoutent les plus de cinq millions de personnes placées sous contrôle judiciaire. Au total, la population « correctionnelle » du « pays de la liberté » représente 3,2 % des adultes. 2,2 millions d'enfants (1 % des jeunes Blancs contre 10 % des jeunes Noirs) ont un père qui purge une peine de prison. L'élection de Barack Obama ne suffira pas à modifier ces statistiques.

Du fait de l'insécurité, près de 30 millions d'Américains vivent dans des agglomérations clôturées et gardiennées (*gated commu-*

nities) et leur nombre pourrait doubler dans les dix prochaines années. En 1970, la police officielle avait deux fois plus de moyens que la police privée. Désormais, c'est l'inverse.

Ces comportements et ces choix économiques sont motivés par une même volonté : celle de vivre de façon ségrégationniste vis-à-vis de ceux qui ne sont pas considérés comme des semblables. Cela conduit à aggraver la situation et les inégalités. Les citoyens qui paient très cher pour vivre dans une communauté protégée sont en effet peu désireux de payer des impôts pour la sécurité en général ou pour l'éducation.

Ainsi, les Noirs qui vivent dans les ghettos sont exclus *de facto* d'un enseignement digne de ce nom, du marché du travail ou du droit à un logement décent, leur quartier étant abandonné à la violence des gangs.

En 2000, l'Employment Policy Institute publiait un rapport intitulé *State of Working America* qui indiquant que le ratio entre le gain d'un directeur général de grande société et celui de ses salariés moyens était passé de 20 en 1965 à 29 en 1978, à 56 en 1989 et à 107 en 1999. Selon une étude du Congressional Research Service de 2008, cet écart de revenu entre les membres de la direction d'une entreprise et le salarié moyen est passé de 90 à 1 en 1994, à 180 à 1 en 2000. 1 % des Américains détenait, au début des années 1990, 40 % de la richesse totale du pays, soit le double que dans les années 1970.

Il faut bien sûr éviter de tomber dans des simplifications abusives consistant à opposer une société américaine profondément injuste, violente et brisée, à des sociétés européennes harmonieuses, socialement équilibrées et pacifiques. L'Europe connaît aussi des phénomènes de ghettos urbains, de délinquance et de *working poors* (ces individus qui ont un travail insuffisamment rémunérateur pour que leur famille vive au-dessus du seuil de pauvreté). Mais il demeure néanmoins une différence de taille entre les États-Unis et l'Europe concernant l'ampleur de ces phénomènes.

Fragilités économiques et politiques

Autre problème récurrent pour les États-Unis : ils consomment plus qu'ils ne produisent. Les importations ne concernent les matières premières que pour 80 milliards de dollars, le reste étant constitué de produits manufacturés. Cela a conduit Emmanuel Todd à écrire que l'« Amérique consomme ce que le monde produit » et que « les États-Unis sont dans la position d'Athènes, qui demandait une contribution aux autres cités grecques pour prix de sa protection militaire ». Selon cet auteur, les États-Unis vivent de la captation d'une richesse extérieure sans contrepartie réelle, ce qui les contraint à développer un appareil militaire de type impérial.

Reagan, en diminuant les impôts tout en augmentant de façon massive les dépenses militaires, avait créé un déficit budgétaire important auquel s'ajoutait un déficit commercial. Cela dit, le rôle du dollar comme monnaie internationale permettait de limiter les désagréments de cette situation. Bill Clinton avait, pour sa part, réussi à mettre fin au déficit budgétaire. Mais George Bush, en provoquant lui aussi une baisse des impôts conjuguée à une augmentation des dépenses militaires, a relancé la machine au déficit. Le déficit commercial américain tourne aujourd'hui autour de 700 milliards de dollars par an. Les États-Unis sont le premier importateur mondial (avec environ 2 100 milliards de dollars d'importation) et le quatrième exportateur au monde (entre 1 300 et 1 400 milliards de dollars). Le déficit budgétaire pour 2008 était de 460 milliards de dollars. Le plan de relance décidé par Barack Obama suite à la crise financière l'a porté de façon exponentielle à 1 750 milliards de dollars en 2009. La dette publique représente 60 % du PIB et la dette nationale (publique et privée) est de 12 250 milliards, soit 23 % du volume mondial. La Chine et le Japon sont les premiers détenteurs de bons du Trésor américain. En outre, se pose à l'horizon des vingt prochaines années le problème des retraites des baby-boomers. Les fonds consacrés à leur financement ayant été dépensés, une diminution de leur montant et une augmentation des impôts sont à prévoir. Cette situation est accentuée par la crise déclenchée en 2008. De plus, de nombreux créanciers étrangers investissant désormais davantage dans leur propre économie, l'on risque d'assister à une diminution de la demande de bons du Trésor, entraînant des pressions à la baisse sur le dollar. Tout ceci aura un fort effet de ralentissement sur l'économie américaine.

Dans le domaine de la santé, Barack Obama a eu le courage de s'attaquer à la réforme du système américain. La tentative de Bill Clinton d'en faire de même au cours de son premier mandat avait échoué et l'avait contraint à cohabiter avec une majorité républicaine lors des six dernières années de sa présidence. La réforme est néanmoins indispensable puisque, début 2009, 79 millions d'Américains (soit 41 % de la population active) avaient des difficultés à s'acquitter de leurs dépenses de santé ou étaient obligés de s'endetter pour le faire. Les États-Unis dépensent autant que les autres pays européens en matière de santé mais une grande partie des Américains ne sont pas couverts, soit parce qu'ils sont trop « riches » et ne peuvent donc bénéficier des systèmes fédéraux *Medicaid* et *Medicare*, soit parce qu'ils ne le sont pas assez, que leurs employeurs ne souscrivent pas d'assurance ou qu'ils n'ont pas d'employeur et n'ont pas les moyens de souscrire individuellement à une assurance privée. On estime que 28 % des Américains âgés de 19 à 64 ans étaient sans assurance en 2007.

Une autre difficulté réside dans le système politique américain en tant que tel. Les élections présidentielles de 2000 ont mis en avant de façon spectaculaire l'essoufflement du modèle institutionnel. Trente-sept jours ont été nécessaires pour désigner le président, qui l'a été en raison d'une décision de la Cour suprême (de ne pas ordonner le recompte des voix), ce qui est en soi contraire à la volonté de séparation des pouvoirs. Au cours de ces trente-sept jours, on s'est aperçu qu'il y avait un nombre important d'erreurs, de bulletins douteux, etc. Majoritaire en termes de voix à l'échelle nationale (530 000 voix), le candidat démocrate Al Gore a perdu du fait que la majorité des grands électeurs désignés État par État était favorable à George W. Bush. Le fils de l'ancien président Bush (1988-1992) succédait donc à l'homme qui avait battu son père, Bill Clinton, grâce à l'apport décisif des voix de Floride, dont son propre frère était gouverneur. Tout ceci peut paraître pour le moins curieux et ne grandit pas le prestige des États-Unis. Si ces faits s'étaient déroulés dans un pays non considéré comme un modèle de démocratie, ils auraient du reste suscité des commentaires encore plus acerbes.

Mais l'élection de 2008 est venue effacer ces impressions désagréables. Barack Obama a été élu de façon indiscutable. Surtout, il a montré qu'un nouveau venu, en menant une campagne par Internet et en s'appuyant sur la mobilisation citoyenne, pouvait rassembler et mobiliser des sommes conséquentes, à condition d'avoir un projet novateur et d'incarner les aspirations des Américains.

Car force est de constater que le coût des élections et leur fréquence (tous les deux ans pour la Chambre des représentants, ce qui génère une campagne électorale permanente) rendent les élus extrêmement dépendants des groupes de pressions, qu'ils soient ethniques ou professionnels. Le coût de la campagne pour le siège de sénateur de New York (où se présentait Hillary Clinton) a été estimé à 50 millions de dollars. Pour se faire élire maire de New York en 2001, le milliardaire Michael Bloomberg a dépensé 69 millions de dollars. Cette explosion des coûts de campagne rend difficilement audibles les messages de ceux qui ne sont pas soutenus par des lobbies riches et influents. Le résultat des campagnes électorales dépend donc étroitement de l'argent que l'on peut y consacrer, ce qui représente une altération sérieuse des principes démocratiques.

Non seulement les décisions de politique intérieure ou de politique commerciale sont largement dépendantes du poids des lobbies, mais c'est le cas également de la politique étrangère, qu'il s'agisse de l'attitude vis-à-vis d'Israël, de Cuba ou de la Chine. Même si les États-Unis sont une puissance globale, le risque de dérive d'une politique étrangère décidée au cas par cas en fonction du poids de tel ou tel lobby est bel et bien réel. On se rappelle que c'est parce qu'une forte communauté d'Américains d'origine polonaise était établie dans l'Illinois, susceptible d'être un État clé pour les élections présidentielles de 1996, que Bill Clinton avait décidé d'élargir l'OTAN à la Pologne (ainsi qu'à la Hongrie et à la République tchèque) sans prendre en compte les répercussions stratégiques globales de cette décision (avenir de l'OTAN, attitude de la Russie, etc.). De même, la communauté d'origine cubaine établie à Miami a longtemps dicté la politique à l'égard de Cuba, et le poids de la communauté juive explique en grande partie la politique américaine au Proche-Orient.

Par ailleurs, le Congrès pouvant bloquer les décisions présidentielles (par le vote ou le refus de vote de crédits, par la nécessité de ratifier à une majorité des deux tiers les traités signés par le président), il tient en otage la politique étrangère, qui devient prisonnière d'enjeux de politique intérieure. Or, les membres du Congrès – du

Les États-Unis 131

reste assez peu au fait des questions internationales – ont souvent une attitude irresponsable en la matière, ne comprenant tout simplement pas que l'on puisse ne pas être d'accord avec les États-Unis qui, estiment-ils, ne veulent que le bien de la planète. Cela est gênant en soi, ça l'est encore plus pour un pays dont le poids sur la scène internationale est si important.

Le monde n'est ni multipolaire (aucune puissance n'égale celle des États-Unis), ni unipolaire. Les Américains ne peuvent imposer leur politique à l'ensemble du monde malgré leur désir de le faire. Dans un monde unipolaire, Castro, Kadhafi ou Saddam Hussein ne seraient pas au pouvoir, Indiens et Pakistanais renonceraient à leurs armes nucléaires, les Européens accepteraient les concessions commerciales que Washington leur demande, la Chine s'inclinerait devant les États-Unis, le Brésil démantèlerait le Mercosur pour rejoindre l'ALENA, etc.

Le monde est dans une situation hybride uni-multipolaire. George W. Bush avait symbolisé la dérive unilatéraliste de la politique américaine. Ce faisant, il avait radicalisé les rivaux des États-Unis, suscité des rapprochements entre eux et incité ses alliés à se désolidariser. Barack Obama entreprend une politique radicalement différente, comprenant que le monde est en voie de multipolarisation et qu'aucun pays, fût-il le plus puissant au monde, n'est en mesure d'imposer sa volonté aux autres. Il lui faut donc chercher des alliés par la voie de la négociation et de l'ouverture, et compter davantage sur le *soft power* que sur le *hard power*, celui-ci ne devant être qu'un recours de dernière instance. Obama cherche à restaurer l'image des États-Unis, très nettement dégradée sous les deux mandats de George Bush, et ainsi leur redonner la capacité de mobiliser par l'exemple et d'exercer un leadership par ascendant moral.

3

L'ASIE

Du début des années 1960 à nos jours, l'Asie a doublé sa part relative du PNB mondial pour parvenir à 25 %. Aujourd'hui, elle concurrence l'Europe et l'Amérique du Nord tout en continuant à bénéficier globalement d'une croissance soutenue, contrairement aux pôles occidentaux. L'Asie, qui a bâti sa croissance sur les exportations, est devenue un pôle de croissance autonome tiré par le Japon puis, selon la théorie du vol d'oies sauvages, par les Tigres asiatiques (Thaïlande, Malaisie, Indonésie, Philippines, Bruneï), les quatre Dragons (Corée du Sud, Taïwan, Singapour, Hong Kong) et désormais les géants chinois et indiens. L'Asie connaît également une forte poussée démographique (60 % de la population mondiale). Pour beaucoup, l'Asie est donc le continent de demain, et même d'aujourd'hui.

Pourtant, stratégiquement, l'Asie connaît toujours des difficultés. La fin de la Guerre froide n'y a pas eu le même impact positif qu'en Europe et n'a pas signifié la fin de la menace. Les rivalités nationales surpassent les oppositions idéologiques. L'inégalité et la diversité des acteurs interdisent que se crée un équilibre des puissances.

Le Japon

Une croissance économique exceptionnelle (1945-1990)

En 1945, le Japon, qui avait voulu dominer l'Asie, est non seulement vaincu mais également humilié. Il a perdu la guerre, son territoire a été massivement bombardé, y compris avec des armes nucléaires, et pour la première fois de son histoire il doit subir une

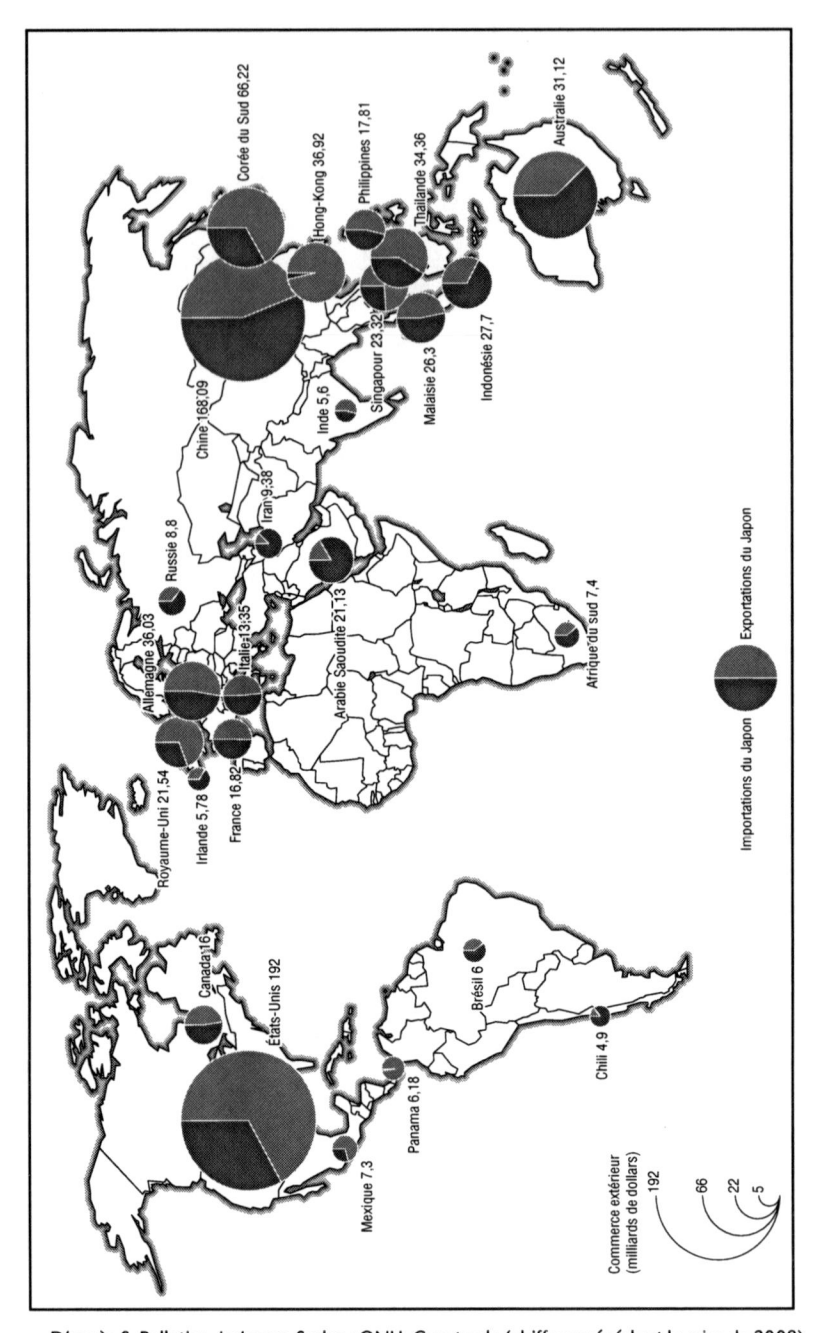

D'après S. Pelletier, *Le Japon*, Sedes ; ONU, Comtrade (chiffres précédant la crise de 2008).

Le Japon : commerce extérieur

occupation militaire. Les Américains, pour éviter la renaissance du militarisme japonais, lui imposent une constitution pacifique lui interdisant la possession d'une armée.

La Guerre de Corée (1950-1953), qualifiée de « cadeau des dieux » par le premier ministre Shigeru Yoshida, a permis la réintégration du Japon dans le camp occidental et le décollage de son économie. D'un pays agressif qu'il fallait tenir sous contrôle, le Japon va se transformer en point d'appui des États-Unis face à la péninsule coréenne où ont lieu les combats, mais aussi à la Chine communiste et à l'URSS qui aident la Corée. Le Japon devient le « porte-avions insubmersible » des États-Unis dans le Pacifique.

Les Américains, qui voulaient maintenir le pays au stade d'un développement intermédiaire, souhaitent désormais en faire un bastion du monde libre aux portes de la Chine et de l'URSS.

En 1952, ils autorisent le Japon à constituer des forces d'autodéfense : une armée qui ne dit pas son nom. Le Japon aura accès aux technologies américaines ainsi qu'à son marché, et la présence de soldats américains suscitera le développement économique. Le pays connaîtra alors une croissance forte, à l'origine de l'expression « croissance à la japonaise ». Détruit en 1945, il fera partie en 1975 du groupe fondateur du G7, les sept pays les plus industrialisés du monde.

Les Japonais comprennent qu'ils ont fait fausse route avec le militarisme. Si la puissance militaire était destinée à leur assurer les marchés extérieurs dont l'économie avait besoin, ils passeront désormais à la conquête des marchés sans l'instrument militaire. Le MITI (le ministère de l'Industrie et du Commerce extérieur) assure la coordination des grands groupes industriels et pratique une politique mêlant dirigisme étatique et libéralisme économique. Ainsi, alors qu'en 1951 le PNB du Japon représentait le tiers de celui de la Grande-Bretagne, il était à la fin des années 1980 équivalent au total réuni des PNB français, allemand et britannique. Le PIB japonais représente aujourd'hui 16 % du PIB mondial, contre 3 % en 1950. En 1990, huit des dix plus grandes banques de dépôts du monde étaient japonaises.

Les Japonais sont également à la pointe des avancées dans le secteur des technologies de l'information et de la communication. Le concept de « société de l'information », qui est à la base du phénomène de mondialisation, est d'ailleurs une invention japonaise, formulée pour la première fois dans les années 1960.

La réussite économique japonaise, résultat d'une politique d'épargne, de faible consommation et de forts investissements, va être ressentie comme une menace par les pays occidentaux, et notamment les Américains. Ces derniers reprocheront au Japon de détruire l'économie américaine en profitant de la protection militaire que leur accorde Washington. En 1990, d'après une enquête publiée dans le *Washington Post*, la puissance économique japonaise constituait selon 75 % des Américains la principale menace pour la sécurité des États-Unis, contre seulement 20 % pour la puissance militaire soviétique.

On soupçonne le Japon de détruire les équilibres sociaux des États-Unis et des pays européens en y accroissant le chômage par l'exportation massive de ses produits et la fermeture de ses frontières. Le Japon pratique, en effet, un protectionnisme économique fort.

Pourtant, le Japon a réussi à mettre en place un modèle de développement économique qui, combinant croissance économique et redistribution sociale, a largement réduit les inégalités en son sein, tout en préservant de façon satisfaisante l'identité nationale. La modernisation du pays ne s'est pas réduite à une simple occidentalisation.

À la fin des années 1980, le développement japonais est tel que de nombreux commentateurs se demandent s'il ne va pas, fort de sa puissance technologique, retomber dans ses anciens travers et se transformer en puissance militaire. Or, cette crainte était tout à fait exagérée, le Japon, depuis 1945, recherchant l'indépendance nationale et la puissance par des moyens pacifiques et par la voie économique.

Néanmoins, la décennie 90 va être celle de la désillusion pour le Japon, qui connaît alors une crise économique, politique, géopolitique et sociale.

Les crises de la décennie 90

Alors qu'au début de la décennie 90 la puissance économique du Japon faisait trembler le monde et apparaissait comme l'une des principales menaces pour la sécurité internationale, le Japon est entré, depuis dix ans, dans une période de stagnation économique. Certes, il conserve le deuxième PNB mondial, mais tandis que dans les années 1990 les économies européennes, américaine et asiatique sont en plein essor, la croissance japonaise est nulle. L'indice Nikkei tombe de 38 916 en décembre 1989 à 14 309 le 18 août 1992. Il est aux environs de 10 000 points aujourd'hui – une chute plus grave, en termes réels, que celle de Wall Street entre 1929 et 1932. En 1998, le montant des prêts risqués consentis par les banques japonaises représentait 80 000 milliards de shens, soit 12 % du PNB. Seules deux des 19 grandes banques japonaises disposaient d'une capitalisation suffisante pour couvrir leurs prêts. Quant au chômage, qui ne concernait que 2 % de la population active en 1990, il en touche désormais 6 %.

Cette crise économique s'est doublée d'une crise politique. Le Parti libéral démocrate (PLD) a été au pouvoir pratiquement sans interruption depuis 1945 jusqu'aux dernières élections. Les Japonais avaient perdu confiance en leurs institutions et nourrissaient une forte désaffection et un très grand scepticisme à l'égard d'une classe politique engluée dans des affaires de corruption et accusée d'immobilisme. Le modèle japonais de concertation et de décision collective était devenu une gestion anonyme aux mains d'un petit cénacle, sans que personne ne prenne réellement la responsabilité d'une décision. Le jeu des clans et les solidarités politico-affairistes venaient paralyser les initiatives. Les banques étaient obligées de prêter à des sociétés qui bénéficiaient de relais politiques, sans préjuger de la viabilité des projets financés. Le premier ministre, choisi selon le plus petit dénominateur commun, était souvent celui qui n'avait pas d'ennemis. Les Japonais eux-mêmes souhaitaient alors un leadership plus affirmé.

Le pays a connu également une crise géopolitique. Jusqu'à la fin des années 1980, le Japon bénéficiait d'une bonne situation économique sans avoir à supporter d'obligations stratégiques. La fin de la Guerre froide est venue modifier la donne, notamment parce que la situation d'exception internationale du Japon ne pouvait durer.

Aujourd'hui, le Japon – deuxième contributeur au budget des Nations unies – revendique un siège de membre permanent au Conseil de sécurité. Il est conscient que cela implique des obligations en termes de participation au maintien de la paix. C'est pourquoi, après d'âpres débats, une loi dite PKO (Peace Keeping Operations) a été adoptée afin de permettre au pays de participer à des forces de maintien de la paix sous l'égide de l'ONU.

Malgré les réticences qu'il avait au sujet de la guerre d'Irak, le Japon a accepté d'y participer, quoique de façon non combattante, une fois que l'ONU a légitimé la présence militaire américaine dans ce pays. Protégé par les États-Unis, il ne pouvait refuser ce service à Washington. Tokyo y a vu aussi une façon de « monter en puissance » sur le plan stratégique.

Par ailleurs, si la fin de la Guerre froide a mis un terme aux tensions de bloc à bloc en Europe, la situation stratégique en Asie, elle, n'a pas été modifiée aussi profondément. En particulier, le Japon craint la montée de la puissance chinoise et n'a pas résolu son problème frontalier (hérité de la Seconde Guerre mondiale) avec la Russie. Il se trouve, en outre, sous la menace des missiles nord-coréens. Surtout, il n'a pas encore entièrement effacé les traces de la Seconde Guerre mondiale avec les pays de la région asiatique. Ses relations avec les États-Unis sont également compliquées. Si le Japon dépend, pour sa sécurité, des États-Unis, il en est également un rival économique.

Le Japon craint par ailleurs un abandon de la part de Washington au profit de la puissance chinoise montante. Les Japonais, qui ont en mémoire qu'en 1972 Nixon ne les avait pas avertis de son intention d'établir des relations diplomatiques avec la Chine populaire, voient avec inquiétude Pékin devenir l'interlocuteur le plus important sur le plan stratégique des États-Unis. Le président Clinton, parlant lors d'une visite en Chine en 1998 de « partenariat stratégique » sino-américain, n'a pas calmé les inquiétudes à ce sujet. Or, les Japonais ont tendance à penser que l'attention portée par les Américains aux Chinois se fait au détriment du Japon. Quand bien même les leaders japonais affirment officiellement qu'ils comprennent qu'il est de l'intérêt de tous que la Chine et les Américains entretiennent de bonnes relations, ils vivent mal dans leur for intérieur le fait que la Chine émerge comme une puissance globale. Estimant que, dans l'histoire, jamais il n'y eut à la fois une Chine et un Japon puissants, ils craignent en effet d'être surpassés par leur voisin chinois, avec lequel les plaies de l'histoire n'ont de surcroît pas été refermées. Selon eux, c'est la Chine qui empêche le Japon d'apparaître comme une puissance globale. Dès lors, face à ce qui est pressenti (mais jamais présenté officiellement) comme la menace principale planant sur l'archipel, le Japon estime n'avoir guère de choix que de rester sous la protection américaine.

Ainsi, au niveau stratégique, le Japon se sent « coincé » entre les turbulences chinoises, russes et coréennes ; sans parler des effets du conflit indo-pakistanais.

Toutefois, le problème principal du Japon avec ses voisins asiatiques est qu'il n'a pas entrepris, contrairement à l'Allemagne notamment, un travail d'examen de conscience et de repentance pour ses agissements pendant la Seconde Guerre mondiale. Il n'y a pas, au Japon, l'équivalent d'un Willy Brandt s'agenouillant devant le monument du ghetto de Varsovie pour demander repentance des crimes allemands.

Les Japonais n'ont pas demandé pardon aux 200 000 jeunes Coréennes devenues « femmes de réconfort » (Comfort Women) contraintes à la prostitution pour les besoins de l'armée de Hiro Hito. Le sac de Nankin (entre 200 000 et 300 000 civils massacrés) est toujours appelé « incident de Nankin ». Alors que le Japon pense avoir libéré l'Asie du colonialisme européen, les pays asiatiques estiment qu'ils ont été conquis et réprimés par le Japon. Enfin, si l'ancien premier ministre Junichiro Koizumi se rendait régulièrement au temple Yasukuni, qui abrite les âmes des soldats japonais morts au combat, le problem est que s'y trouvent également celles de certains criminels de guerre.

Tokyo se plaint que la Chine instrumentalise le passé à son détriment. Du fait d'Hiroshima, les Japonais estiment en effet que ce sont eux les victimes de la Seconde Guerre mondiale, et font l'impasse sur leurs propres crimes et la trace qu'ils ont laissée dans la mémoire collective asiatique.

En Corée du Sud, en novembre 2007, un sondage montrait que le pays envers lequel le sentiment d'hostilité était le plus fort n'était pas la Chine (10 %) ni la Corée du Nord (11 %), mais bien le Japon (57 %). Le premier ministre de Singapour, Lee Kuan Yew, interrogé à la fin des années 1980 sur le récent réarmement japonais dans le cadre de la défense collective de l'Asie, avait répondu : « Il ne faut pas donner des bonbons à la liqueur à un ancien alcoolique ».

Les Japonais connaissent enfin une crise sociale, remettant en cause le modèle de réussite hérité de leurs parents. Le travail n'est plus vécu comme la valeur prioritaire et la jeunesse aspire aux loisirs, à la consommation et à un cadre de vie plus agréable. La place de la femme dans la société japonaise est également remise en cause. Traditionnellement soumises, et ayant peu de droits vis-à-vis du mari, les femmes entendent occuper toute leur place dans la société japonaise.

En outre, la carence de structures de prise en charge des enfants et le coût élevé des logements ont pour effet une forte dénatalité. Selon certaines projections démographiques, d'ici à la moitié du XXIe siècle le Japon aura perdu 30 % de sa population pour atteindre 89 millions d'habitants (dont 36 millions de plus de 65 ans !), contre 128 millions aujourd'hui. Le taux de fécondité n'est que de 1,27 alors qu'il devrait être de 2,1 pour maintenir le niveau actuel de population. Le pays connaît, de plus, une difficulté à inventer des technologies nouvelles, alors qu'il excelle dans l'art d'adapter celles qui existent déjà. Cela provient d'un système éducatif davantage orienté sur le savoir et les examens que sur l'innovation intellectuelle.

Au début du XXIe siècle, le Japon a repris le chemin de la croissance économique. Il a procédé aux nécessaires adaptations sociales et le premier ministre Koizumi (2001-2006) a donné un style personnel à son administration du pays. En septembre 2009, le monopole du Parti libéral démocrate (PLD) sur le pouvoir a pris fin. Ainsi, pour la première fois en plus de soixante ans, une véritable alternance a eu lieu. Le nouveau Premier ministre Hatoyama plaide pour un rééquilibrage des relations avec Washington et pour une décrispation avec Pékin. Une réconciliation Chine/Japon dont les conséquences stratégiques seraient énormes est peut-être en vue. L'archipel doit cependant encore faire un effort important, avant tout sur lui-même, pour pouvoir établir une relation avec le monde extérieur qui ne soit pas entravée par l'héritage historique. Deuxième PNB mondial, il est de loin la première puissance économique asiatique et en constitue la locomotive de croissance. Incarnant, en Asie, un modèle de modernité, et exerçant une influence culturelle indéniable sur le continent, il entend développer une politique étrangère plus affirmée et plus autonome.

Rang	Pays	PIB en milliards de dollars
1	États-Unis	13 811
2	Japon	4 376
3	RFA	3 297
4	Chine	3 280
13	Corée du Sud	969
12	Inde	1 170

La Chine

Dans les années 1990, la Chine apparaît de plus en plus comme la prochaine grande puissance mondiale. Pour les États-Unis, elle est devenue le « partenaire-adversaire » le plus important, prenant ainsi la place dévolue autrefois à l'Union soviétique. Mais la Chine ne souhaite pas, contrairement à l'URSS, modifier le système mondial. Elle veut en prendre la tête.

Depuis le début des années 1980 et les quatre modernisations lancées par Deng Xiaoping, la Chine connaît une croissance proche de 10 % par an. Elle se situe désormais au 4e rang mondial en termes économiques et occupe la seconde place dans le commerce extérieur mondial. La taille de l'économie chinoise a quintuplé au cours de cette période et près de 400 millions de Chinois ont été sortis de la pauvreté. Certains analystes estiment que la Chine aura rattrapé économiquement les États-Unis d'ici trente ans. Oui, la Chine monte en puissance. Mais elle avait déjà été, au cours des dix-huit premiers siècles de notre ère, la principale puissance économique de la planète.

Entre 1978 et 2005, sa production a été multipliée par dix, le revenu par habitant par 7 et les exploitations par 45. Sa croissance ininterrompue depuis vingt-cinq ans ne permet toutefois pas de la comparer au Japon, la Chine étant l'équivalent de 6 ou 7 fois l'archipel nippon.

Plus de la moitié des grues en activité dans le monde sont en Chine, qui absorbe 50 % du ciment consommé sur la planète.

Le nombre d'utilisateurs d'Internet en Chine, avec 338 millions d'internautes recensés en juin 2009, dépasse désormais le chiffre de la population totale des États-Unis.

Dans le domaine aérien, le gigantisme de sa demande et la centralisation de ses achats donnent à la Chine une puissance de négociation exceptionnelle qui lui permet non seulement d'obtenir des rabais mais également de bénéficier des plus grandes avancées technologiques. Le match Bœing vs. Airbus pourrait bien être arbitré par un fabriquant chinois.

La Chine est à la fois l'atelier du monde (horlogerie : 75 % de la population mondiale ; jouets : 70 % ; appareils photographiques : 55 % ; ordinateurs portables : 50 % ; téléphones : 50 %) et le marché le plus convoité.

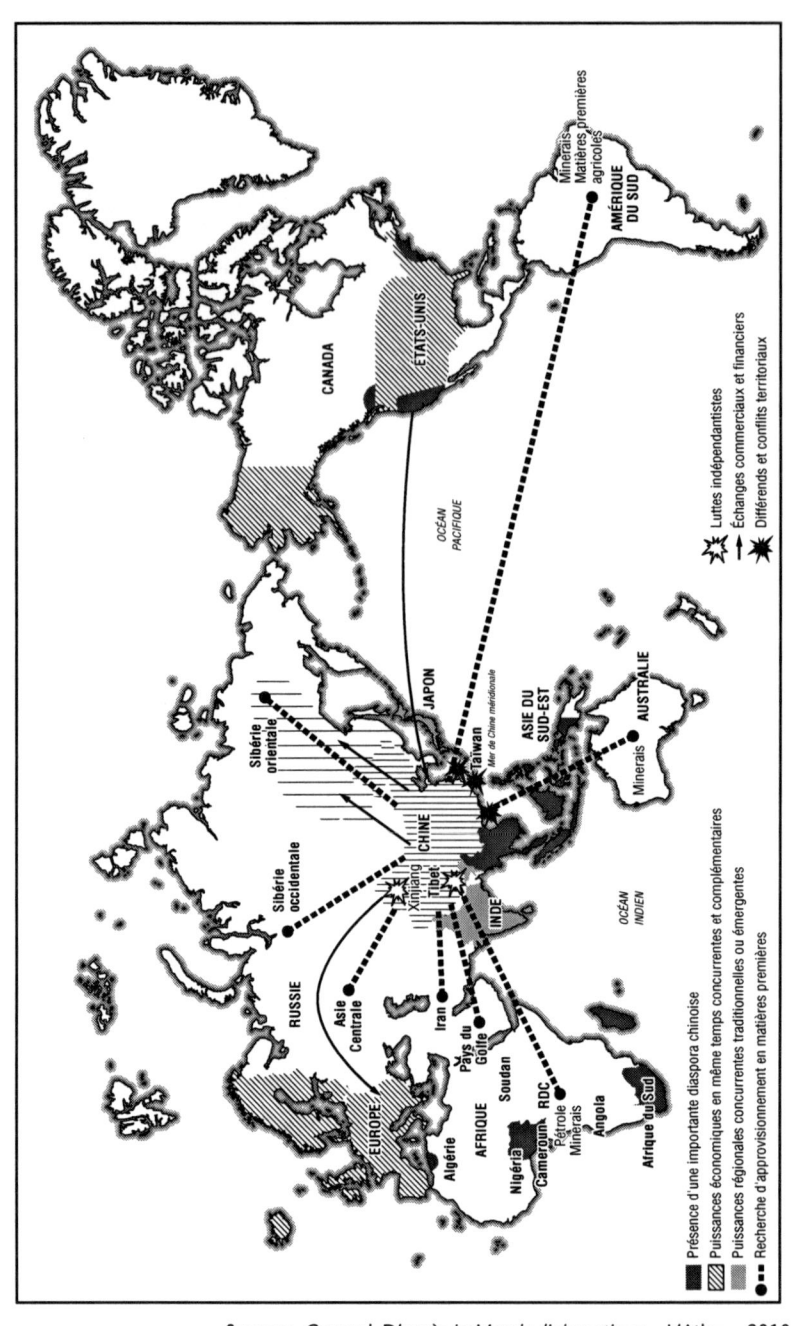

Sources : Cnuced. D'après *Le Monde diplomatique*, « L'Atlas », 2010.

La Chine

En 1978, la Chine fabriquait 200 climatiseurs par an ; 48 millions en 2005. Les réserves de change de la Chine s'élèvent à 1,5 trillions de dollars, 50 % de plus que le Japon qui arrive au second rang. Si l'on additionne l'immensité du territoire chinois et l'importance de sa population (avec 1 milliard 300 millions d'habitants c'est le pays le plus peuplé du monde), on voit bien qu'il est difficile de nier à la Chine un poids majeur sur la scène mondiale.

Après les perturbations et troubles de l'ère maoïste – le grand bond en avant de 1958 qui fera 30 millions de morts – et la grande révolution culturelle prolétarienne des années 1960, la Chine va connaître une stabilisation politique et une forte croissance économique. Deng Xiaoping, qui prend le pouvoir en 1977, modernise le pays. Il affirme la prééminence des résultats économiques sur les slogans idéologiques – ainsi que l'illustre sa formule, « Qu'importe qu'un chat soit noir ou gris pourvu qu'il attrape les souris » – et enterre la révolution culturelle : « Mieux vaut être rouge qu'expert ». Il lance les « quatre modernisations » – dans les secteurs de l'industrie, de l'agriculture, des sciences et techniques, et de la défense nationale – et comprend qu'il faut ouvrir le pays sur l'extérieur en abandonnant le principe maoïste autarcique : « Il faut compter sur ses propres forces ». Il veut par ailleurs conserver de bonnes relations, non pas de dépendance mais d'égal à égal, avec Washington, et normaliser les relations avec l'Union soviétique, difficiles depuis la rupture sino-soviétique de 1961. Deng Xiaoping met également en place une politique de strict contrôle des naissances, instaurant la règle de l'enfant unique par foyer, afin que la croissance économique soit supérieure à la croissance démographique.

La libéralisation de l'économie ne va cependant pas de pair avec une libéralisation politique, les dirigeants chinois voulant garder un contrôle étroit de la société. L'échec de Gorbatchev, qui a perdu le pouvoir en Union Soviétique en ayant donné la priorité au citoyen sur le consommateur et en ayant accordé des libertés publiques sans mettre en marche l'économie, va les conforter dans cette voie. Les dirigeants chinois vont ainsi favoriser le consommateur au détriment du citoyen, mettant en œuvre des réformes économiques non accompagnées de réformes politiques.

En 1989, une première surchauffe économique débouche sur des manifestations. Les étudiants qui occupent la place centrale de

Pékin, Tien An Men, érigent même une statue en l'honneur de la déesse Démocratie. Mais les dirigeants chinois répriment le mouvement dans le sang alors même que l'Union soviétique refuse de choisir cette voie en Europe de l'Est. Les pays occidentaux, après avoir proclamé des sanctions contre la Chine, renoncent rapidement, attirés par cet immense marché. Ils ont aussi pris conscience que la Chine – qui a été considérablement humiliée par les puissances extérieures au XIXe siècle – est désormais insensible aux pressions extérieures.

Les grandes ambitions stratégiques chinoises.

Le 1er juillet 1997, Hong-Kong est rétrocédé à la Chine continentale dont il avait été détaché au profit de l'Empire britannique en 1898. Macao l'est également en 1999. La Chine a, en outre, la volonté officielle de récupérer toutes les îles de la Mer de Chine. Or, ces îles, riches de ressources pétrolières, sont également revendiquées par le Viêtnam, la Malaisie, les Philippines, Brunei et Taïwan.

Puissance nucléaire depuis 1964, la Chine a constamment modernisé ses forces nucléaires et balistiques, même si l'armée chinoise ne peut se mesurer en aucune façon à l'armée américaine. Pékin n'entend pas en tout cas renoncer à l'usage de la force pour résoudre ses problèmes de souveraineté, en tout premier lieu celui qui l'oppose à Taïwan. Officiellement, ni Taïwan ni Pékin ne remettent en question le principe d'une seule Chine. Mais Taïwan est de plus en plus tenté de proclamer officiellement son indépendance, ce qui susciterait, selon l'avertissement émis par Pékin, une réaction militaire de sa part.

La Chine s'est élevée contre la guerre du Kosovo où elle n'a vu qu'une volonté des pays occidentaux de dicter leur loi aux pays plus faibles. Elle a bien sûr établi un parallèle avec la situation au Tibet et a, par ailleurs, très mal vécu le bombardement de son ambassade à Belgrade par les Américains. Opposée à la guerre en Irak en 2003, elle a été cependant moins visible dans son opposition aux États-Unis que la France, la Russie ou l'Allemagne.

En janvier 2007, les Chinois ont montré qu'ils avaient développé une capacité de missiles antisatellites, faisant craindre à Washington une remise en cause de sa suprématie spatiale. La Chine se dote par ailleurs de cinq sous-marins nucléaires nouvelle génération équipés de missiles d'une portée de 8 000 kilomètres mettant ainsi la capitale américaine à sa portée. Elle vient en outre de publier un livre blanc sur la défense justifiant l'augmentation de ses dépenses militaires par, à la fois, sa bonne santé économique, la nécessité de contrer le développement militaire du Japon, le besoin de faire face aux menaces taiwanaises d'indépendance et, de façon plus paradoxale, de pouvoir réagir au programme nucléaire nord-coréen. Le livre blanc affirme également la nécessité de rivaliser avec les États-Unis dans le domaine des affaires militaires. L'Armée de libération du peuple, équipée encore récemment avec du matériel obsolète, ne veut en effet plus être considérée comme le plus grand musée du monde : elle réduit ses effectifs et se met au goût du jour des développements technologiques dans le domaine militaire, où son retard a été considérable.

Pékin entend ainsi bénéficier du boom économique du pays et donner du muscle à sa montée en puissance diplomatique. Notamment, la Chine affirme sa présence au Proche-Orient avec la visite de plusieurs jours dans l'Empire du Milieu du roi Abdallah d'Arabie Saoudite, la signature de cinq accords de coopération dont un sur le pétrole et le gaz, et le rôle accru de Pékin dans le dossier nucléaire iranien. Les Chinois font également une cour assidue au continent africain. Un sommet sino-africain s'est tenu en novembre 2006 avec la présence de 45 pays africains et le président Hu Jintao a effectué trois visites sur le continent noir entre 2004 et 2009. Les échanges économiques sont passés de dix milliards de dollars en 2000 à 55 milliards en 2006. Enfin, la Chine a opéré une médiation réussie dans le dossier nucléaire nord-coréen qui opposait Pyongyang à Washington depuis 1994. Sur le plan diplomatique, Pékin accumule donc les succès.

Malgré sa montée en puissance sur la scène géopolitique, la Chine ne veut pas s'opposer frontalement aux États-Unis. Son opposition à la guerre d'Irak a été moins vive que celle de la France, de l'Allemagne ou de la Russie, ce qui peut surprendre pour un pays qui s'affiche comme l'allié naturel des pays du Sud. En fait, Pékin ne peut se passer du marché américain pour sa croissance. Elle reconvertit ses excédents commerciaux avec les États-Unis (plus de 300 milliards par an) en bons du Trésor américain, soutenant ainsi indirectement la valeur du dollar. Si Pékin soldait ses avoirs américains, le dollar s'effondrerait. Economiquement, la Chine et les États-Unis ont donc partie liée.

La Chine a surtout à cœur de laver les humiliations subies à la fin du XIXe siècle et au début du XXe, quand elle avait été dépecée et mise en coupe réglée par les puissances occidentales. Elle veut avant tout prouver qu'elle est désormais un pays auquel on ne dicte pas sa loi, ce qui donne parfois une apparence agressive à sa posture. Elle est aujourd'hui le seul pays qui, à défaut d'égaler la puissance américaine, peut opposer à Washington une vision globale du monde qui lui soit concurrente. Tout en étant davantage intégrée dans le système mondial, la Chine continue à remettre en cause les équilibres actuels. Mais ce qu'elle veut, avant tout, c'est poursuivre son développement économique.

Toujours dirigée par le parti communiste, la Chine est en fait un pays régi selon un modèle de capitalisme bureaucratique et familial. La mise en place d'une « économie socialiste de marché » se traduit par une ouverture économique et l'acceptation sous contrôle d'un parti unique de l'économie de marché dans le cadre d'un régime communiste.

Les points faibles du développement chinois

Le développement rapide de la Chine ne doit pas masquer la disparité de développement économique entre les régions côtières du pays, qui sont déjà de plain-pied dans le XXIe siècle, et une Chine de l'intérieur, dont de larges zones ne connaissent qu'une croissance nulle. De fait, 97 % des 370 milliards de dollars investis en Chine par des firmes étrangères dans la décennie 90 l'ont été dans les provinces côtières. Cette disparité de croissance peut se révéler dangereuse pour l'unité chinoise. En septembre 1993, un rapport de l'Académie des sciences sociales chinoise allait jusqu'à mentionner des risques d'effondrement économique, d'éclatement politique voire de désintégration du pays dans un proche avenir.

Alors que 100 à 150 millions de Chinois participent au progrès et sont intégrés dans l'économie mondiale, les 850 millions qui vivent à la campagne ont un revenu inférieur à deux cents dollars par an et par habitant. On assiste bien à un divorce entre la civilisation de la carriole dans les campagnes et celle des autoroutes de l'information dans les villes côtières et à Pékin. S'ajoutent à ces deux ensembles les 100 à 150 millions de Chinois qui, attirés par la ville, ont quitté les campagnes et forment une sorte de main-d'œuvre volante en déplacement constant. La Chine risque donc, à terme, d'être confrontée à de graves problèmes sociaux. Outre la disparité entre les taux de croissance des régions, les inégalités sociales sont en effet de plus en plus fortes, et sont appelées à s'accroître avec le développement économique du pays. Pour que celui-ci puisse être maintenu, il faudrait en effet poursuivre les réformes de l'agriculture, des administrations et de l'industrie au risque de faire disparaître 150 à 200 millions d'emplois. Cependant, si ces réformes ne sont pas entreprises, l'économie risque de ralentir fortement. Le grand paradoxe du dernier géant communiste est donc d'avoir privilégié la croissance économique à l'égalité sociale. La Chine compte 415 000 millionnaires en dollars et 400 millions de personnes vivant avec moins de deux dollars par jour.

La Chine va devoir affronter, à partir de 2015, deux tendances lourdes et handicapantes pour son économie : le vieillissement prématuré de sa population (avec à la clé l'explosion des dépenses de santé et une pression accrue sur les actifs) et des déséquilibres croissants entre hommes et femmes. Cela conduit les autorités chinoises à s'interroger sur le maintien de la politique de l'enfant unique.

La Chine doit par ailleurs faire face au défi de la pollution, la croissance ayant été réalisée jusqu'ici sans prendre en compte la protection de l'environnement. Seize des vingt villes les plus polluées au monde sont chinoises.

La croissance économique, au-delà du défi social, pose également un problème politique aux dirigeants chinois. Est-elle compatible avec le maintien d'un strict contrôle du pouvoir par le parti communiste ? Le développement technologique et économique ne risque-t-il pas de conduire à la constitution d'une société civile qui viendrait contester le monolithisme du pouvoir ?

Singapour a su concilier dynamisme économique et technologique d'une part, et monopole du pouvoir par un parti de l'autre. Mais ce qui peut réussir dans une ville-État est-il transposable dans un pays comprenant 1,4 milliard d'habitants ?

À la fin de l'année 1999, les dirigeants chinois ont, après bien des hésitations, fait le pari de faire entrer leur pays dans l'OMC.

Ils espèrent alors que la libéralisation économique que cela suppose amènera un regain de développement en ouvrant de nouveaux marchés. Ils savent également que cela mettra en péril une partie des industries chinoises, incapables de supporter la concurrence étrangère qui se verra désormais garantir un meilleur accès au marché chinois. Ils estiment toutefois, qu'après une période d'adaptation, cela constituera un facteur supplémentaire de modernisation.

La véritable question est donc de savoir si la libéralisation de l'économie chinoise va conduire à l'émergence d'un nouveau géant économique, de surcroît superpuissance stratégique, ou compromettre les équilibres politiques, économiques et sociaux du pays.

En fait la Chine, par sa taille et son poids, va occuper une place majeure et grandissante sur la scène mondiale. Certes, les commentaires qui la présentent déjà comme la superpuissance majeure du XXIe siècle sont à prendre avec prudence. Ils ne sont crédibles que si la Chine connaît d'ici 2050 la même croissance que celle qu'elle a connue au cours des vingt dernières années du XXe siècle, et sans subir de contrecoups politiques, sociaux ou géostratégiques.

Le monde occidental, et en premier lieu les États-Unis, a une attitude ambivalente à l'égard de la Chine. On retrouve, d'un côté, l'espoir que suscite ce marché. Le monde occidental a en effet tout intérêt à ce que le développement chinois se poursuive, en espérant par ailleurs qu'il conduira à terme à une démocratisation du régime et à une meilleure intégration de la Chine dans le système mondial. De l'autre cependant, la Chine est vue comme le nouvel adversaire du monde occidental, plus dangereux encore que ne l'était l'URSS de la période du clivage Est-Ouest. Georges W. Bush, lorsqu'il prend le pouvoir en 2001, qualifie la Chine de « compétiteur stratégique » des États-Unis, alors que Bill Clinton l'avait présentée comme un simple partenaire stratégique.

Paradoxalement, alors que la Chine a réussi son décollage économique, elle a perdu une partie du prestige, notamment idéologique, dont elle jouissait au cours de la Guerre froide. En dehors de ses frontières, le modèle chinois ne fait pas rêver. Il est au contraire souvent critiqué par des militants associatifs ou des ONG qui contestent pêle-mêle le caractère autoritaire du régime ou sa politique au Tibet. Son *soft power* est encore faible, à une époque où le pouvoir d'attraction est pourtant l'un des principaux attributs de la puissance. La Chine poursuit cependant sa voie. En novembre 2002, le 16ᵉ congrès du parti communiste chinois opérait une relève en douceur avec l'arrivée au pouvoir du sexagénaire Hu Jintao. Sa théorie de refondation du Parti dite des « trois représentativités », qui autorise l'adhésion au PCC d'entrepreneurs privés – interdits d'accès depuis 1989 –, devrait induire une recomposition sociologique du parti susceptible, à terme, d'engendrer une modernisation de l'État.

L'Inde

La Guerre froide et le clivage Est-Ouest avaient permis à l'Inde d'occuper une place de leader des pays non-alignés, lui donnant une importance sur la scène mondiale supérieure à son poids économique ou militaire. Ce non-alignement n'avait toutefois pas empêché New Delhi de développer des contacts étroits avec l'URSS, qui équipait largement l'armée indienne et représentait son plus important partenaire commercial.

Se présentant comme la plus grande démocratie du monde, l'Inde souffre cependant de plusieurs handicaps structurels. L'économie est lourdement administrée et souffre du poids de la bureaucratie. Quant au système de castes, il contribue à rigidifier la société : une société où la place de l'individu est assignée à la naissance et la mobilité considérablement entravée. Si l'Inde contient des poches de développement, la misère touche une grande partie de la population. Sous-alimentation et maîtrise des hautes technologies cohabitent.

D'abord déstabilisée par l'implosion de l'URSS, l'Inde a su s'adapter cependant assez vite à la nouvelle situation. Elle a amélioré ses relations avec Washington, qui est devenue un partenaire commercial de premier rang. Elle a également libéralisé son économie.

L'Inde refuse cependant d'adhérer au Traité de non-prolifération des armes nucléaires, continuant d'estimer qu'il s'agit d'un traité injuste. En mai 1998, elle procédait même à une série d'essais nucléaires, officialisant ainsi son statut de puissance atomique. Afin de concilier son pacifisme revendiqué, l'héritage de Gandhi et sa capacité nucléaire, l'Inde affirme qu'elle sera prête à renoncer à ses armes nucléaires lorsque les autres puissances accepteront d'en faire autant. Plus que le Pakistan, qu'elle dépasse largement sur les plans militaires et économique, c'est bien la Chine qui est la principale motivation du programme nucléaire militaire indien. New Delhi n'a pas oublié la défaite militaire de 1962 lors de la guerre qui a opposé les deux géants asiatiques. Les Indiens craignent toujours la volonté de domination chinoise et déplorent que le monde occidental prête davantage attention à la Chine communiste qu'à l'Inde démocratique, qui représente pourtant selon eux un marché comparable.

Les Indiens ont signé un accord nucléaire avec les États-Unis qui fait exception aux règles de non-prolifération prônées par Washington, dans la mesure où les dirigeants américains acceptent de coopérer avec un pays non-signataire du TNP. Mais l'Inde a été déçue de voir, qu'après le 11 septembre, les États-Unis n'ont pas mis fin à leur partenariat stratégique avec le Pakistan.

L'Inde défend la vision d'un monde multipolaire – dont elle constituerait l'un des pôles principaux –, fondé sur l'égalité entre pays riches et pays pauvres. Elle revendique un siège de membre permanent au Conseil de sécurité de l'ONU et veut être reconnue comme la 6e puissance mondiale. Comme en atteste son opposition à la guerre du Kosovo, l'Inde considère que le droit d'ingérence constitue purement et simplement une intervention des pays occidentaux dans les affaires intérieures des pays du Sud. Cela dit, elle s'est très largement rapprochée des États-Unis bien avant le 11 septembre.

Avec 1 200 millions d'habitants, dont 31 % ont moins de quinze ans, l'Inde sera bientôt le pays le plus peuplé de la planète, dépassant même la Chine. Le pays est donc doté d'un marché intérieur et d'une main-d'œuvre immenses, ce qui devrait attirer les investisseurs étrangers. Cependant, ces derniers préfèrent encore la Chine : représentant seulement 2 % du PIB mondial, l'Inde attire en effet dix fois moins d'investissements étrangers que la Chine.

Aujourd'hui, 350 millions d'Indiens vivent avec 1 dollar par jour, 300 millions ne mangent pas à leur faim et 600 millions vivent en-deçà du seuil de pauvreté. Le PIB par habitant est inférieur à 1 000 dollars et situe l'Inde au 132e rang mondial. Le secteur agricole, qui représente 20 % du PIB indien, emploie encore 60 %

de la main-d'œuvre. Le déficit énergétique s'aggrave au fur et à mesure du développement, de même que le déficit en infrastructures, notamment en matière de transport. L'Inde occupe en outre la 131ᵉ place mondiale de par son indice de développement humain. Le taux d'alphabétisation avoisine les 60 %, et seulement 47 % pour les femmes. Ces chiffres caractérisent toujours l'Inde comme un pays en développement. Si, comme en Chine, sévissent en Inde des problèmes de sous-alimentation et de mendicité, les castes dirigeantes indiennes, bien qu'élues de façon démocratique, sont moins concernées par le sort de leurs concitoyens que ne le sont les dirigeants chinois. Preuve en est, notamment, le fait que la Chine ne compte que 10 % d'illettrés contre 30 % en Inde.

Bien que le Parti du Congrès ait repris le pouvoir, le Parti du Peuple Indien (Bharatiya Janata Party), parti nationaliste qui exalte l'identité hindoue et se montre intransigeant à l'égard du Pakistan, fait par ailleurs craindre pour la cohabitation interne, l'Inde comportant environ 160 millions de musulmans.

Bien que l'administration soit jugée assez largement corrompue, les Indiens sont toutefois convaincus dans leur majorité que demain sera meilleur qu'aujourd'hui et que l'avenir appartient à leur pays, qui devrait accéder au Conseil de sécurité et au G20, et voir reconnaître la légitimité de son arsenal nucléaire. Malgré leur rivalité géopolitique, la Chine est devenue le deuxième partenaire commercial de l'Inde après les États-Unis. Les liens avec la Russie également demeurent importants, l'Inde considérant cette dernière comme une puissance stabilisatrice. Mais elle est surtout tournée vers les États-Unis, où vit une importante communauté américaine d'origine indienne qui sert de pont entre les deux pays. La diaspora indienne aux États-Unis compte en effet deux millions de personnes, plus riches et plus éduquées que la moyenne. 75 000 Indiens sont présents sur les campus universitaires américains, ce qui en fait la première communauté étrangère parmi les étudiants. Enfin, l'Inde s'est également rapprochée d'Israël afin de consolider sa relation avec Washington.

4

LA RUSSIE

Moscou, dont la puissance faisait trembler le monde occidental jusqu'en 1989, va l'inquiéter par sa faiblesse dans les années 1990.

Certes, l'Empire soviétique s'est effondré sans que cela ne déclenche, ou ne soit, le résultat d'une guerre mondiale. Mais si la fin du pacte de Varsovie a bien mis fin à la logique des blocs et à la division du monde, l'éclatement de l'URSS en quinze républiques et l'abandon du communisme n'ont pas tout à fait débouché sur la mise en place de démocraties stables et pacifiques et sur l'édification d'un ordre mondial basé sur la sécurité collective et le règlement pacifique des différends.

L'économie de la Russie (trop vite et mal privatisée, où quelques amis du pouvoir s'étaient taillé de véritables empires économiques et où les mafias contrôlaient une large partie de l'activité), après avoir chuté de moitié entre 1991 et 2000, n'atteignait même plus la taille de celle des Pays-Bas. Le pays avait appliqué de façon trop suiviste, pour son malheur, les recettes du FMI. De 3,4 % du produit intérieur brut (PIB) mondial en 1990, sa part était passée à 2 % en 2000. La production agricole avait chuté dans les mêmes proportions, un résultat pire que celui obtenu par Staline avec la dékoulakisation (la chute n'avait été alors que de 25 %). À côté d'une minorité qui s'était rapidement enrichie, la majeure partie de la population souffrait d'une dégradation importante de ses conditions de vie.

Par ailleurs, Moscou avait non seulement perdu son empire mondial et européen, gagné après 1945, mais également dû faire son deuil des conquêtes géopolitiques de Pierre le Grand et Catherine II, les accès à la mer Baltique et à la mer Noire ayant été remis en cause. Moscou s'était en outre livrée à deux reprises (1994-1996 et

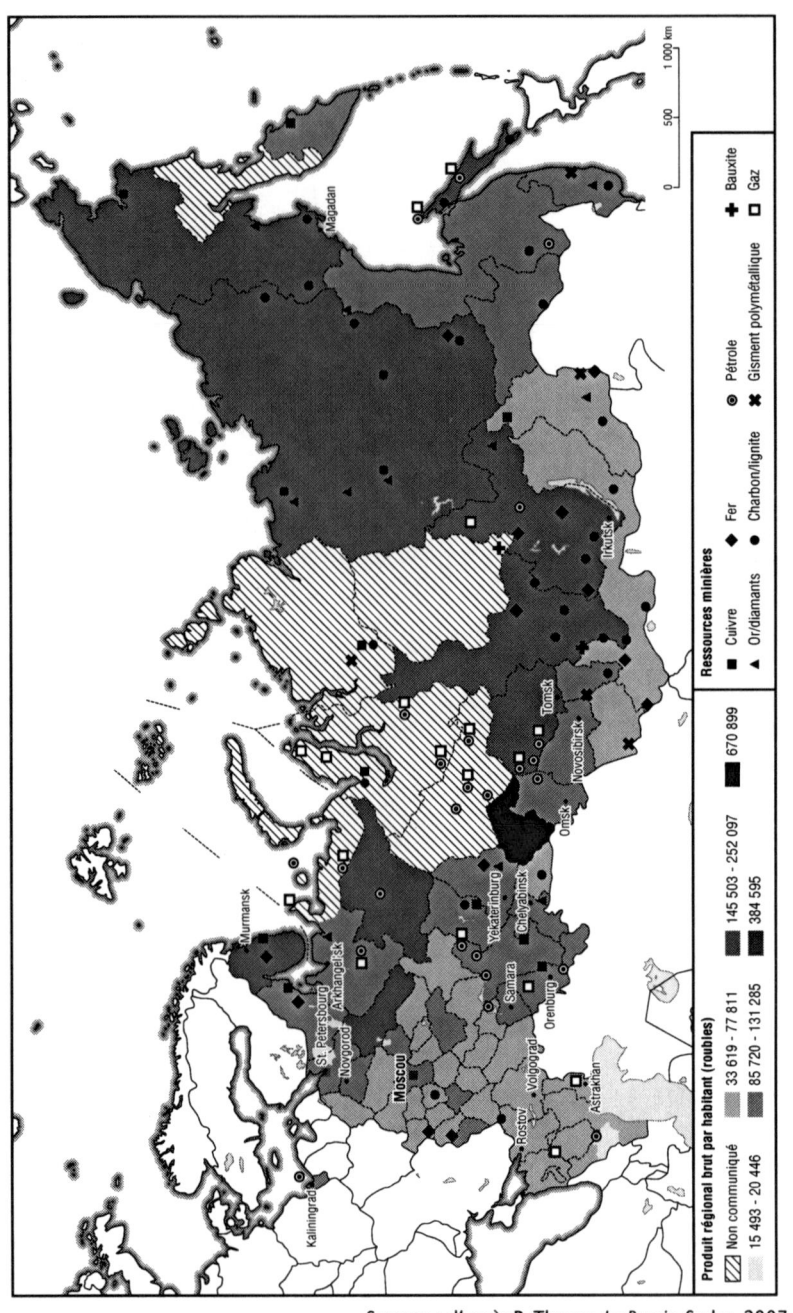

Sources : d'après P. Thorez, *La Russie*, Sedes, 2007.

La Russie : PIB et ressources minières

depuis 1999) à une guerre sans pitié en Tchétchénie, où l'indépendance avait été déclarée par la majorité musulmane de ce territoire.

Les deux guerres en Tchétchénie ont surtout mis le doigt sur la dégradation de la puissance militaire de Moscou. Alors que l'armée soviétique faisait trembler les pays occidentaux, elle a eu les pires difficultés à vaincre une guérilla faiblement équipée. L'armée russe a été frappée par des problèmes d'équipement, de commandement, de logistique et de moral. Le naufrage du sous-marin nucléaire *Koursk,* à l'été 2000, est venu illustrer l'état de délabrement de ce qui était naguère le fleuron du régime soviétique.

La Russie demeure cependant une puissance nucléaire majeure. C'est encore le seul point où elle peut, avec une certaine légitimité, réclamer une parité avec les États-Unis.

Diplomatiquement, la Russie n'avait subi que des défaites dans les années 1990. Elle n'avait pu s'opposer à l'élargissement de l'OTAN, qui campait désormais à ses frontières, ni empêcher la guerre du Kosovo de 1999 dans une zone qu'elle jugeait située dans son périmètre de sécurité. Sur les grands dossiers mondiaux, ses avis ne comptaient plus. Si elle avait été acceptée au G8, il s'agissait davantage d'un geste de soutien psychologique de la part des pays occidentaux que de la mise en place d'un véritable partenariat. En Afrique et au Proche-Orient, où l'URSS était autrefois puissante, elle n'avait plus de poids stratégique. Il en allait de même en Asie et en Amérique latine. Les anciens vassaux du pacte de Varsovie continuaient, quant à eux, à la considérer comme un danger majeur.

Tenue à la lisière de la construction européenne, considérée comme une puissance dévaluée par les États-Unis, jugée avec condescendance par la Chine, la Russie courait après un statut international qu'elle n'avait plus.

Tout ceci explique l'impopularité de Boris Eltsine (1991-2000) en Russie, proportionnellement inverse à sa popularité en Occident.

La priorité donnée par Eltsine à l'établissement d'une économie de marché n'a, par ailleurs, pas débouché sur la mise en place d'une réelle démocratie, respectueuse des droits de l'opposition et des citoyens. Même si des élections étaient organisées, les médias étaient étroitement contrôlés et la justice guère indépendante. En outre, si le régime communiste avait bel et bien été démantelé, on ne peut pas dire qu'une réelle économie de marché – qui ne peut se résumer à une simple privatisation – avait été mise en place. L'appareil de production n'était que faiblement restructuré, et les liens étroits entre le pouvoir politique et les « oligarques » (ce cercle restreint d'hommes d'affaires qui doivent leur fortune rapidement constituée à leur proximité avec le Kremlin) avaient donné lieu à de nombreuses malversations et scandales. Enfin, le cadre légal d'une vie économique, censé notamment protéger les droits des investissements étrangers, n'avait pas été établi.

Restaurer l'État et établir l'économie de marché

Vladimir Poutine, un ancien des services de sécurité élu président en mars 2000, affirme avoir pour priorité la restructuration de l'État. Ecœurés par la corruption et l'enrichissement aussi rapide que douteux d'un petit nombre, les Russes semblaient se satisfaire du retour d'un régime fort.

Le nouveau président Poutine a donc dû établir une véritable économie de marché tout en conservant comme priorité la restauration de l'autorité de l'État, particulièrement mise à mal sous Eltsine. Il a dû pour cela lutter contre le pouvoir des oligarques et celui des « barons » régionaux qui ont voulu distendre les liens entre les 89 entités administratives de la Russie et Moscou.

Certes, énergies et matières premières représentent encore 70 % des rentrées de devises. En ce sens, la Russie a bénéficié de l'explosion du coût des matières premières énergétiques. Mais il y a également, en dehors de ces secteurs, des pans de l'économie qui tournent bien, à l'instar de l'agroalimentaire, de la mécanique légère et des petites entreprises. L'objectif, à terme, pour les dirigeants russes est de construire un secteur productif concurrentiel pour sortir de l'économie de rente basée sur les matières premières énergétiques en développant une économie de la connaissance, en renforçant les secteurs aéronautique et de la construction navale, et en mettant le poids sur l'éducation (un des atouts de la Russie, y compris pendant la période soviétique) la santé, le logement et le soutien à la famille. On voit aussi émerger une classe moyenne consommatrice, qui représente aujourd'hui 20 à 30 % de la population. Alors que Moscou mêlait autrefois boutiques ultra-luxes et mendiants, on assiste désormais à une multiplication de magasins à destination des classes moyennes.

Aujourd'hui, donc, l'économie va mieux. Le PNB est en hausse et les revenus ont augmenté de 7 % par an depuis 1998. Après la crise financière qui a frappé le pays, les finances de l'État sont en voie d'assainissement, la dette publique a été remboursée, l'inflation, de 75 % en 1999 est repassée sous la barre des 10 %, et le chômage est en baisse.

Tout ceci explique la très forte popularité de Poutine, neuf ans après son élection et alors qu'il a cédé, au bout de deux mandats, sa place de président à son allié Dmitri Medvedev en prenant pour lui-même le rôle de premier ministre. Le taux de popularité de Poutine demeure élevé, plébiscité par 70 % de la population – chiffre qui laisse rêveurs la plupart des dirigeants occidentaux. Certes, les libertés sont toujours restreintes en Russie, mais les Russes s'en accommodent car si le citoyen est bridé dans ses intentions (ce qui n'est pas un grand changement historique), le consommateur et le patriote sont, de nouveau, heureux. Poutine est ainsi perçu comme l'homme du redressement, Eltsine ayant été l'homme de la faillite.

Faiblesses persistantes

Il faut noter cependant que depuis 1992, la population russe a diminué de 3 millions du fait des problèmes sociaux, de la défaillance du système médical et de l'alcoolisme. La moyenne de vie des hommes est de 58 ans, ce qui place la Russie très loin derrière les pays développés, et l'OMS classe le pays au 130e rang mondial en termes de santé publique. La Russie pourrait perdre de 25 à 30 millions d'habitants d'ici à 2030 (passant de 150 à 125 millions d'habitants), ce qui en ferait un pays peu peuplé, relativement vide en termes de densité, et vieillissant. Le pourcentage des plus de 65 ans devrait en effet doubler d'ici là, alors que celui des 15-24 ans devrait diminuer de moitié. On dit ainsi de la Russie qu'elle a une natalité européenne et une mortalité africaine. Ceci est, en outre, à comparer à la poussée démographique chinoise.

Sur le plan international, la guerre d'Irak, à laquelle la Russie s'était fortement opposée et dans laquelle se sont embourbés les

États-Unis, a permis à Poutine de faire le procès de la politique étrangère américaine et de dégager de nouvelles marges de manœuvre. De façon pragmatique, Poutine avait aussi profité du 11 septembre pour faire avaliser la guerre en Tchétchénie par le monde occidental, la présentant comme l'un des volets de la lutte contre le terrorisme. La Russie a également repris pied au Proche-Orient – un million de citoyens israéliens sont originaires de Russie – et elle est capable d'entretenir des relations aussi bien avec Israël qu'avec le Hamas. Elle rejoue également un rôle en Afrique. Enfin, en août 2008, l'armée russe a vaincu l'armée géorgienne – équipée par les États-Unis – qui avait imprudemment voulu reprendre le contrôle des provinces sécessionnistes abkhazes et ossètes.

George W. Bush, par la reconnaissance en 2008 de l'indépendance du Kosovo, par la guerre d'Irak, l'élargissement de l'OTAN, l'aide à la Georgie et à l'Ukraine pour mener une politique jugée anti-russe, et par le projet de déploiement de bases de missiles en Pologne et en République tchèque, a contribué à crisper la Russie. Certes, la Russie fait peur, mais les mesures prises pour s'en protéger ont accentué son complexe d'encerclement, alimentant un véritable cercle vicieux. Barack Obama semble vouloir aller à contre-courant de cette politique et prendre en compte les aspirations de la Russie, ce qui pourrait l'amener à se décrisper et à se montrer plus coopérative sur la scène internationale.

La Russie ne retrouvera jamais la puissance de l'Union soviétique, mais vu sa position centrale dans le monde et ses atouts en termes de matières premières, de formation et d'élite particulièrement brillante, elle va bientôt retrouver un rôle plus conforme à ses ambitions. Elle revient avec la volonté de participer à la multipolarisation du monde.

5

L'AMÉRIQUE LATINE

L'Amérique latine est définie par son grand spécialiste, Alain Rouquié, comme « l'extrême occident inachevé et un tiers monde imparfait ». Occidentale, l'Amérique latine l'est par ses langues, son histoire, son droit, ses religions et par une large partie de sa population. Tiers monde imparfait, elle l'est de par sa population majoritairement urbaine, la grande inégalité de répartition des revenus au PNB par habitant, et une espérance de vie à mi-chemin entre celles du tiers monde et du monde occidental.

Les doctrines Monroe (1823) et Roosevelt (1903) ont défini l'Amérique latine comme le pré carré de la politique étrangère américaine. Cette main-mise a été renforcée au temps de la Guerre froide, jusqu'à déboucher sur l'instauration par les États-Unis de nombreux régimes militaires.

L'Amérique latine était autrefois caractérisée par la multiplication des guérillas et des dictatures militaires, la corruption et l'inefficacité des gouvernements, et un déclin économique régulier en pourcentage mondial. L'ouverture forcée des économies dans les années 1980 aux capitaux étrangers a été suivie d'une violente crise économique à la fin de la décennie 90. On assista alors à une remise en cause du néo-libéralisme et de la dépendance à Washington.

Depuis une dizaine d'années, les économies redécollent, le pouvoir se gagne par les urnes et non par les armes, la démocratie s'enracine. Une vague d'élections a porté au pouvoir des gouvernements de gauche, populistes ou socio-démocrates (Hugo Chavez au Venezuela en 1998, Lula au Brésil en 2002, Tabaré Vázquez en Uruguay en 2004, Evo Morales en Bolivie en 2005, Michelle Bachelet au Chili en 2006, Rafael Correa en Equateur en 2007, Fernando Lugo au Paraguay en 2008). L'élection du candidat de droite Piñera au Chili en 2010 constituant une exception.

160 COMPRENDRE LE MONDE

Gouvernements en place

- Pouvoir de droite ou centre droit
- Victoire de gauche ou centre gauche aux élections depuis le début des années 2000
- Pays communiste, cible des États-Unis depuis 1959 : Cuba

Ressources naturelles convoitées

- |||| Patrimoine mondial à protéger (eau et biodiversité), espace considéré comme stratégique par les États-Unis
- ■ Mine de charbon
- ● Exploitation de pétrole ou de gaz

Conflits et tensions

- ■■■ Ligne de fracture nord-américaine : murs, grillage, surveillance électronique et thermique
- ✹ Conflit armé toujours actif
- ↗ Tentative de déstabilisation américaine
- → Principaux courants de migration et boat people

Regroupements régionaux

- ☐ Union des nations sud-américaines (Unasur)
- ☐ Mercosur (Marché Commun du Sud)
- ■ Communauté andine des nations (CAN) : Bolivie, Colombie, Équateur, Pérou
- CUBA Alternative bolivarienne pour les Amériques (ALBA)

D'après : mercosur.int, *Le Monde diplomatique*, « L'Atlas ».

L'Amérique latine

L'Amérique latine se fait par ailleurs mieux entendre sur la scène internationale et est davantage respectée par son voisin américain. Elle s'intègre désormais dans la mondialisation – par l'OMC et le G20 notamment – tout en jouant la carte de l'autonomie par rapport aux États-Unis. Parallèlement à la tenue en septembre 2006 à La Havane de la Conférence des pays non-alignés ainsi qu'à une solidarité réaffirmée à l'égard de Cuba, l'Amérique du Sud a assuré l'organisation de plusieurs forums sociaux mondiaux (Porto Alegre et Belem au Brésil) et de sommets internationaux – Amérique latine/Afrique (2009), Amérique latine/Pays Bas (2005). La volonté d'émancipation de l'Amérique latine a en outre donné naissance en 2007 à la nouvelle Banque du Sud, dotée d'un fonds de vingt milliards de dollars.

Le Brésil, première économie de l'Amérique latine avec 32 % de son PIB, est la puissance montante du sous-continent américain.

Le Brésil

Selon Georges Clemenceau, « le Brésil est un pays d'avenir et le restera longtemps ». Cette affirmation cruelle et ironique est en passe d'être. Représentant 2,4 % du PNB mondial, le Brésil a en effet aujourd'hui de solides atouts : sa démocratie est dynamique, son économie diversifiée et ses institutions solides.

Longtemps en concurrence directe avec l'Argentine dans le rôle de première puissance latino-américaine, le Brésil est devenu incontestablement le leader de la région. L'ancien leader syndicaliste Luiz Inácio Lula da Silva a été élu président en 2002 et a donné un nouvel élan à son pays. Il aspire non seulement à être un acteur régional majeur, mais souhaite également faire entendre sa voix à l'échelle mondiale.

Aujourd'hui, le Mercosur regroupe, avec l'Uruguay et le Paraguay, ces deux rivaux traditionnels de la zone sud, dont l'affrontement a constitué l'une des structures de base de l'histoire latino-américaine. L'Argentine et le Brésil ont voulu se libérer du passé et en tirer des leçons. Le président Fernando Cardoso, à la tête du Brésil de 1995 à 2002, a ainsi employé l'expression « noyau dur » pour parler du rôle du Brésil et de l'Argentine au sein du Mercosur, ayant à l'esprit le modèle du couple franco-allemand dans la construction européenne. Chacun est conscient cependant de la nécessité de ne pas oublier les autres partenaires.

Le Mercosur constitue un exemple positif de dérive fonctionnelle. Alors que les sommets des chefs d'État sont censés traiter uniquement des problèmes d'union douanière, ce sont en fait des sujets éminemment politiques qui sont abordés. C'est une loi des organismes régionaux de coopération que de dépasser, une fois qu'ils fonctionnent, le cadre étroit de leur mission telle qu'elle avait été définie initialement. L'existence du Mercosur a ainsi probablement pesé lourd dans l'échec d'un putsch au Paraguay en 1995. Le président Cardoso déclarait alors, le 27 mai 1996, que « Le régime démocratique serait une condition indispensable à la participation au Mercosur [et qu']un changement de régime signifierait l'exclusion. »

À Madrid, en décembre 1995, un accord a été signé entre le Mercosur et l'Union européenne. Il s'est agi du premier exemple historique d'accord global en matière tarifaire entre deux entités régionales. Le Mercosur marque, par ailleurs, la fin de la période de développement protectionniste selon le modèle de « substitution aux importations » en vigueur en Amérique du sud de la Seconde Guerre mondiale au début des années 1980.

Depuis 1995, les États-Unis font miroiter aux pays latino-américains la perspective de l'élargissement à court terme de l'Accord de libre-échange nord-américain (ALENA) à certains pays sélectionnés d'Amérique latine – perspective à laquelle l'Argentine semble être sensible. Le Brésil a préféré quant à lui agir en faveur de l'élargissement du Mercosur – dans un premier temps aux pays andins – afin de renforcer la marge de manœuvre collective des pays latino-américains. On peut comparer l'attitude du Brésil, désireux de développer la préférence sud-américaine afin de ne pas se laisser étouffer par les États-Unis, à celle de la France qui privilégie, face à l'encombrant protecteur américain, la préférence européenne.

Ainsi est née en mai 2008, dans un contexte d'opposition au projet de Zone de libre-échange des Amériques (ZLEA) lancé par George Bush, l'Unasur ou Union des nations sud-américaines. Issu de la réunion du Mercosur, de la Communauté andine, du Chili, du Guyana et du Suriname en une seule communauté supranationale, ce projet vise à terme à créer une entité politique avec des institutions propres, une monnaie commune, une citoyenneté et un passeport communs, à l'image de ce qui a été fait en Europe.

Elu après trois tentatives infructueuses, Lula, un ancien ouvrier qui fut longtemps illettré, représente la revanche d'un certain Brésil. Contrairement à ce que lui conseillait une partie de son entourage, il accepte de poursuivre le remboursement de la dette contractée auprès du FMI et donc de satisfaire aux exigences des institutions internationales. Il va néanmoins lancer de grands programmes sociaux afin de diminuer la misère en profitant du boom économique du pays, qui accède enfin au statut de puissance émergeante lorsque, en 2001, la banque Goldman Sachs l'intègre au groupe des BRIC (Brésil, Russie, Inde, Chine) qu'elle vient de définir.

Politiquement, Lula parvient non seulement à être considéré par les États-Unis comme un interlocuteur incontournable, mais également à entretenir de bonnes relations avec les leaders de la gauche populiste d'Amérique latine. Le Brésil se voyant comme le leader d'une Amérique latine unie, Lula cherche en effet à garder de bonnes relations avec l'ensemble des responsables latino-américains. Homme politique de gauche dans un continent qui l'est également, il va donc s'entendre, au niveau régional, avec des leaders comme Morales ou Chavez. Même si en privé il peut ne pas approuver leur attitude, il ne les critiquera jamais en public.

Au niveau international, Lula se veut consensuel et ne voit pas le Brésil comme une puissance impérialiste en devenir. Il est réticent aux idées d'ingérence que proclament certains pays occidentaux, qu'il considère comme une menace pour les pays du Sud. Le Brésil milite en fait pour un monde multipolaire dont il serait l'un des pôles. De fait, au cours des deux mandats de Lula, le pays a acquis une place importante sur la scène internationale, devenant notamment un candidat crédible pour un poste de membre permanent au Conseil de sécurité.

Mais si les Brésiliens se sont auto-proclamés avocats de l'ensemble des pays pauvres, ils n'en font plus partie. Treize millions de Brésiliens ont été sortis de la pauvreté et aujourd'hui l'économie est solide, l'inflation et les déficits ont été éradiqués, et les exportations sont géographiquement et commercialement diversifiées. Pays agricole, pays industriel, le Brésil est également un pays pétrolier (la firme nationale Petrobras a récemment découvert de nouvelles zones d'exploitation où les réserves pourraient se compter en dizaines de milliards de barils). Lula a transformé un pays protectionniste en un champion du libre-échange tout en militant pour une refondation des institutions internationales.

Le bilan social de Lula est néanmoins mitigé car, s'il a vaincu la misère, il n'a pas éradiqué la pauvreté. Le Brésil demeure un pays où un tiers de la société vit sur les deux autres tiers, ces derniers commençant à s'en rendre compte et à ne plus l'accepter. Le Brésil reste de surcroît une société violente, avec 55 000 morts urbaines violentes par an, et le travail forcé y subsiste par endroits.

On s'interroge aujourd'hui sur ce que deviendra le Brésil à l'expiration du mandat de Lula, qui est une figure internationale extrêmement populaire. Toujours est-il qu'avec le tiers du PNB latino-américain, le Brésil est le géant de l'Amérique du Sud. L'organisation de la Coupe du monde de football en 2014, puis des Jeux olympiques en 2016 – doublé inédit –, devrait contribuer à son prestige.

6

L'AFRIQUE

Lorsqu'en 1960, René Dumont écrivait un livre au titre éloquent, *L'Afrique est mal partie*, il ne pouvait s'imaginer à quel point l'avenir lui donnerait raison. À l'époque, le PNB par habitant au Ghana était comparable à celui de la Corée du Sud. Aujourd'hui, il est de 640$ par an et par habitant, contre 20 000$ en Corée du Sud. Et encore, le Ghana peut être considéré comme une « *success story* » du fait d'un régime démocratique qui accepte l'alternance.

L'Afrique constitue la zone stratégique la plus déstabilisée de la planète. Marquée par des guerres civiles sans fin, des conflits ethniques permanents, une guerre régionale de grande ampleur (autour de la République démocratique du Congo), des massacres de masse et même un génocide (Rwanda), une grande partie de la région semble sombrer dans le chaos.

L'image même de l'Afrique subsaharienne est en train de se modifier dans l'hémisphère nord, et particulièrement en Europe. S'il y a toujours un sentiment de compassion envers les habitants de ce continent infortuné, on commence à percevoir en même temps les symptômes d'une « fatigue de l'Afrique ». Pour beaucoup, l'Afrique est en effet un tonneau des Danaïdes dans lequel il est devenu inutile de verser des aides additionnelles. La mauvaise gestion, le gaspillage, la corruption et l'incompétence de la plupart des gouvernements, conjugués aux effets de guerres prolongées, semblent rendre toute aide extérieure parfaitement vaine.

La fin de la compétition soviéto-américaine n'a pas, par ailleurs, mis fin aux conflits en Afrique. Elle est seulement venue réduire l'intérêt stratégique du continent. De fait, il est désormais inutile de courtiser les pays africains pour augmenter le nombre de pays

166　COMPRENDRE LE MONDE

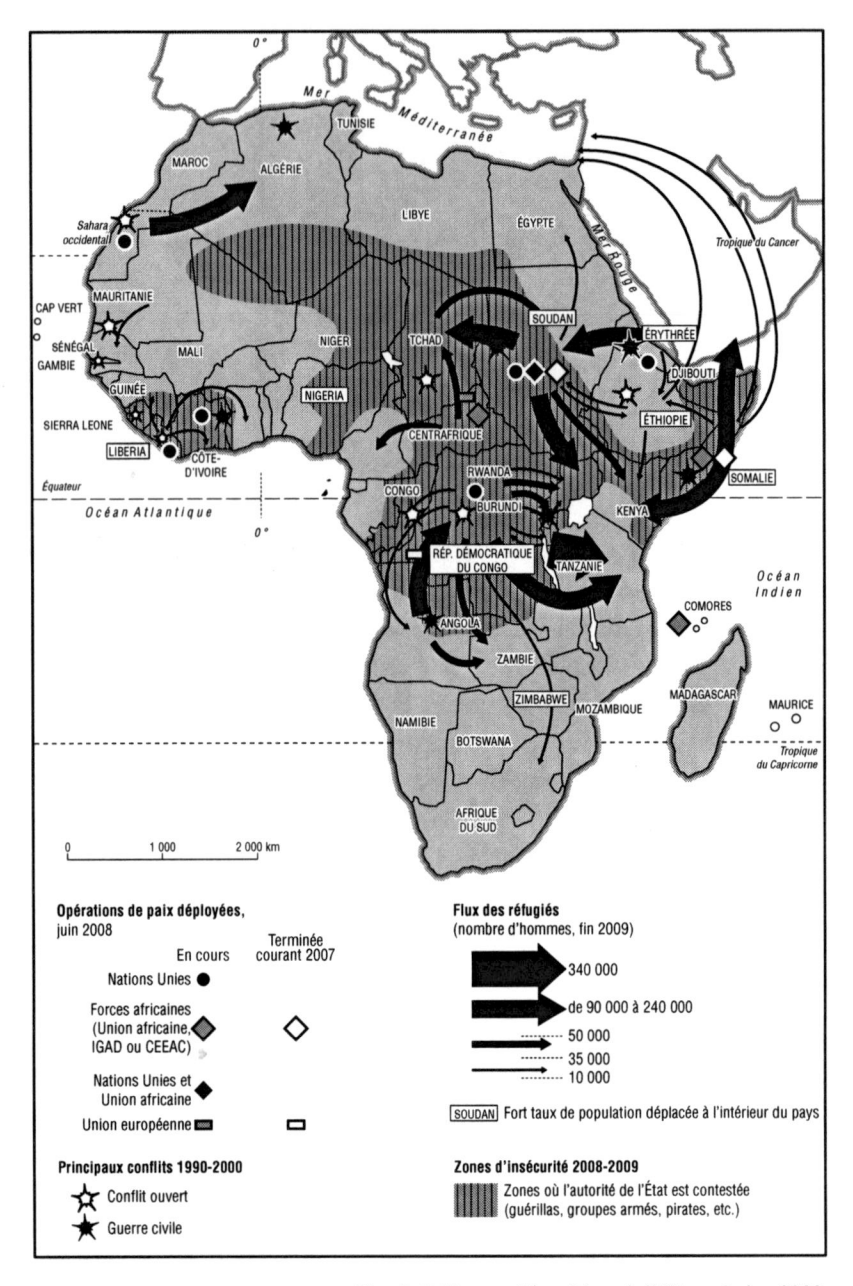

D'après P. Hugon, *Géopolitique de l'Afrique*, Sedes, 2009.

Afrique : conflits et déplacements de populations

amis ou alliés, ou pour empêcher le rival de gagner des positions stratégiques.

Pour les États européens, c'est l'Europe de l'Est qui est devenue, depuis le début des années 1990, la partie du monde qu'il est le plus nécessaire et intéressant d'aider aux vues des objectifs de réunification du continent.

Le risque, pour l'Afrique, n'est donc pas tellement d'être de nouveau victime de la compétition internationale, mais bel et bien d'être abandonnée par le monde extérieur à son triste sort.

Dans les faits, seuls quelques États africains bénéficient d'un pluralisme politique (Afrique du Sud, Bénin, Botswana, Côte d'Ivoire, Ghana, Malawi, Mali, Namibie, Nigeria (dans une moindre mesure), Sénégal (où la tentation dynastique est forte et la corruption galopante), Tanzanie). Dans d'autres pays, des élections factices donnent lieu à de véritables successions dynastiques (comme au Togo ou au Gabon).

Du reste, quasiment tous les pays, même ceux qui connaissent un certain pluralisme, sont confrontés à des problèmes de corruption, de faible leadership et de détérioration des services de base liés à la santé et à l'éducation.

Plus largement, c'est la question même de la place de l'État et du rôle des constitutions en Afrique qui est posée. En Afrique du Sud par exemple, la réussite exemplaire de la fin de l'apartheid, tout comme la stature et l'aura internationale de Nelson Mandela (certainement l'homme politique le plus populaire au monde), n'évitent pas au pays d'être confronté à des problèmes politiques et sociaux dus à la faiblesse des structures étatiques.

L'Afrique n'a en fait jamais pu mettre en place le modèle de l'État-nation dont elle a voulu s'inspirer. Alors que les pays asiatiques ont su mobiliser leur nation vers l'objectif du développement économique, les pays africains ne sont pas parvenus à mettre en place un projet national qui surpasse les solidarités ethniques. L'appareil d'État a été accaparé davantage par des factions que par des partis politiques, par des ethnies que par des groupes sociaux. Les classes dirigeantes, loin de s'inspirer du modèle de l'État « développeur » qui a si bien réussi en Asie, ont géré l'État comme s'il s'agissait de leur patrimoine personnel. C'est en fait un état « prédateur » qui s'est mis en place, les classes dirigeantes ne tenant leur statut et leur privilège que du bon vouloir d'un dirigeant suprême dictatorial (Mobutu au Zaïre, Bokassa en Centrafrique) ou plus présentable (Houphouët-Boigny en Côte d'Ivoire). Ainsi, les infrastructures des pays africains se sont effondrées au point d'atteindre un niveau inférieur à celui de l'indépendance, et l'analphabétisme et la sous-alimentation frappent toujours une grande partie de la population.

Par ailleurs, la richesse du continent en matières premières (mines d'or et de diamants, pétrole) n'a pas engendré de réussite économique. Le PNB global de l'Afrique sub-saharienne est équivalent à celui de la Belgique. Les exportations des pays africains ont chuté de 50 milliards de dollars par an dans les années 1980, à 35 milliards dans les années 1990, soit la moitié de celles de la seule ville de Hong-Kong. De 3 % du commerce mondial en 1950, l'Afrique ne représente plus qu'1 % aujourd'hui. Alors qu'elle comptabilise 12 % de la population mondiale, elle n'atteint qu'1,5 % du PIB mondial.

Les entreprises africaines, minées par la corruption, la mauvaise gestion, l'hypertrophie et les nominations clientélistes, sont incapables d'affronter la compétition internationale. L'agriculture de subsistance a laissé place aux cultures spécialisées, destinées à l'exportation. Quant aux matières premières, de facteur de richesse elles se sont transformées en véritables sources de malédiction, dont le contrôle donne naissance à des guerres civiles.

Alors que les technologies de l'information sont devenues la clé de voûte du développement économique, l'Afrique, qui est exclue de la révolution numérique, risque de se voir encore plus marginalisée. Lorsque même l'électricité ou le téléphone ne fonctionnent pas correctement, il est en effet difficile de passer à Internet. Ainsi, selon le PNUD, la consommation d'électricité est restée stable en Afrique (passant, entre 1970 et 1990, de 251 à 288 kWh) alors qu'elle a doublé dans les pays en développement (de 255 à 536 kWh – elle est de 4 600 kWh par personne dans les pays développés). De même, on compte plus de lignes téléphoniques fixes dans le quartier de Manhattan que dans l'ensemble du continent africain. Actuellement, le coût d'une connexion à Internet représente 150 à 300 dollars par mois, ce qui est hors de prix pour la plupart des

Africains. Si l'on devait mesurer l'Afrique en fonction des connexions Internet disponibles, elle aurait la taille de l'Irlande. Le développement des télécommunications est en fait entravé par les dirigeants africains qui préfèrent conserver la rente que leur procure le contrôle des compagnies nationales. Or, le retard pris par l'Afrique dans le secteur des technologies de l'information est sans doute le handicap majeur auquel est confronté le continent.

Par ailleurs, le taux de croissance des économies africaines est souvent inférieur à la croissance démographique. Le niveau de vie a tendance à stagner, voire à chuter, au point d'être actuellement à un niveau plus faible que celui atteint au lendemain des indépendances. Les indicateurs de pauvreté y sont les plus élevés au monde. Ainsi, l'Afrique comprend 33 des 48 PMA (Pays les moins avancés) et 28 des 35 pays dont l'indice de développement humain est le plus faible. Elle regroupe, en outre, 180 millions de personnes sous-alimentées et 20 millions de malades du Sida. L'intégration régionale reste, quant à elle, embryonnaire. À maints égards, l'Afrique est aujourd'hui en position de « hors-jeu » économique, demeurant largement à l'écart du mouvement de mondialisation. Il n'est donc pas étonnant, dans ces conditions, que le continent soit, à l'inverse de l'Asie ou de l'Amérique latine, presque totalement absent des grands scénarios d'évolution possible de l'économie mondiale sur le long terme.

Néanmoins, de nouvelles élites apparaissent. En octobre 2001 a été lancé le Nouveau partenariat pour le développement de l'Afrique (NEPAD). Adopté par les pays membres de l'Union africaine (ex-OUA), il témoigne de leur volonté de prendre en main leur destin tout en refusant de s'en remettre automatiquement aux solutions préconisées par les systèmes financiers et les pays donateurs. Il préconise un plan de développement continental basé sur un partenariat renforcé avec les pays industrialisés et les organisations internationales.

La démocratie et la « bonne gouvernance » gagnent également du terrain, même si beaucoup reste à faire. Une nouvelle génération de dirigeants africains a compris que la transparence et le respect des droits de l'homme, ainsi que l'attention portée à l'éducation et la santé publique étaient les meilleurs vecteurs pour obtenir des aides et assurer le développement économique de leur pays.

Ces dirigeants, en outre, ont entrepris de lutter contre la mauvaise gestion des entreprises, l'hypertrophie et les nominations clientélistes qui rendent leurs entreprises impropres à la compétition internationale.

L'Afrique est en train d'opérer un passage direct au téléphone mobile. Le nombre de portables pour cent habitants est ainsi passé de 2 à 33 entre 2003 et 2008. Le nombre d'internautes a également augmenté de 30 %, comparé à une augmentation mondiale moyenne de 17 %. Mais en Afrique, les internautes ne représentent que 4,2 % de la population, contre 23 % dans le monde, et la moitié d'entre eux se trouvent au Nigeria, au Kenya et en Afrique du Sud. Des projets de câblage se multiplient pour relier le continent au réseau mondial et permettre de ce fait une amélioration des performances et une baisse du coût de l'accès au web.

Ceci pourrait, du reste, avoir des conséquences sur l'évolution démocratique du pays. Lorsqu'une partie de la population a la possibilité d'échanger des idées ou des nouvelles par téléphone mobile ou par le net, les régimes dictatoriaux ont du mal à garder le pouvoir.

L'Afrique connaît actuellement une croissance économique de 5 % par an. Sa richesse en matières premières et la nouvelle réévaluation du prix de ces dernières peuvent jouer en sa faveur, mais à condition qu'elles ne constituent pas à nouveau la trame d'affrontements internes et de guerres pour la rente minière.

Aujourd'hui, les grandes problématiques de la mondialisation se situent en Afrique, qu'il s'agisse des migrations, de la protection de l'environnement, des grandes pandémies, de la démographie ou de la fracture Nord-Sud. Délaissée au sortir de la Guerre froide, l'Afrique est de nouveau courtisée. Le Japon y voit un champ de développement politique important, avec 53 votes à l'ONU, et qui plus est débarrassé, contrairement à la relation qu'il entretient avec les pays asiatiques, du handicap d'un passé douloureux. La Chine, pour sa part, y lance une offensive à la fois diplomatique et économique, voyant dans l'Afrique un futur débouché pour ses produits et une source immédiate de matières premières. Les États-Unis y sont aussi à nouveau très actifs, quoique principalement sous l'angle des aspects pétroliers et de la lutte contre le terrorisme. Le Brésil enfin, qui veut renouer avec ses racines africaines, s'intéresse également à cette région du monde.

PARTIE III

LES DÉFIS GLOBAUX

1

LE RÉCHAUFFEMENT CLIMATIQUE

Au XIXe siècle, la révolution industrielle a permis le décollage économique de la planète. Elle a eu un coût social important, mais la situation globale s'est améliorée dans les pays qui en ont bénéficié. Le spectre des famines ou des grandes épidémies qui pouvaient frapper dans des proportions gigantesques les populations démunies s'est éloigné. La multiplication de la production et l'accès à la consommation d'une part croissante de la population constituaient des priorités qui avaient éclipsé tout autre objectif.

À partir des années 1970, la satisfaction des besoins élémentaires – dans les pays développés et pour la majorité de la population – a provoqué une prise de conscience : ces ressources, qui autrefois paraissaient illimitées et gratuites, pouvaient s'épuiser. Elles avaient donc un prix. L'air, l'eau, la terre pouvaient se raréfier ou se dégrader, et l'action de l'homme par l'industrialisation y avait déjà contribué pour beaucoup. L'urbanisation, qui s'était traduite dans un premier temps par une amélioration indiscutable des conditions de vie, était désormais vécue par une part importante de la population comme la cause d'une vie partiellement déshumanisée. L'érosion des sols risquait d'empêcher l'agriculture de nourrir la planète. Le développement des émissions de gaz contribuait à créer un trou dans la couche d'ozone chargée de protéger des rayons ultraviolets du soleil. Et le réchauffement de la planète pouvait provoquer à terme l'élévation des mers et la submersion de nombreuses régions côtières, y compris parmi les plus fertiles. Scientifiques, mouvements associatifs et citoyens ont, dès lors, commencé à se préoccuper de la préservation de l'environnement.

L'amenuisement des ressources non renouvelables, les menaces pesant sur la biodiversité et les changements climatiques provoqués par l'activité humaine sont aujourd'hui une source d'angoisse majeure. La planète pourra-t-elle toujours abriter la vie humaine dans des conditions acceptables ? L'homme n'a-t-il pas ouvert la boîte de Pandore en cherchant à tout prix le progrès qui, poussé jusqu'à un certain point, est devenu une source de régression ?

Les premières alertes

En 1972, le Club de Rome, qui réunit scientifiques et économistes, publie un rapport au titre provocateur : « Halte à la croissance »[1]. Selon ses auteurs, la poursuite de la forte croissance économique observée au cours des trente dernières années pourrait conduire à une surexploitation des ressources naturelles. C'est à la suite de ce rapport que sera créé le Programme des Nations unies pour le développement.

Le choc pétrolier et la crise économique du milieu des années 1970 auront pour effet de calmer les inquiétudes relatives au risque d'une croissance soutenue. Aux craintes pour l'environnement – largement médiatisées en 1967 par le naufrage du pétrolier Torrey Canyon advenu au large des côtes bretonnes et qui avait donné lieu à la première marée noire – succèdent la peur de la pénurie de pétrole, la recherche d'économies d'énergies et le développement d'énergies de substitution. Cependant le recours au nucléaire, présenté comme la meilleure alternative au pétrole parce que plus économique, plus moderne, et accessible à tous les pays développés qui représentent les plus gros consommateurs d'énergie, va susciter des débats enflammés sur les dangers écologiques qu'il représente.

Certes, les prévisions les plus pessimistes peuvent parfois se révéler exagérées. Il faut ici, comme ailleurs, se méfier du sensationnalisme et des scénarios catastrophes.

> **QUELQUES SCÉNARIOS CATASTROPHES**
>
> En janvier 1970, pouvait-on lire dans le magazine américain *Life* : « Les scientifiques disposent de preuves solides, fondées sur l'expérience et la théorie, étayant [...] les prévisions suivantes : dans une décennie, la pollution atmosphérique contraindra les citadins à porter des masques à gaz [...]. En 1985, la

---

1. Meadows Dennis, *Halte à la croissance*, Paris, Fayard, 1972.

> pollution atmosphérique aura réduit de moitié la quantité de lumière solaire atteignant la Terre [...]. »
>
> Dans un reportage spécial de janvier 1970 intitulé « L'environnement dévasté », *Newsweek* expliquait : « Les théoriciens de l'effet de serre prétendent que la planète est menacée par une augmentation de la température moyenne qui, si elle atteignait 4 ou 5 degrés Celsius, pourrait faire fondre les calottes polaires, relever le niveau de la mer de 90 mètres et provoquer des raz de marée sur toute la planète ».
>
> D'autres scientifiques prédisent alors que « la couverture nuageuse qui entoure la terre ne cessera de s'épaissir à mesure que les cheminées industrielles et les avions à réaction rejetteront des poussières, de la fumée et de la vapeur d'eau dans l'atmosphère. Ainsi privée de la chaleur du soleil, la planète refroidira, la vapeur d'eau retombera et gèlera, et ce sera le début d'une nouvelle ère glaciaire. »

Les prédictions de type catastrophique ne tiennent pas compte des mesures qui peuvent être prises en réaction à ces menaces. Le pire n'est jamais sûr, et le développement en tant que tel ne se traduit pas automatiquement par une dégradation irrémédiable de la situation écologique. Cela peut être évité si des contre-mesures sont prises et si des efforts de prévention sont mis en œuvre. L'amélioration de la situation économique peut de fait se traduire par une meilleure prise en compte des problèmes environnementaux. Il faut pour cela que les gouvernements se mettent d'accord pour prendre les mesures nécessaires. Mais cela demande une forte volonté politique et des interventions ambitieuses, à l'inverse du laissez-faire ambiant.

Le fait qu'il ait pu y avoir par le passé des prédictions catastrophiques exagérées ne permet cependant pas de n'apporter aucun crédit aux experts qui dénoncent le réchauffement de la terre. Ces derniers sont tous unanimes sur ce point et le phénomène se constate déjà. Les premières années du XXIe siècle comptent parmi les plus chaudes de tous les temps.

En 1992, une analyse menée par la Banque mondiale révèle que les concentrations de particules et de dioxyde de soufre culminent lorsque les sociétés affichent un revenu par habitant situé entre 3 280 et 3 670 dollars. Une fois ce seuil franchi, elles sont prêtes à payer pour obtenir un environnement de meilleure qualité, et notamment de l'eau et de l'air propre.

En réalité, le problème de la pollution n'est pas apparu au XXe siècle. Depuis l'origine les hommes ne manifestent pas un respect naturel envers leur environnement. Au XIXe siècle, l'industrialisation a été particulièrement coûteuse en termes de dégradation écologique. Ainsi, on cite souvent l'exemple d'un *smog* qui, en décembre 1873, tua en une semaine 700 Londoniens atteints de problèmes respiratoires.

Néanmoins, à la différence de la situation prévalant au siècle dernier, aujourd'hui les atteintes à l'environnement ne sont plus des phénomènes purement locaux. En matière écologique aussi l'interdépendance et la mondialisation jouent.

Les écologistes ont repris à leur compte la formule de Saint-Exupéry selon laquelle « La terre n'est pas un héritage de nos ancêtres, mais un emprunt à nos descendants ». Le défi qui est posé à la communauté mondiale aujourd'hui n'est en effet pas de revenir à une croissance zéro – difficilement justifiable au vu du dénuement d'une grande partie de la planète –, mais d'assurer un développement respectueux de l'environnement. D'où la notion de « développement durable », lancée en 1987 par le rapport de la Commission mondiale sur l'environnement et le développement de l'ONU (rapport Brundtland, du nom du premier ministre norvégien qui dirigeait la commission à l'époque), qui définit celui-ci comme un développement « qui répond aux besoins du présent sans compromettre la capacité des générations futures à répondre à leurs propres besoins ». En bref, accroître le bien-être de tous sans détruire l'environnement.

Le développement ne doit pas priver la terre de ressources et détruire l'écosystème, car cela risquerait à terme de ruiner les conditions même du développement.

L'effet de serre est dû à l'augmentation dans l'atmosphère de certains gaz provoqués par la combustion d'énergie (le méthane résultant des déchets organiques et les gaz d'échappement des véhicules). La terre renvoie ou reflète l'énergie qui lui est transmise par le soleil. La modification de la composition des gaz du fait de l'activité humaine, dans la mesure où la terre est un système clos (aucune matière n'y entre ou n'en sort à part l'énergie du rayonnement du soleil), fait qu'une grande partie de la chaleur renvoyée est prise au piège, comme dans une serre. Le réchauffement de la planète est ainsi appelé « effet de serre ».

Après la conférence de Montréal (1987) sur les CFC[1], la confé-

---

1. Substances appauvrissant la couche d'ozone.

rence de La Haye (1989) était consacrée au réchauffement climatique et annonçait « Notre pays c'est la planète ». La même année, le magazine *Times* consacrait la terre comme « homme de l'année ». Le sommet de la terre était organisé à Rio en 1992 et établissait des objectifs (agenda 21) à poursuivre : protection de la forêt, du climat, de la biodiversité.

Les concentrations de CO2 sont passées de 70 parties par million (PPM) au XIXe siècle à 383 aujourd'hui. La moitié de cette augmentation a eu lieu au cours des trois dernières décennies. Sur la base des tendances actuelles, le taux de croissance annuelle des PPM de 0,4 % par an devrait se situer à un niveau de 600 PPM en 2050.

Selon les estimations, cela pourrait provoquer une augmentation de la température moyenne de la planète de 1,5 à 4 degrés Celsius d'ici 2030. Une telle perspective de réchauffement de la terre susciterait une hausse du niveau de la mer due à la fonte des glaciers et entraînerait donc inondation et même recul des côtes. L'augmentation du niveau des mers de 0,5 à 3 mètres pourrait submerger 2 % des terres émergées abritant entre 13 et 20 % de la population mondiale et 25 % des surfaces cultivées. Le Bangladesh, les deltas de l'Inde et du Nil, les côtes du Golfe du Mexique – zones déjà surpeuplées – seraient concernées au premier chef.

En août 2000, une expédition scientifique circulant dans l'océan arctique constatait qu'une partie de la glace du pôle nord avait disparu. On assiste à une multiplication de ce qu'on appelait autrefois des « catastrophes naturelles » : pluies torrentielles sur l'Inde, canicule sur les villes européennes, inondations au Mozambique, sécheresses en Chine, ravages créés par El Niño, séismes en Turquie, Grèce, Colombie, Taïwan et Haïti, glissements de terrain au Mexique et au Venezuela, cyclone en Inde et au Pakistan : les catastrophes climatiques s'enchaînent à des intervalles de plus en plus rapprochés.

> **LE GIEC, DES EXPERTS AU CHEVET DE LA PLANÈTE**
>
> Créé en 1988, le GIEC (Groupe international sur l'évolution du climat) est un réseau international d'experts et de scientifiques. En mai 2007, il concluait que l'activité humaine était la principale responsable du changement climatique, que ce dernier avait des conséquences potentielles éminemment négatives et que, en cas d'inaction politique, ses conséquences seraient désastreuses en termes économiques, humains, politiques, sociaux et environnementaux. Les dérègle-

> ments climatiques auraient des conséquences économiques lourdes, poseraient une menace pour l'équilibre de la biosphère, seraient responsables de l'extinction irréversible de 20 à 30 % des espèces végétales et animales, créerait des pénuries d'eau pour trois milliards de personnes avec pour corollaire l'explosion des flux migratoires et le développement des conflits pour le contrôle des ressources. Néanmoins, le GIEC estimait qu'à condition d'agir vite il était possible de limiter sans sacrifice majeur la hausse générale des températures, et ce en modifiant les comportements, en développant les énergies renouvelables et en créant une fiscalité écologique.

On peut tout à fait envisager que la protection de l'environnement, loin d'être un facteur d'arrêt de la croissance, en constitue l'un des stimulants. Après tout, il s'agit ni plus ni moins de créer un nouveau marché, qui plus est avec le soutien des consommateurs de produits « verts » qui ont le vent en poupe. Mais il ne faut pas se cacher que la lutte contre la dégradation de l'environnement est l'une des sources des conflits Nord/Sud.

Rajiv Gandhi, lorsqu'il était premier ministre indien, avait déclaré : « la pauvreté de masse force les pauvres à dégrader l'environnement dont ils dépendent pour leur simple survie ». Au début des années 2000, le gouvernement indonésien annonçait convertir 20 % de sa forêt en plantations de teck, caoutchouc, riz, café et quelques autres cultures. Les autorités déclaraient que les 170 millions d'Indonésiens avaient les mêmes aspirations que n'importe qui aux États-Unis. L'Amazonie est considérée comme le poumon de la terre mais le Brésil n'entend pas que son développement soit soumis à des contraintes écologiques trop fortes, de surcroît dictées par les pays du Nord. Les pays du Sud font remarquer aux pays industrialisés que ceux-ci n'ont pas été extrêmement précautionneux dans la protection de l'environnement lorsqu'ils ont assuré leur révolution industrielle.

Les pays du Nord se sont, en effet, assez peu souciés de préserver l'environnement lorsqu'il s'est agi d'assurer leur industrialisation, et sont aujourd'hui les plus gros consommateurs d'énergie. Avec 4,5 % de la population mondiale, les États-Unis consomment 25 % de l'énergie mondiale. Le Nord (1/6 de la population mondiale), 75 % des métaux, 85 % du bois et 60 % des denrées alimentaires produites sur le globe.

Mais il est indéniable que le développement économique du Sud, souhaitable à tous les égards ne sera pas sans répercussion sur les équilibres écologiques.

La Chine a multiplié par vingt sa production de charbon depuis 1949. Elle est en train de devenir l'un des principaux pollueurs de la planète, avec des émissions de gaz à effet de serre en forte expansion. C'était, aux yeux des dirigeants chinois, le prix à payer pour assurer le décollage économique du pays. Ils s'emploient désormais à réduire progressivement la part de charbon dans la production d'énergie en la faisant passer de 72 % en 2000 à 60 % en 2010 et 50 % en 2050. Un rythme qui paraît trop lent pour lutter contre l'effet de serre. Que se passera-t-il par ailleurs au fur et à mesure que les véhicules individuels – symboles de liberté et de réussite économique – remplaceront les vélos comme moyen de déplacement ? Les villes chinoises, qui sont déjà parmi les plus polluées du monde, risquent de l'être encore plus à l'avenir. Neuf des dix villes les plus polluées du monde sont d'ores et déjà chinoises, et on a bien du mal à y voir le ciel le matin, tant l'atmosphère y est polluée.

Aujourd'hui la Chine, en pleine croissance économique, est le principal émetteur de gaz à effet de serre au monde, devant les États-Unis (chiffres 2006, Chine : 6,2 milliards de tonnes de CO_2, États-Unis : 5,8 milliards, Union européenne : 3,6 milliards).

Le réchauffement de la terre et les atteintes à la couche d'ozone ne devraient pas avoir d'effets locaux mais se feront ressentir à l'échelle mondiale. La façon de traiter ces défis n'est plus non plus à l'échelle nationale. Il n'est pas très utile que les pays européens réduisent leurs émissions de CFC si les forêts tropicales, latino-américaines ou asiatiques ne sont pas préservées ou si le désert continue à gagner en Afrique. On voit bien qu'une éventuelle solution à ce problème vital pour l'humanité ne peut être mise en place qu'à l'échelle mondiale. La mondialisation ne concerne pas que les flux financiers mais également la sauvegarde de la planète.

L'action internationale

Lors du Sommet de la Terre en juin 1992 à Rio fut signée la convention cadre des Nations unies sur les changements climatiques. Elle se fixait pour objectif de « stabiliser les concentrations de gaz à effet de serre dans l'atmosphère à un niveau qui empêche toute perturbation anthropique dangereuse du système climatique ». La Convention listait dans son « annexe I » les pays industrialisés

– pays de l'OCDE (Organisation pour la coopération et le développement économiques) et de l'ex-URSS – qui prenaient l'engagement spécifique de « limiter » les émissions de gaz. Elle rassemblait aussi dans son « annexe II » les pays de l'OCDE qui s'engageaient à « fournir des ressources financières nouvelles » pour couvrir les coûts supportés par les pays en développement en vue de mettre en œuvre des technologies réduisant les émissions de gaz.

En 1997, à Kyoto, les pays qui ont commencé à s'industrialiser depuis cent cinquante ans (et sont donc présumés à la fois plus riches et plus responsables que les autres de l'accumulation de gaz dans l'atmosphère) se sont engagés à réduire de 5 % en 2008-2012 leurs émissions de gaz à effet de serre. Mais le Sénat américain refuse de ratifier ce protocole. De fait, les pays développés n'ont pas réduit mais augmenté leurs émissions de gaz ; une réduction nécessiterait des changements de comportement individuels et collectifs que les citoyens du monde développés ne semblent pas encore prêts à accepter.

En 2000, la conférence de La Haye, qui avait pour but de faire avancer les objectifs définis à Kyoto, s'est achevée sur un échec dû notamment à l'intransigeance américaine. La conférence mondiale sur le développement durable de Johannesburg, en août 2002, échouera également à mettre sur pied un véritable plan d'action pour lutter contre la pauvreté, préserver les ressources naturelles et permettre l'accès à l'eau, à l'énergie et aux soins, objectifs initiaux de la conférence. La conférence de Copenhague de décembre 2009 s'est achevée sans qu'aucun engagement contraignant n'ait pu être décidé.

Le réchauffement climatique n'est plus seulement vu comme une question environnementale mais bel et bien comme une question stratégique. Dès le printemps 2004, le Pentagone remettait au Congrès américain un rapport selon lequel le réchauffement climatique pourrait représenter un danger plus grand que le terrorisme. On était pourtant au moment où George W. Bush faisait de la lutte contre le terrorisme l'alpha et l'oméga de sa politique extérieure et le principal argument jouant pour sa réélection.

L'enjeu aujourd'hui est de donner un suivi à Kyoto. Selon le GIEC, pour contenir l'accroissement de la température à un seuil critique de 2 degrés, les émissions de gaz à effet de serre doivent cesser de grimper à partir de 2015 par rapport à 1990 et être réduites de moitié d'ici 2050. L'Europe est prête à réduire ses émissions de gaz à effet de serre de 20 %.

2

LES DÉSÉQUILIBRES ÉCONOMIQUES INTERNATIONAUX

La mondialisation ne signifie pas appropriation collective et partagée des richesses de la planète. Elle repose plutôt sur une contradiction apparente. Jamais le monde n'est apparu et n'a été aussi riche. L'économie mondiale est passée de 31 trillions de dollars en 1999 à 62 en 2008. Jamais il n'y a eu autant de démunis. Si la grande pauvreté (moins de un dollar par jour) se réduit, la pauvreté (moins de deux dollars par jour) se maintient et les inégalités économiques se creusent. La majeure partie de l'humanité vit toujours dans une situation dramatique quasi inhumaine.

Le tableau tel qu'il s'établit est particulièrement choquant : selon la Banque mondiale, sur les 7 milliards d'habitants de la planète, 2,5 milliards ont moins de 2 dollars par jour pour vivre, et 1,2 milliards (un cinquième), dont 44 % habitent en Asie du Sud, moins de 1 dollar par jour. Dans les pays riches, moins d'un enfant sur 100 meurt avant l'âge de cinq ans. Le taux de mortalité infantile est de 5 % dans les pays industriels et de 100 % dans les Pays les moins avancés (PMA). Par contraste, dans les pays les plus pauvres, jusqu'à un enfant sur cinq risque de ne pas atteindre son cinquième anniversaire. Tandis que, dans les pays riches, moins de 5 % des enfants de moins de cinq ans souffrent de malnutrition, ce problème peut toucher jusqu'à 50 % d'entre eux dans les pays pauvres. Ce dénuement perdure quand bien même les conditions de vie se sont davantage améliorées durant le siècle écoulé que pendant tout le reste de l'histoire de l'humanité.

On parle de développement depuis plus de cinquante ans, que l'on a rebaptisé « pays en voie de développement » puis « pays en développement » les pays qualifiés autrefois de « sous-développés » pour ne pas conserver une appellation péjorative et affirmer l'idée d'un rattrapage économique dans le temps. L'écart de développement ne serait pas une inégalité structurelle, mais un écart temporel. Pour l'économiste libéral Walt Whitman Rostow, le sous-développement du Sud n'était que le fruit d'un retard par rapport aux pays capitalistes du Nord. Tous, à leur tour, passeront par la phase de décollage que les pays développés ont connu. Pour cela, ils doivent s'ouvrir aux échanges internationaux pour obtenir les capitaux et technologies qui leur manquent. Mais malheureusement on a constaté depuis que les inégalités ne se comblent pas de façon générale, mais au contraire se creusent souvent.

Le groupe de PMA demeure victime d'une pauvreté massive. Il se trouve progressivement distancé par les autres pays en développement. Ni le programme global d'action issu de la deuxième conférence des Nations unies sur les PMA (Paris, 1990), ni les stratégies de développement impulsées dans le cadre du Consensus de Washington n'ont permis de remédier à cette situation, les PMA ayant pourtant connu durant la dernière décennie une libéralisation économique plus poussée que les autres pays en développement.

En 1960, les 20 % les plus riches de la population mondiale avaient un revenu 30 fois supérieur à celui des 20 % les plus pauvres ; en 1995, cet écart s'élève à 82 fois. Les 20 % les plus pauvres ne disposent que de 1,1 % du revenu mondial contre 2,3 % en 1960. Les 225 plus grosses fortunes du monde représentent l'équivalent du revenu annuel de la moitié des individus les plus pauvres de la planète soit 2,5 milliards de personnes.

L'espérance de vie est de 53 ans dans les PMA, 80 ans dans les pays industrialisés.

La maladie est la cause directe de millions de décès par an, principalement chez les enfants en Afrique.

L'INÉGALITÉ D'ACCÈS À L'EAU

1,1 milliard de personnes n'ont pas accès à l'eau potable et 2,6 milliards n'ont pas un système adéquat d'assainissement de l'eau. Résultat : entre trois et quatre millions de personnes – la moitié étant des enfants – meurent chaque année de maladies véhiculées par l'eau. Au Mozambique ou au Burundi, chaque habitant a en moyenne 10 litres d'eau par jour, aux États-Unis chaque habitant dispose de 575 litres par jour.

Les inégalités se répercutent sur les maladies. 90 % des malades du SIDA sont dans des pays du Sud, mais plus de 90 % de l'argent consacré à la lutte contre la maladie sont dépensés au Nord. Le SIDA tue chaque jour huit mille personnes.

Si la part de la richesse globale augmente, cela s'accompagne d'un développement des inégalités que les différentes politiques de développement ou d'aide au développement menées depuis la fin de la Seconde Guerre mondiale n'ont pas réussi à corriger. Pour le moment les deux modèles de développement ont échoué. Celui de l'aide publique a trop souvent débouché sur un gâchis finançant les « éléphants blancs », des projets grandioses sans réelle utilité pour la population et enrichissant, par le biais de la corruption, les dirigeants des pays en cause. Les politiques d'inspiration libérale favorisant le commerce sur l'aide n'ont pas été plus efficaces. Elles ont eu parfois plus de résultats mais aussi un coût social élevé venant souvent gâcher les résultats économiques qui provoquent trop souvent une réduction des dépenses publiques, de santé et d'éducation au nom de la lutte contre le déficit budgétaire. Que ce soit les programmes de grandes infrastructures dans les années 1950, la planification par secteur dans les années 1960, l'aide par projet dans les années 1970, les ajustements structurels dans les années 1980, ou l'incarnation de la bonne gouvernance dans les années 1990, tous les projets ont échoué.

Instaurer une nouvelle gouvernance mondiale

La Banque mondiale elle-même, qui pourtant ne peut guère être accusée de développer des thèses d'ultra-gauche, reconnaît que si la stimulation de la croissance économique est une nécessité, cela ne sera pas suffisant. Dans son rapport annuel 2000, elle reconnaît que : « Dans un monde où la répartition du pouvoir politique est inégale et souvent calquée sur celle du pouvoir économique, le mode de fonctionnement des institutions publiques peut être particulièrement désavantageux pour les pauvres. Ces derniers, souvent, ne profitent pas des investissements publics dans l'éducation et la santé. De plus, ils sont souvent victimes de la corruption et de l'arbitraire de l'État. Les normes, les valeurs sociales et les mœurs – responsables de l'exclusion, au sein de la famille, de la communauté ou sur le marché, des femmes, de certains groupes ethniques ou raciaux, et de personnes socialement défavorisées – influent puissamment sur le résultat des activités de lutte contre la pauvreté ».

C'est pourquoi la Banque mondiale estime, dans une analyse qu'on pourrait penser sortie de cercles militants contestataires, que les mesures visant à démarginaliser les pauvres, en rendant les institutions publiques et sociales plus attentives à leurs besoins, sont aussi un élément essentiel de la lutte contre la pauvreté.

Au début des années 1990, la banque mondiale a par ailleurs mis en avant le concept de « gouvernance ». Selon elle, c'est le fait de gouverner pour obtenir un développement économique, social et institutionnel soutenu. La notion de gouvernance renvoie a une nouvelle définition des relations entre l'État et le marché d'une part, l'autorité politique et la société civile de l'autre.

Elle concerne la bonne gestion du secteur et de la fonction publique, la transparence des budgets et des marchés publics, la réduction des dépenses militaires, le respect des droits de l'homme, l'établissement d'un cadre légal pour les activités économiques concernant le droit de propriété, des sociétés de la concurrence, des investissements et du droit bancaire.

Le PNUD définit la gouvernance comme l'exercice de l'autorité politique, économique et administrative dans le cadre d'un pays à tous les niveaux. Elle doit permettre le développement humain. La gouvernance comprend les mécanismes, les processus, les relations et les institutions complexes au moyen desquels les citoyens et les groupes articulent leurs intérêts, exercent leurs droits et assument leurs obligations et auxquels ils s'adressent pour régler leurs différends. La bonne gouvernance a de nombreuses caractéristiques, notamment la participation, la transparence et la responsabilité. Elle favorise la primauté du droit.

Le concept de gouvernance ne s'adresse pas qu'à l'État. Il englobe également le secteur privé et la société civile. Le PNUD envisag une répartition des rôles.

L'État crée un environnement politique et juridique favorable. Le secteur privé crée des emplois et produit des revenus. Enfin, la société civile facilite l'interaction politique et sociale – incitant les groupes à participer aux activités économiques, sociales et politiques.

C'est l'interaction constructive entre ces trois composantes qui doit permettre de déboucher sur une « bonne » gouvernance. Le PNUD ajoute donc à la définition de la banque mondiale la nécessité d'un contrat social.

L'ONU a adopté en 2000 les huit Objectifs du millénaire pour le développement, signés par tous les États membres. Y ont été fixés comme objectif pour la communauté internationale de parvenir d'ici 2015 à :

- réduire de moitié la proportion de la population vivant dans l'extrême pauvreté (moins d'1 dollar par jour) ;
- assurer l'enseignement primaire universel ;
- assurer la parité des sexes dans l'enseignement primaire et secondaire (d'ici à 2005) ;
- réduire des deux tiers les taux de mortalité infantile et juvénile ;
- réduire des trois quarts les taux de mortalité maternelle ;
- offrir l'accès universel aux services de santé générique et combattre les grandes pandémies ;
- appliquer des stratégies nationales de développement durable d'ici à 2005 de manière à inverser les pertes de ressources environnementales d'ici à 2015 et mettre en place un partenariat mondial pour le développement par l'aménagement de règles de commerce international, des mesures spécifiques pour les PMA et la promotion de la bonne gouvernance.

Dans la mesure où, d'ici 2015, la population mondiale va augmenter de 2 milliards de personnes (et pour 97 % dans les pays en développement), on mesure l'ampleur du défi.

Des idées mais une faible action politique

Les appels, déclarations, engagements, chartes… n'ont pas modifié fondamentalement les choses. La vérité oblige à dire qu'après cinquante ans de politique de développement il y a toujours des milliards d'être humains qui sont en dessous du seuil de survie. L'objectif, y compris ambitieux ou optimiste à moyen long terme, reste la réduction de la pauvreté et non pas son élimination. Pourtant les moyens financiers, technologiques et humains ne constituent pas l'obstacle le plus infranchissable. La réalité est l'absence de réelles volontés politiques, tant au Nord qu'au Sud.

Satisfaire les besoins élémentaires ne paraît pas pourtant d'un coût excessif, un programme d'éducation de base pour tous est évalué à 6 milliards de dollars, celui d'un accès à l'eau et à l'assainissement généralisé à 9 milliards de dollars, la disparition de la faim dans le monde à 13 milliards.

Alors que les montants de l'aide publique au développement stagnent ou régressent, les marchés des pays riches ne s'ouvrent pas aux produits des pays pauvres. Les droits de douane, sont en effet très souvent beaucoup plus élevés sur les produits agricoles et les produits de base que sur les produits industriels.

Certains proposent de créer une taxe sur les mouvements de capitaux afin de financer l'aide au développement. James Tobin, prix Nobel d'économie, avait, dans les années 1970, proposé de taxer à un taux relativement faible les transactions de devises afin de lutter contre les mouvements spéculatifs de capitaux. Cette idée était tombée dans l'oubli, avant de resurgir avec les crises asiatique et russe de 1997 et 1998. Les transactions quotidiennes sur les marchés des changes taxées à hauteur de 0,1 % permettraient d'obtenir une somme de 150 milliards de dollars par an, une somme supérieure à l'aide actuellement distribuée par les pays développés. D'où le nom de « taxe Tobin ». Mais Tobin lui-même réfute cet argument, rappelant que son idée était de lutter contre les mouvements spéculatifs de capitaux après la fin de la parité or/dollar.

Lutter contre la spéculation et aider les pays pauvres sont certainement deux objectifs louables. Ce n'est pas certain qu'ils puissent être mis au service l'un de l'autre.

Par ailleurs, les mouvements de capitaux ne sont pas forcément spéculatifs. Ils peuvent également être le résultat de l'incertitude du change. Il n'y a plus de mouvements de capitaux entre les pays de la zone euro. Quels que soient les progrès de la mondialisation, les États nations ne sont pas prêts à accepter la naissance d'un impôt à l'échelle mondiale. L'annulation de la dette, dont le poids empêche tout investissement, est certainement une piste à privilégier. En 1999, le FMI et la Banque mondiale proposent un plan de suppression de la dette des pays pauvres très endettés. Le plan stipule que les ressources dégagées par l'annulation de la dette seront affectées aux secteurs de la santé, de l'éducation et de l'environnement.

Mais à elle seule, l'aide publique au développement ne peut suffire à assurer le décollage économique. Encore faut-il que l'État qui la reçoive ait entamé un effort de modernisation.

Il faut également ouvrir les marchés des pays du Nord aux pays du Sud. On a calculé que l'aide publique au développement représentait 70 milliards de dollars par an. Le coût de la protection commerciale des pays du Nord représenterait un manque à gagner de 700 milliards de dollars pour les pays du Sud. Les dépenses militaires mondiales sont estimées à 1 300 milliards de dollars par an.

Plus récemment est apparu le concept de biens publics mondiaux. Partant de l'idée que le marché n'est pas capable de fournir en quantité suffisante tous les biens et sources indispensables à l'activité et au bien-être de l'ensemble des acteurs sociaux, il propose de mettre en place à l'échelle du monde des politiques susceptibles de pallier ces défaillances du marché et de garantir à l'ensemble des acteurs de l'économie mondiale l'accès à des biens publics tels que la qualité de l'environnement, la paix ou la sécurité, la protection contre les grandes endémies, le fonctionnement stable du système financier international. La définition de ces biens publics mondiaux fait l'objet de débats qui sont au cœur d'une nouvelle conception de l'aide publique au développement.

La Banque mondiale propose de considérer comme biens publics mondiaux les « biens, ressources, politiques produisant des conséquences positives transcendant les frontières des pays, ayant un intérêt pour le développement et la réduction de la pauvreté et ne pouvant être mis en œuvre sans une action concertée de la communauté internationale. »

Il y a en fait non plus un tiers monde mais des tiers mondes ou des Suds. Si le Sud était une catégorie économiquement et géopolitiquement cohérente dans les années 1960-1970, il est désormais éclaté. Outre les pays qui ont assuré leur décollage industriel, qualifiés de nouveaux pays industrialisés (NPI), on trouve également des pays qui bénéficient de l'utilisation intelligente de la rente pétrolière, et d'autres qui sont en train d'émerger. Le fossé s'est en revanche creusé avec les pays les moins avancés qui, eux, ne décollent pas. Il n'y a plus rien de commun aujourd'hui entre la Corée du Sud, désormais 13e PNB mondial, et le Zimbabwe, qui s'enfonce dans le chaos politique et la ruine économique, ou entre le Qatar et Haïti, entre le Brésil ou le Bangladesh. Le passage du G8 au G20 montre la réussite de pays qui étaient autrefois considérés comme pauvres et qui, désormais, pèsent économiquement et stratégiquement d'un poids réel sur la conduite des affaires mondiales alors que, parallèlement, d'autres pays restent marginalisés. Le véritable clivage aujourd'hui n'est plus entre le Nord et le Sud, mais entre les 140 pays qui se développent et les pays moins avancés qui s'enfoncent dans le marasme.

3

DÉMOGRAPHIE ET MIGRATIONS

L'augmentation de la population mondiale a souvent été présentée comme l'un des défis majeurs que le monde doive résoudre.

Ce n'est que de façon très récente que la population s'est mise à augmenter. La planète est restée stable au cours du premier millénaire. Lorsque Malthus publie son *Essai sur la population* en 1798, la terre compte 1 milliard d'habitants. Malthus prédit alors que la population devrait croître à un rythme plus élevé que les ressources de la planète (selon lui la population croît selon une progression géométrique, alors que les ressources augmentent de façon arithmétique), ce qui conduirait à des famines régulières. Les progrès de la médecine et de l'hygiène, l'accroissement des « substances » (produits alimentaires) et le développement économique dû à l'industrialisation vont permettre un doublement de la population en un siècle (2 milliards d'habitants en 1925) sans pour autant que la terre ne soit plus en mesure, comme le pensait Malthus, de nourrir cette population. En 1971, l'Américain Paul Ehrlich publie *The Population Bomb* qui prédit de nouveau une catastrophe démographique. Les prévisions sont apocalyptiques : 7 milliards d'hommes en 2000, 20 en 2050 et 55 en 2100.

De 1925 à 1975, il y eut de nouveau un doublement de la population pour atteindre 4 milliards d'habitants, pour parvenir à 6 milliards à la fin du XXe siècle. Le pic de 9-10 milliards devrait être atteint en 2050, date à laquelle il devrait se stabiliser.

Aujourd'hui, l'augmentation de la population se fait principalement dans le tiers monde. La Banque mondiale prévoit que nous allons passer à 8,5 milliards d'habitants en 2030. Mais sur 2,8 milliards d'êtres humains supplémentaires, 2 devraient naître dans des pays où le revenu ne dépasse pas 2 dollars par habitant et par jour.

Il est évident qu'il sera difficile de leur donner de la nourriture, de l'eau, sans parler de l'accès aux soins de santé et à l'éducation.

C'est l'Asie qui, pour le moment, connaît la courbe démographique ascendante la plus importante, avec les deux géants chinois et indien. Au début des années 1960, Jacques Dutronc chantait *« six cent millions de chinois, et moi, et moi, et moi »*. S'il devait reprendre ce succès aujourd'hui, c'est 1,4 milliard qu'il devrait annoncer et, malgré une politique drastique de contrôle des naissances, c'est probablement 1,5 milliard que chantonnera celui qui reprendra son refrain d'ici vingt-cinq ans. L'Inde connaît une progression spectaculaire. Elle est passée de 360 à 680 millions d'habitants de 1950 à 1980. Elle en est aujourd'hui à 1,1 milliard, devrait dépasser la Chine dès 2030 et compter 1,6 milliard d'habitants en 2050. L'Afrique est passée de 220 millions à 720 de 1950 à 1995. La prolongation des courbes actuelles pourrait l'amener à plus de 2 milliards d'ici 2050.

L'augmentation de la population pose plusieurs défis.

Combien d'habitants la terre peut-elle supporter ?

Le premier de ces défis demeure lié à la crainte qu'il ne soit pas possible de satisfaire les besoins d'une population en augmentation. Il ne s'agit pas simplement de savoir s'il y aura de quoi nourrir la population mondiale mais, également, de savoir si les modes actuels de consommation peuvent perdurer avec une augmentation de la population.

Entre 1960 et 1990, le volume de production agricole globale mondiale est passé de l'indice 100 à l'indice 220 alors que la population mondiale passait de 100 à 170.

Mais, afin de nourrir la population mondiale d'ici 2030, il faudrait s'assurer une augmentation de 40 % de la production agricole pour que la moyenne actuelle par habitant de ressources alimentaires soit maintenue.

L'urbanisation conduit à une modification des habitudes alimentaires (viandes et produits laitiers au détriments des céréales) qui sont plus exigeantes. Sur un hectare en élevage extensif on produit

100 kg de viande par année. Le même hectare en riziculture irrigué produit 10 tonnes de grains.

Mais la « révolution verte » qui a permis cette augmentation de la production agricole totale s'est faite grâce à une agriculture intensive, grosse consommatrice d'eau et d'engrais. La satisfaction des besoins alimentaires est donc possible, mais elle suscite à son tour une autre menace, écologique cette fois. L'agriculture représente aujourd'hui 70 % des prélèvements d'eau dans le monde (contre 20 % pour l'industrie et 10 % pour l'alimentation en eau potable). Il y a par exemple autant d'eau douce sur terre qu'il y a deux mille ans. Mais les humains sont trente fois plus nombreux.

Si aujourd'hui des famines subsistent, ce n'est plus de famines « naturelles », mais de famines provoquées par des conflits ou par la prise en otage des populations civiles par les gouvernements ou des factions en lutte

S'il y a un problème de ressources, c'est plus par une utilisation plus rationnelle de celles-ci que par le niveau démographique qu'on le résoudra. En tant que telle, la croissance démographique prévue et prévisible n'est pas une menace pour l'équilibre de la planète.

La démographie contre le développement ?

Le second défi est celui des inégalités économiques. La population des pays développés stagne alors que la population du Tiers Monde pauvre augmente.

Le contrôle de la démographie est essentiel au développement économique d'un pays. C'est l'axiome selon lequel « ceux qui naissent dans un pays pauvre où la population croît rapidement, mourront dans un pays pauvre ».

Pour que le revenu réel par habitant augmente, il faut absolument que le taux de croissance de l'économie soit supérieur au taux de croissance de la population.

En 1960, les pays du Sud importaient 15 millions de tonnes par an de produits alimentaires. Le chiffre est passé à 25 millions de tonnes en 1970, 70 en 1980, 100 en 1990 et 120 en 1995.

Cette différence du potentiel démographique et la différence de niveau de vie à l'époque de la mondialisation, où donc l'information des transports circule, peuvent entraîner des flux migratoires importants inverses de ceux auxquels on assistait au XIXe siècle. Aujourd'hui, les migrations ne se font plus des pays développés vers les zones non développées mais en sens inverse. Il n'est donc pas certain que, de façon durable, le sixième pays le plus riche de la planète puisse profiter de façon disproportionnée des cinq sixièmes de la richesse mondiale. Si la population du Tiers Monde augmente, celle des pays développés stagne.

Dans vingt ans, ce milliard de riches vieillissants pourrait être confronté à plus de 7 milliards de pauvres. Sa place sera donc minorée.

Les inégalités économiques sont non seulement croissantes mais, de plus, tout à fait connues d'un bout à l'autre de la planète. La mondialisation a pour double effet de creuser l'écart entre riches et pauvres tout en permettant à ces derniers d'être mieux informés de l'état de la situation. Il n'est donc pas certain qu'ils acceptent longtemps cet état de fait.

Le géopolitologue Zbigniew Brzezinski a pu écrire à ce sujet : « Dans l'arène de l'Histoire, on pourrait assister à un clash entre le consommateur insatiable et le spectateur affamé »[1].

Selon la projection de l'ONU, la population des États-Unis sera en 2025 inférieure à celle du Nigeria, celle de l'Irak égale à celle du Japon, et celle de l'Éthiopie le double de celle de la France.

Bref, démographiquement les pays riches seront des petits pays. Le Canada, membre du club des pays les plus industrialisés, aura une population comparable à celle du Népal ou de Madagascar. Se posera, dès lors, le problème des migrations éventuelles entre un Nord riche et de moins en moins peuplé et un Sud pauvre et surpeuplé. Les migrations économiques l'emporteront sur les migrations politiques. Si elles devaient être massives, elles pourraient poser des problèmes d'acceptation sociale.

---

1. Zbigniew Brzezinski « Out of Control », Mac Millan, New-York, 1993, p.81

Un monde de vieux ?

Autre problème, celui du vieillissement de la population. Lester Thurow estime même que la nouvelle lutte des classes sera non plus celle des riches contre les pauvres, mais celle des jeunes contre les vieux. Il souligne que l'État dépense par personne deux fois plus pour les vieux (qui votent) que pour les jeunes (qui ne votent pas). Il souligne, qu'aux États-Unis, les plus âgés votent systématiquement contre les taxes locales destinées à l'éducation, ou s'installent dans des cités ghettos (*gated cities*) où, les jeunes n'étant pas admis, il n'y a pas de charges scolaires. Le vieillissement de la population pose par ailleurs le problème global du financement des retraites.

Lorsqu'en 1891 Bismarck fixe l'âge de la retraite (et du droit à la pension) à 65 ans, l'espérance moyenne de vie en Allemagne est de 45 ans. La générosité de Bismarck est très calculée. Si on devait appliquer ce schéma de nos jours, l'âge de la retraite devrait être fixé à 95 ans. Aujourd'hui, il y a 4,5 travailleurs pour financer la pension d'une retraite : en 2030 il n'y en aura plus que 1,7.

Si le problème démographique est avant tout celui du vieillissement de la population au Nord, au Sud c'est celui de la jeunesse qui est posé. Dans les deux cas, le problème concerne le nombre d'actifs pouvant supporter ceux qui sont inactifs soit parce qu'ils sont trop jeunes soit parce qu'ils sont trop vieux.

Dans les pays du tiers monde, le nombre d'enfants de moins de 15 ans représente 40 % de la population. Cette proportion importante crée une lourde charge pour les collectivités et oblige à des arbitrages douloureux entre consommation immédiate et investissement pour le futur.

Se pose ensuite le problème des emplois à fournir pour toutes les classes d'âge qui arrivent à l'âge adulte. Au Mexique, par exemple, un million d'emplois doivent être créés par an uniquement pour satisfaire les besoins de la classe d'âge entrant sur le marché du travail.

Le monde connaîtra-t-il à l'échelle globale une transition démographique ?

À l'origine, la population a stagné du fait d'une concordance entre un taux de natalité et un taux de mortalité élevés. La population s'est accrue lorsque le second a diminué (industrialisation, progrès médical, etc.) tandis que le premier restait élevé. Par la suite, les pays riches ont connu une baisse de natalité lorsque les taux de richesse, d'éducation, le statut de la femme dans la société, le développement de l'individualisme, ont augmenté. Les pays du Sud pourraient très bien, à terme, suivre la même voie. Le nombre élevé d'enfants était autrefois une assurance (avoir assez de bras pour retourner la terre), il devient un poids (frais d'éducation, etc.). La pauvreté entraîne une incertitude sur le nombre d'enfants qui ne seront pas emportés par la maladie, la famine, la guerre. Ces deux modèles (nombre élevé de naissances et de décès, ou faible taux de natalité et longue espérance de vie) sont stables. C'est la transition entre les deux qui est déséquilibrée.

Aujourd'hui, les femmes ont en moyenne 2,9 enfants au niveau mondial, contre 6,4 en 1970. Ce taux de fécondité risque de continuer à chuter, ce qui pourrait conduire à un « déclin démographique » après 2050.

Certains pays – l'Inde, l'Afrique – devraient donc connaître une explosion démographique, même si l'Afrique risque d'être affectée pendant encore longtemps par de grandes pandémies de type sida ou paludisme. D'autres pays vont devoir affronter le vieillissement démographique : c'est le cas de l'Europe, de la Chine, du Japon. Japon pour lequel se pose encore, comme pour la Russie, le problème du déclin démographique.

Évolution de la population mondiale par grandes zones géographiques (en millions)

	1900		1950	
Continents	Population	Part de la Population Mondiale	Population	Part de la population Mondiale
Afrique	130	8 %	230	9 %
Amérique Latine	75	4 %	168	6,7 %
Amérique du Nord	80	5 %	170	6,7 %
Asie	950	57,50 %	1400	55,4 %
Europe	400	25 %	549	21,7 %
Océanie	6	0,5 %	13	0,50 %

	2009		2050	
Continents	Population	Part de la population Mondiale	Population	Part de la population Mondiale
Afrique	1218	18 %	1994	21 %
Amérique Latine	576	8 %	724	8 %
Amérique du Nord	348	5 %	481	5 %
Asie	4084	59 %	5461	58 %
Europe	609	9 %	702	7 %
Océanie	36	1 %	58	1 %

Source : Population Reference Bureau, 2009

Classement des pays les plus peuplées en 2050

Rang	Pays	Population en 2009	Population (estimée) en 2050
1	Inde	1,171 milliard	1,748 milliard
2	Chine	1,331 milliard	1,437 milliard
3	USA	307 millions	439 millions
4	Indonésie	243 millions	343 millions
5	Pakistan	181 millions	335 millions
6	Nigeria	153 millions	285 millions
7	Bangladesh	162 millions	222 millions
8	Brésil	191 millions	215 millions
9	RDC	68,7 millions	189,3 millions
10	Ethiopie	82,8 millions	149,5 millions

4

LA SÉCURITÉ INTERNATIONALE PAIX ET GUERRES

La chute du mur de Berlin et la dissolution de l'empire soviétique a pu faire croire, au début des années 1990, que le monde s'installerait durablement dans une période de paix. La menace soviétique avait tellement impressionné le monde occidental qu'il l'avait confondue avec la perspective même de la guerre. Pourtant, la décennie 1990 ne fut pas exempte de conflits et, globalement, le XXe siècle a bien été celui de la guerre. Le XXIe siècle s'est engagé sur la même voie. Malgré l'évocation de plus en plus fréquente de la morale dans les relations internationales, le choc des opinions lorsque des images de guerre sont montrées demeure une donnée constante dans la vie internationale.

L'illusion d'un monde sans guerre

Ce n'est pas la première fois que l'espoir de vivre dans un monde pacifique vient se heurter au mur des désillusions. En 1712, l'abbé de Saint Pierre publia ainsi un projet de paix perpétuelle. Kant en fera de même en 1795. Au XVIIIe siècle, les physiocrates n'hésitaient pas à prédire que le développement des relations commerciales entre États conduirait à la fin de la guerre en imposant naturellement la paix par le commerce. L'interdépendance économique devait empêcher tout conflit.

En 1910, Norman Angell développait dans son livre *The Great Illusion* l'idée selon laquelle la guerre était devenue irrationnelle d'un point de vue économique et que la liberté du commerce avait rendu inutile toute ambition d'extension territoriale. À l'époque, l'Allemagne et la Grande-Bretagne étaient chacun le principal partenaire commercial de l'autre.

Le déclenchement de la Première Guerre mondiale allait de façon cinglante et sanglante apporter un démenti à ces prédictions optimistes. Non seulement la guerre pouvait toujours éclater mais, pire encore, elle pouvait s'étendre à l'échelle mondiale. Ce qui a été présenté ensuite comme la « Der des Der » n'allait pas l'être. Le constructeur automobile Henry Ford déclarait en 1928 que les gens devenaient beaucoup trop intelligents pour que puisse jamais se reproduire une grande guerre. Malheureusement, aux 9 millions de morts de la Première Guerre mondiale allaient succéder les 49 millions de la Seconde Guerre, cette fois-ci réellement mondiale. La Société des Nations créée en 1920 n'avait pu permettre l'établissement de la sécurité collective. Les États-Unis n'avaient pas voulu y adhérer pour ne pas être mêlés aux querelles européennes. L'URSS n'y fut pas acceptée immédiatement pour des raisons politiques, et l'Allemagne nazie ainsi que l'Italie fasciste foulaient aux pieds les principes que devait promouvoir la SDN. L'Organisation des nations unies, créée après la Seconde Guerre mondiale, allait quant à elle voir son rôle limité par la Guerre froide. L'URSS d'un côté, les États-Unis de l'autre, créaient leurs propres alliances, se nourrissant de la peur de l'autre, et empêchaient la mise en place d'une sécurité réellement collective.

Il est très exagéré de qualifier la période postérieure à 1945, d'après-guerre. Il s'agit d'une vision très européo-centriste car, au cours de cette période et jusqu'en 1989, on a dénombré 160 conflits faisant environ 40 millions de morts.

Dans la décennie 1990, la Guerre du Golfe survenant peu après la chute du Mur de Berlin rappelait si besoin était que la perspective d'un conflit ne se résumait pas à la menace soviétique. À peine était-elle terminée et tout juste commençait-on à parler de la naissance d'une Europe politique que se déclenchaient des guerres qui marquaient les opinions publiques en ex-Yougoslavie. Un génocide avait même eu lieu en 1994 au Rwanda, le nombre de victimes étant estimé à 800 000 morts. En 1999, dix ans après la disparition de la menace qui avait justifié sa création, l'Alliance Atlantique allait, pour la première fois de son existence, entrer en guerre – sans être ni attaquée ni menacée – contre la Yougoslavie afin d'arrêter la politique de nettoyage ethnique au Kosovo. L'Afrique a été au cours de cette décennie traversée par une vingtaine de conflits où l'horreur était presque à chaque fois présente.

La guerre d'Irak a été l'événement majeur de l'année 2003. Suivie par la guerre du Liban (2006) et celle de Gaza (2008), elle va profondément diviser la communauté internationale tandis que les combats se perpétuent en Afghanistan. Le 8 août 2008, le jour même de l'ouverture des Jeux olympiques, une guerre oppose la Russie et la Géorgie.

La guerre n'a donc pas disparu du paysage stratégique, bien au contraire. Il était courant, au début de la décennie, de dire que le risque avait succédé à la menace. L'Union soviétique et ses milliers de chars et d'avions ne menaçaient plus le monde occidental, ce sentiment avait été remplacé par l'imprévisibilité des situations et leur caractère inconnu. En septembre 1993, le Secrétaire général de l'OTAN déclarait : « Depuis l'effondrement du communisme soviétique, nous nous retrouvons devant un paradoxe, il y a un recul de la menace mais aussi un recul de la paix[1] ».

Si la fin de la décolonisation, la fin de la Guerre froide et l'affirmation progressive d'un droit international n'ont pas mis fin à la guerre en tant que moyen de résoudre les différends, son espace semblait se restreindre. Au XIXᵉ siècle, la guerre était considérée comme un mode normal de relations entre États. La légitimité et même la légalité d'y recourir lorsqu'un désaccord opposait ces États, n'étaient pas contestées par les acteurs de la vie internationale[2].

Depuis, il y a eu une interdiction juridique du recours à la guerre. Certes elle continue d'exister mais elle n'est plus considérée comme un mode de relation normal. La Charte de la SDN, le pacte Briand-Kellogg de 1928 et la Charte de l'ONU l'ont rendue hors-la-loi. Il n'y a que deux exceptions légales à l'interdiction de l'usage de la force militaire : en cas de décision du Conseil de sécurité et en cas de légitime défense, laquelle peut s'exercer de façon individuelle ou collective.

---

1. *Relations Internationales et stratégiques*, n° 12, 1993, p.18
2. Cf. P. Boniface, *Vers la 4ᵉ Guerre mondiale*, Armand colin, 2ᵉ éd., 2009.

Les nouveaux paradigmes de la guerre

Malgré la fin de la Guerre froide et du clivage Est-Ouest, qui en paraissait la structure principale, le phénomène guerrier n'a pas disparu. Les commentateurs ont dès lors cherché de nouvelles grilles d'analyse à la guerre.

La menace Sud

À la menace disparue de l'Est, certains experts ont voulu substituer une menace provenant du Sud. La Guerre du Golfe était venue donner un semblant de réalité à cette théorie. Le Sud en fait, ne désigne pas l'ensemble du tiers monde ; l'Afrique sub-saharienne, faute de moyens militaires, en semble exclue. Ce sont en fait les pays arabo-musulmans qui sont visés, et le terme de menace Sud est en fait un euphémisme qui évite de désigner précisément l'adversaire imaginé. Mais, au-delà de son caractère très approximatif, cette théorie a plusieurs inconvénients. Elle est tout d'abord largement auto-réalisatrice : à montrer ou à désigner un adversaire éventuel, on contribue à le créer. Ce type d'anathème ne peut que renforcer dans les pays arabes et musulmans le camp de ceux qui estiment qu'aucune coopération n'est possible avec le monde occidental. Cela affaiblit donc ceux qui prônent le dialogue avec le monde occidental et qui, d'ailleurs pour le moment, y sont majoritaires.

Sur le plan politique, cela revient à rassembler dans une catégorie unique des pays très différents tels que la Tunisie, le Pakistan, le Bangladesh, le Gabon et l'Indonésie. Il est difficile d'imaginer ces pays se grouper pour envahir l'Occident et accaparer ses richesses. Même simplement réduit aux seuls pays musulmans, le Sud n'est pas homogène ; il est peu probable que le Maroc et l'Algérie, dont la frontière commune est fermée, fassent cause commune contre la France.

La Turquie est un pays musulman mais laïc qui est candidat à l'Union européenne et membre de l'OTAN.

On voit mal comment et pourquoi le plus peuplé des pays musulmans du monde, l'Indonésie, se lierait à d'autres pour attaquer le monde occidental.

Il n'y a d'ailleurs pas une Internationale islamique comme il y a eu une Internationale communiste.

Le Pacte de Varsovie était un ensemble homogène sous la direction unique de l'Union soviétique, et reposait sur une force militaire intégrée incomparable. Le monde arabo-musulman est fortement morcelé, traversé par des rivalités farouches. Aucun pays ne peut être en mesure d'en assurer le *leadership*. Au cours des deux dernières décennies, les guerres ont d'ailleurs plutôt opposé les pays du Sud entre eux et non pas les pays du Sud aux pays du Nord, comme l'ont montré les deux guerres du Golfe entre l'Irak et l'Iran puis entre l'Irak et le Koweït, ou encore la guerre civile algérienne ainsi que la guerre en Afghanistan depuis le retrait soviétique. D'ailleurs, sur le seul plan de l'équilibre militaire, il n'y a pas de comparaison entre un monde occidental surarmé et des pays du Sud qui le sont très peu.

L'acquisition de moyens balistiques par certains pays du Sud ne modifie pas fondamentalement la situation tant l'avantage sur le plan technologique est indiscutablement en faveur du Nord (voir le chapitre précédent).

Le choc des civilisations

En 1993, la revue *Foreign Affairs* publiait un article de Samuel Huntington intitulé « *Le choc des civilisations* » *(en anglais : « Clash of Civilizations »),* qui allait avoir un grand retentissement.

Selon la théorie qui était développée, les conflits entre civilisations seraient la dernière phase d'évolution des conflits dans le monde moderne. Cette thèse, qui a été élaborée pendant les conflits balkaniques, a eu un écho retentissant après les attentats du 11 septembre et la guerre d'Irak en 2003.

Dans le monde occidental, les conflits ont opposé, après le traité de Westphalie, les princes, les rois et les empereurs. Après la Révolution française, ils ont eu lieu entre les nations.

Au XXe siècle, ce sont les idéologies (communisme, national-socialisme, démocratie libérale) qui se sont affrontées.

Désormais, selon Huntington, les guerres se feraient entre civilisations.

Une civilisation est une identité culturelle. Elle se définit par des éléments objectifs (langues, religions, histoire, coutumes, institutions) et par un élément subjectif : l'auto-identification des personnes. Une civilisation peut englober plusieurs États-nations ou un seul (comme le Japon). Elle peut inclure de nombreuses sous-civilisations (par exemple la civilisation occidentale avec l'européenne et la nord-américaine, l'Islam avec les Arabes, les Turcs et les Malais).

Huntington définit huit types de civilisations : occidentale, confucéenne, japonaise, islamique, hindoue, slave-orthodoxe, latino-américaine et africaine. Les différences entre civilisations ne sont pas seulement réelles, elles sont fondamentales. Elles sont le produit de siècles d'histoire et ne disparaîtront pas de sitôt. Dans les conflits idéologiques, la question était : « De quel côté es-tu ? ». Les gens pouvaient choisir leur camp et en changer. Dans les conflits entre civilisations, la question est : « Qui es-tu ? ». Et les changements ne sont plus possibles.

La guerre en ex-Yougoslavie semblait constituer l'illustration parfaite des thèses huntingtoniennes en opposant Serbes-orthodoxes, Croates-catholiques et Bosniaques-musulmans, qui avaient paisiblement vécu ensemble sous Tito.

De cette présentation culturelle, Huntington en déduit des conclusions stratégico-politiques.

Selon lui, l'axe central de la politique mondiale dans le futur sera probablement, d'une part, l'affrontement entre le monde occidental et le reste du monde ; et d'autre part, les réponses apportées par ce dernier à la puissance et aux valeurs occidentales. Il décrit une connexion militaire confucéo-islamique en vue d'acquérir la technologie militaire pour équilibrer le rapport de forces avec l'Ouest. Ainsi, la Chine a-t-elle aidé militairement l'Irak, la Libye, l'Algérie et l'Iran ; et la Corée du Nord en a fait de même avec la Syrie et l'Iran.

Huntington préconise dès lors que le monde occidental renforce sa coopération (notamment entre l'Europe et l'Amérique du Nord), incorpore l'Europe de l'Est et l'Amérique latine, et limite l'expansion militaire des mondes confucéens et islamiques.

Sa thèse, pour être brillante, n'en est pas moins fausse. Elle a certes le mérite de mettre en lumière l'importance des facteurs culturels et religieux dans les relations internationales, ce qui cependant avait déjà été fait bien avant l'été 1993. C'est en fait une version intellectualisée de la « menace Sud ». Le succès de l'article d'Huntington s'explique sans doute par le fait qu'il fournit une approche sophistiquée d'une perception vulgaire. Elle a surtout le mérite d'offrir aux yeux de certains une grille de lecture apparemment adaptée au conflit le plus spectaculaire d'un point de vue européen, puisqu'il s'agit de la première guerre en Europe depuis 1945.

Son analyse est tout à fait conforme aux buts stratégiques des États-Unis après la Guerre froide : demeurer à la tête du « monde libre » en l'élargissant, sous la férule américaine, en Europe de l'Est, tout en maintenant l'alliance avec l'Europe de l'Ouest et l'Amérique latine, et empêchant l'émergence de puissances contestataires en Asie ou au Proche-Orient. Cette thèse ne résiste cependant pas à l'examen des faits. Car les guerres qui ont réellement lieu se déroulent le plus souvent à l'intérieur d'un bloc civilisationnel et non entre eux. Doit-on voir une connexion occidentale-islamique lorsque les États-Unis ou l'Europe vendent des armes à des pays du Proche-Orient ? Non, car dans les deux cas, ces ventes correspondent à un besoin de faire vivre une industrie d'armement jugée essentielle pour l'indépendance du pays quand la taille du marché national n'est plus suffisante. Accessoirement, ces ventes permettent aussi de se procurer des devises. Les motivations sont donc d'ordre industriel, commercial ou stratégique ; en aucun cas les ventes ne sont faites au nom d'une lutte civilisationnelle, sinon, les fournitures d'armes se feraient à titre gracieux, ce qui est loin d'être le cas aujourd'hui.

Si, par ailleurs, Serbes et Croates ne partagent pas la même religion, peut-on dire qu'ils n'appartiennent pas à la même civilisation ? Tous sont Slaves, ont la même langue et ont longtemps habité les mêmes villages et multiplié les mariages mixtes. Huntington privilégie à l'excès le facteur religieux comme facteur de dissociation.

On peut également s'interroger sur la capacité des civilisations à agir comme acteurs autonomes et établis dans le champ international. Qui peut les représenter, agir en leur nom ?

Ajoutons qu'Huntington semble avoir ignoré qu'il n'y a pas *un* mais *des* islam, comme l'a particulièrement illustré la guerre entre Arabes irakiens et Perses iraniens. La guerre du Golfe a tout d'abord opposé l'Irak au Koweït, puis l'Irak à une coalition certes dirigée par les États-Unis mais où figuraient l'Arabie Saoudite, la Syrie, etc.

L'islam est pluriel (Chiites, Sunnites, avec chacun leur sous-composition) et, de plus, constitué de sous-blocs culturels différents (Arabes, Turcs, Persans, Malais). On peut également estimer que le monde confucéen n'existe pas en tant que tel et certainement pas en un seul bloc. La plupart des pays qui ont été structurés par le confucianisme, dans leur histoire, l'ont été en même temps que le bouddhisme, voire par d'autres religions, comme le shintoïsme au Japon, le taoïsme et le bouddhisme en Chine, sans parler de son héritage confucéen dans son patrimoine civilisationnel. De là à dire qu'elle est confucéenne, il y a un pas difficile à franchir. Le pays qui se sent le plus menacé par la Chine est Taiwan, de même que la Corée du Nord représente un péril plus grand pour la Corée du Sud que pour les pays occidentaux.

De plus, on ne peut que réfuter l'approche d'Huntington à propos de la « civilisation africaine » au regard des guerres civiles qui la traversent. Cette dernière semble être un facteur beaucoup plus structurant de l'Afrique qu'une quelconque solidarité civilisationnelle. Si l'Afrique a fait preuve de constance, c'est bien en se livrant à des guerres civiles (du Liberia à la Somalie en passant par le Rwanda et sans oublier l'Angola) qui ont été parmi les plus sanglantes et dans lesquelles, il est difficile de deviner la moindre solidarité civilisationnelle.

Guerres et guérillas ont depuis longtemps montré les limites de la solidarité de la civilisation latino-américaine. Seul l'anti-américanisme a pu unir les populations du sous-continent, notamment dans les années 1960 et 1970. Cela n'a d'ailleurs pas permis d'éviter les rivalités de *leadership* (Brésil, Argentine), les guerres civiles (Amérique centrale, Pérou, Colombie), les contestations ou les conflits frontaliers (Argentine/Chili, Chili/Bolivie et Pérou/Equateur).

La thèse d'Huntington a un caractère déterministe. Elle présuppose que les civilisations vont nécessairement s'affronter et que cet affrontement sera obligatoirement sans fin. On peut au contraire penser que, même si une guerre devait opposer deux civilisations parce qu'elles sont différentes, elles pourront tout autant décider que leur intérêt commun est de mettre fin au conflit.

Les guerres du Kosovo et de Tchétchénie peuvent-elles redonner une certaine crédibilité à la guerre des civilisations ? Non, car les peuples et les pays musulmans ne se sont guère portés volontaires pour aider Kosovars ou Tchétchènes agressés par des Serbes et des Russes tous deux orthodoxes. Dans le cas du Kosovo, c'est au contraire des Occidentaux qui sont intervenus. Il peut y avoir des guerres qui opposent des États appartenant à des civilisations différentes. Mais faire des civilisations le paradigme de la guerre, la grille de lecture générale des conflits, serait une erreur tant d'un point de vue scientifique que politique.

Cela ne signifie pas qu'il n'y aura pas de guerres entre civilisations. Mais si une guerre de ce type se produit, ce ne sera pas par un effet déterminé à l'avance, mais parce que la volonté politique n'aura pas prévalu.

Curieusement, Samuel Huntington ne parle qu'en quelques lignes du conflit israélo-palestinien. Pourtant, la grande majorité des stratèges et responsables politiques, y compris occidentaux, voient dans ce conflit limité dans l'espace et pouvant être qualifié en termes militaires de basse intensité[1], la matrice du choc des civilisations du fait de son importance symbolique et stratégique majeure pour tout le monde musulman et de l'accusation récurrente du « deux poids, deux mesures » du monde occidental.

La politique de George Bush a été considérée par beaucoup comme ayant contribué à rendre plus concret le risque de choc des civilisations. Samuel Huntington lui-même en fera le reproche. Selon lui, « L'invasion de l'Irak a été vécue par les musulmans comme une guerre contre l'Islam. Il était évident qu'en agissant ainsi, les États-Unis allaient générer de plus en plus de terrorisme… Nous sommes aujourd'hui clairement engagés dans une guerre de religion, dont Oussama Ben Laden et George W. Bush sont les responsables ».

Par rapport à cette thèse, il y a deux écueils à éviter. Le premier est de penser qu'elle est inéluctable. La seconde est de penser qu'elle serait trop horrible pour se réaliser, et qu'on peut en écarter le spectre par des procédés incantatoires. Tout dépend en fait des politiques menées par les uns et les autres.

---

1. Pas d'affrontement militaire généralisé ; nombre de victimes relativement limité.

Le terrorisme

Le terrorisme, qui peut être utilisé par toutes les causes (idéologies politiques, religions, luttes pour l'indépendance), obéit à certains cycles. De la fin du XIXe siècle à 1914, les attentats étaient le fait d'anarchistes et de nihilistes. Entre les deux guerres mondiales, le terrorisme fut lié essentiellement aux turbulences dans les Balkans. Avant la création de l'État d'Israël certains groupes sionistes ont eu recours au terrorisme contre la présence britannique. Depuis 1966 et l'attaque d'un avion d'El-Al sur l'aéroport d'Athènes par un commando palestinien, le terrorisme est lié à la situation du Moyen-Orient mais il existe aussi en Europe (Pays basque, Irlande), au Sri Lanka, où ont été commis des attentats suicides, au Cachemire, etc.

Les tragiques attentats contre le World Trade Center et le Pentagone ont remis au premier plan la menace du terrorisme. Avec plus de trois mille morts au cœur même de l'hyperpuissance américaine, de surcroît télévisé en direct, l'événement est spectaculaire et particulièrement choquant. C'est l'effet que cherchaient d'ailleurs les acteurs de ces attentats. Mais le terrorisme est un phénomène ancien.

La puissance militaire des pays occidentaux les met à l'abri des menaces de guerre contre leur indépendance ou pour conquérir leur territoire. Ils souffrent cependant d'une très grande vulnérabilité sur leur territoire même : celle d'attentats terroristes. Les dégâts matériels et humains provoqués par le terrorisme étaient considérés jusqu'au 11 septembre 2001 comme relativement limités quant à leurs résultats, mais les attentats aux États-Unis ont montré qu'ils pouvaient prendre une ampleur considérable, tuer des milliers de personnes, et frapper des cibles jugées à l'abri de toute menace. Comme l'ont prouvé les attentats de New York, Madrid, Londres, Bali, etc., l'impact psychologique du terrorisme est énorme. Il frappe aveuglément des populations civiles dans leur vie quotidienne là où elles se croyaient absolument protégées – grands magasins, bureaux, transports en commun – et reste à bien des égards et malgré les services de renseignement souvent imprévisible.

Le terrorisme est parfois un préalable, le plus souvent un substitut à la guerre. Il représente une stratégie de pression exercée contre certains États. Le but n'est pas de les vaincre ou de les conquérir, mais de les amener à adopter tel ou tel comportement. Le terrorisme est avant tout l'arme des pauvres ou des faibles. Ceux qui ne peuvent s'attaquer frontalement à une grande puissance vont organiser sur son territoire ou contre ses intérêts dans le monde des attentats pour la faire plier.

Ainsi, la Syrie, mécontente de voir la France garantir l'intégrité territoriale du Liban qu'elle convoitait dans les années 1980, n'a pas les moyens de lui déclarer la guerre ; elle va donc organiser ou susciter des attentats contre elle, soit par le biais des services, soit par celui de groupes qu'elle contrôle (assassinat de l'ambassadeur français au Liban, prise d'otages, attentats en France, etc.). La Libye a également eu recours au terrorisme, notamment via les attentats de Lockerbie et contre un avion de la compagnie française UTA, mais ce terrorisme d'origine étatique a laissé la place à un terrorisme infra-étatique.

Plus récemment, le terrorisme s'est modernisé, en utilisant des moyens plus développés lui permettant d'être plus efficace. Il bénéficie de fonds importants, soit pas diverses activités (blanchiment d'argent, trafics en tout genre, etc.), soit pas le soutien d'États qui financent certains attentats. C'est dans ce contexte que Ben Laden, milliardaire d'origine saoudienne, est devenu le nouveau leader des activités liées à l'intégrisme islamique, disposant de nombreux réseaux dans le monde entier, et pouvant diffuser ses thèses par divers moyens de communication.

Le terrorisme, par son caractère spectaculaire, a pu être utilisé pour frapper les opinions dans l'espoir de populariser un combat (attentats arméniens contre les intérêts turcs, attentats palestiniens contre Israël). Cette voie se révèle être une impasse, car la condamnation des attentats vient vite discréditer les thèses que prétendent défendre les terroristes.

Comment lutter contre le terrorisme ? L'utilisation de la force armée classique contre le terrorisme est inefficace puisque, par définition, le groupe terroriste n'a pas d'assise territoriale précise. Les actions militaires contre les États soupçonnés de les aider (bombardements sur la Libye en 1986 à la suite d'un attentat contre des soldats américains ; frappes aériennes au Soudan en 1988) ou des groupes terroristes (frappes de missiles de croisière en Afghanistan en 1998 contre un camp abritant le groupe d'Oussama Ben Laden) n'ont eu qu'un impact limité sur l'action terroriste lorsque cette dernière est infra-étatique.

Le renseignement humain, l'infiltration des réseaux offrent une réponse plus adaptée à la menace, mais cela nécessite à la fois des moyens importants et beaucoup de temps. En France, les attentats de 1995 ont été l'occasion de mettre en place des cellules anti-terrorisme, impliquant des services de police et des juges spécialisés. Par ailleurs, le plan Vigipirate permet de mobiliser un nombre important de forces dans le cadre de la sécurité civile. De telles mesures pourraient être étendues à l'Union européenne, et d'autres États ciblés par le terrorisme pourraient en prendre exemple.

La solution au terrorisme est aussi politique. Le processus de paix au Proche-Orient, s'il aboutissait, pourrait supprimer l'une des principales causes du terrorisme. C'est par la voie politique que le terrorisme a été défait en Irlande et au Pays basque.

Comment en finir avec les guerres ?

L'idée même des guerres devient de plus en plus insupportable au fur et à mesure que l'ère de l'information et de la communication s'impose.

La technologie et la paix

Pour de nombreux auteurs, notamment aux États-Unis, les progrès techniques permettront de développer des armes qui auront pour particularité non pas de tuer, mais d'empêcher les combattants de combattre. Ce sont les armes, non létales. Selon Alvin et Heidi Toffler[1], les guerres ne seront plus des guerres de masse comme auparavant mais des guerres menées avec des armes de haute précision conçues pour apporter une destruction personnalisée avec un minimum de dégâts collatéraux. On s'oriente donc « vers la démassification et la destruction, parallèlement à la démassification et la production ». Les nouvelles armes, loin de maximiser les chances de tuer comme celles venues du siècle symbolisé par l'arme nucléaire, chercheront au contraire à les minimiser. La nouvelle

---

1. Alvin et Heidi TOFFLER, *Guerre et contre-guerre, survivre à l'aube du XXI⁰ siècle*, Fayard, 424 pages, 1994.

course aux armements se dirigera donc vers les armes qui auront pour but de minimiser la létalité.

Y aura-t-il des guerres « zéro mort » ? Ce concept de guerre « zéro mort » est ambigu. Il cache deux réalités. Cela peut être le « zéro mort » pour la puissance qui intervient. Dans la mesure où son territoire n'est pas en jeu, l'opinion publique accepterait plus difficilement le sacrifice de ses soldats. On ne peut donc intervenir qu'avec la certitude de ne pas faire prendre de risques à ces militaires. C'est ainsi que les États-Unis ont mené uniquement avec des moyens aériens la guerre au Kosovo pour ne pas mettre en jeu la vie de ses soldats, de peur de voir l'opinion publique américaine réclamer la fin de l'intervention. Celle-ci avait été profondément choquée et humiliée par la mort de soldats américains intervenant en Somalie au début des années 1990, ce qui avait mis fin à cette opération humanitaire. Mais la guerre peut être également limitée pour la population adverse. La guerre du Kosovo a montré qu'en pleine guerre, il était important pour les puissances intervenantes de minimiser le nombre de victimes dans la partie adverse. Cela s'explique par le fait que la Yougoslavie n'avait pas attaqué directement les intérêts, le territoire ou la population des pays occidentaux. Parallèlement, la volonté de frapper la Yougoslavie était moindre, le peuple yougoslave n'était pas considéré comme forcément coupable des méfaits de Milosevic, puisque justement celui-ci était désigné comme un dictateur. La coalition occidentale a pu maintenir sa cohérence en essayant de limiter au maximum, malgré quelques « bavures », les frappes sur des objectifs strictement militaires. Mais la guerre d'Irak puis celle du Liban ont montré qu'en période de tension géopolitique et de peur les populations d'un pays pouvaient fort bien s'accommoder des bombardements de populations civiles dans le camp d'en face.

Les progrès technologiques vont-ils donc rendre la guerre obsolète ? Ce n'est pas la première fois que ce type de théorie est mis en avant. En 1858, avec l'établissement du premier câble télégraphique transatlantique, un Anglais avait émit l'hypothèse qu'il n'y aurait plus désormais de conflits possibles puisque cet instrument avait été créé pour l'échange des pensées entre toutes les nations de la terre. Au début du XXe siècle, il avait été prédit que l'aviation allait mettre fin à la guerre, à la fois en promouvant la communication internationale et également en rendant les armées obsolètes, puisqu'elles seraient vulnérables à une attaque de l'air. L'invention de la radio avait également été vue initialement comme un facteur de promotion de la paix. On a vu en Allemagne nazie ou au Rwanda comment elle pouvait être utilisée pour promouvoir des génocides.

La description des armes non létales est certes impressionnante. On peut paralyser les chars non pas en les détruisant mais en contaminant leur carburant, ou empêcher les avions de prendre l'air non pas en les abattant mais en les clouant au sol grâce à des armes d'énergie dirigée. La guerre électronique permet de brouiller à distance les moyens de communication adverses. Les armes lasers permettent l'aveuglement temporaire du combattant ou la neutralisation réversible des équipements électroniques. Les États-Unis travaillent sur la RMA (*Revolution in Military Affairs*), qui met l'accent sur la technologie et la précision plus que sur la destruction de masse. Ne vaut-il pas mieux, plutôt que de détruire des centrales électriques qu'il faudra reconstruire par la suite, tirer sur elles des bombes graphites qui provoquent des courts circuits ? Les missiles ont une précision de plus en plus affinée. Les drones, petits avions sans pilote, permettent d'accomplir les missions les plus dangereuses, comme la reconnaissance topographique, sans risque de voir des pilotes capturés ou tués s'ils sont abattus. Les missiles tirés à distance permettent également de préserver la vie des pilotes.

Il est cependant loin d'être certain que le progrès technologique suffira à arrêter la guerre. Quel qu'il soit, quelle que soit son ampleur, il ne peut permettre de résoudre les problèmes politiques.

La guerre du Kosovo a bien montré la coexistence de deux guerres : une guerre technologique dans les airs que l'OTAN menait contre la Yougoslavie et une guerre plus rudimentaire menée au sol entre Kosovars et Yougoslaves. Le développement de la technologie peut également permettre le développement d'armes de terreur ou d'armes biologiques, ainsi que leur possession ou fabrication par un plus grand nombre de personnes. La guerre d'Irak, gagnée très facilement par les Américains, s'est transformée en bourbier une fois qu'ils ont occupé le pays. Leur supériorité technologique ne les a pas empêchés de subir de graves pertes. La même chose peut être dite à propos de l'Afghanistan.

Le problème de la paix et de la guerre est l'un des plus essentiel posé à l'humanité, la solution technologique n'est pas en soi une réponse positive. Elle peut tout aussi bien, comme le développement des armements l'a montré tout au cours de l'histoire de l'humanité, déboucher sur des façons plus faciles de faire la guerre, et de répandre la terreur. Il est certain que la supériorité militaire est aujourd'hui davantage une affaire de maîtrise technologique ? Savoir détecter des tirs à distance ou effectuer des frappes précises sont des atouts indéniables. Cela ne veut pas dire pour autant que si la guerre ne se mène plus de la même façon qu'auparavant, celle-ci devient impossible pour autant.

La démocratie et la guerre

Une autre théorie particulièrement en vogue au cours de la décennie 1990 est celle de la paix démocratique. Le développement dans le monde du système démocratique constituerait donc la meilleure fin à la guerre. La démocratie porterait en elle la paix comme la nuée porte l'orage. Les peuples étant par nature pacifique, contrairement à leurs dirigeants, ils ne peuvent vouloir la guerre. Par ailleurs, au cours de la Guerre froide, le bloc communiste étant présenté comme l'agresseur potentiel, il y a eu la création d'un lien entre la nature non démocratique des sociétés de l'Est et leur caractère belliqueux ; à l'inverse, le monde occidental paraissait allier volonté de paix et libre expression de ses citoyens.

Troisième explication tirée de l'exemple ouest-européen : vivant dans des démocraties bien établies, les populations de l'Europe de l'Ouest ont banni la guerre de leurs relations. En adoptant le concept d'élargissement de la démocratie au détriment de celui de *containment,* les Américains sous Bill Clinton ont fait de l'extension de la démocratie la meilleure garantie pour assurer la sécurité des États-Unis et une paix durable. Soutenir la démocratie était de l'intérêt des Américains car les démocraties n'entraient pas en guerre entre elles. Si on ne peut que soutenir l'idée de l'élargissement de la démocratie à l'ensemble de la planète, il n'est pas certain pour autant que cela suffira à assurer la paix. Si la dictature en Argentine a bien agressé la démocratie britannique en 1982, il serait contraire à la réalité de présenter les dictateurs comme étant par nature des régimes agressifs pour l'extérieur. Il est indéniable qu'ils le sont pour leurs propres populations et les démocraties des pays pacifiques. Le Chili de Pinochet a été extrêmement paisible dans les relations avec ses voisins et aucune des différentes dictatures latino-américaines dans les années 1960 à 1980 ne s'est lancée dans une guerre. Les États-Unis, puissance démocratique par excellence, tout au long de leur histoire n'ont jamais trop hésité à se lancer dans des aventures militaires contre les pays de leur arrière-cour dans les Caraïbes ou en Amérique centrale ; Israël se présente comme la seule démocratie du Proche-Orient, c'est pourtant elle qui a pris le plus souvent l'initiative du conflit. Paradoxalement, elle s'est lancée en 2006 dans une guerre contre l'autre démocratie de la région, le Liban. La Palestine a la particularité d'être une démocratie sans être un État. Les électeurs ont choisi en 2006 le Hamas, contre lequel Israël a lancé une guerre à Gaza en 2008. De même, c'est l'Inde démocratique qui a attaqué le Pakistan en 1971. La dictature soviétique s'était livrée à deux opérations de police en 1956 en Hongrie, en 1968 en Tchécoslovaquie et à une guerre de grande ampleur en Afghanistan. Mais la « démocratie » russe est mêlée à de nombreux conflits dont deux particulièrement sanglants en Tchétchénie. On peut même parfois expliquer le rapprochement entre les pays arabes et Israël par le caractère non démocratique des pays arabes, la population étant moins encline que les dirigeants à apprécier le mérite de ce rapprochement. Enfin, la guerre du Kosovo montre les limites de la théorie de la paix démocratique. Tout d'abord parce que contrairement à ce qui a souvent été dit, Slobodan Milosevic n'est pas un dictateur au sens traditionnel du terme puisqu'il a été porté au pouvoir par les urnes et que, de toute façon, ce sont bien les dix-neuf pays membres de l'Alliance Atlantique, toutes des démocraties confirmées, qui ont pris l'initiative du conflit. Et, en 2003, c'est la démocratie américaine qui a fait la guerre contre la dictature irakienne avec, entre autres motivations, la volonté d'établir une démocratie dans ce pays, ce qui n'a pas contribué à promouvoir l'idée de démocratie dans la région.

En période de tensions stratégiques, les opinions ne jouent pas un rôle apaisant mais au contraire contribuent à la surenchère guerrière. Il faut des leaders particulièrement forts et charismatiques pour savoir imposer la voie de la sagesse et de la négociation. Celle-ci est par définition incertaine et ses effets ne sont jamais immédiatement positifs. La voie de la réplique miliaire, très souvent, ne produit pas de résultats politiques satisfaisants mais a pour effet de satisfaire psychologiquement les peuples qui ont le sentiment que les dirigeants font quelque chose et ne restent pas impuissants.

Malheureusement, trop souvent les dirigeants ont le nez pointé sur les sondages et les prochaines élections, prennent des décisions qui sont payantes à court terme sur le plan de la politique intérieure mais qui ne sont peut-être pas payantes à long terme sur le plan stratégique. « Je suis leur chef, donc je les suis » est une formule trop souvient constatée. La démocratie reste le meilleur de tous les systèmes à l'exclusion de tous les autres. Mais elle ne conduit pas nécessairement à la paix. Et elle exige des dirigeants qu'ils soient à la hauteur des défis de l'époque, qu'ils prennent plus en compte les intérêts à long terme du pays que leurs intérêts électoraux et qu'ils soient assez légitimes pour résister aux pulsions de l'opinion.

La sécurité humaine

En outre, le concept de sécurité humaine a été développé. Il part du constat selon lequel depuis la fin de la guerre froide, alors que la sécurité des États s'est améliorée (les guerres qui les opposent sont moins nombreuses), celle de la population mondiale s'est détériorée. Les guerres civiles, pouvant aller jusqu'aux génocides (Rwanda), se multiplient. Les effets secondaires négatifs de la mondialisation (développement des trafics illicites, propagation des maladies, dégradation de l'environnement) pèsent sur le sort des populations.

Si l'expression est liée à la décennie 1990, on peut retrouver les prémices de ce concept lors de la fondation du Comité international de la Croix-Rouge en 1860 et plus tard dans la Charte des Nations unies, la Déclaration universelle des Droits de l'Homme et la convention de Genève.

C'est le programme des Nations unies sur le développement (PNUD), qui publie depuis 1994 un rapport annuel, qui a consacré le terme de sécurité humaine. La définition avancée dans le rapport était extrêmement ambitieuse, la sécurité humaine étant la somme de sept éléments distincts, soit la sécurité économique, la sécurité alimentaire, la sécurité dans le domaine de la santé, la sécurité de l'environnement, la sécurité personnelle, la sécurité collective et la sécurité politique.

La nouveauté est que le rapport du PNUD met l'accent sur la protection des personnes et les menaces non traditionnelles.

Parallèlement, et notamment sous l'impulsion d'ONG et de groupes militants, deux initiatives étaient lancées, évoquant une approche de la sécurité centrée sur l'individu. C'est le cas, par exemple, de la campagne pour l'interdiction des mines terrestres antipersonnel et les efforts visant la création de la Cour criminelle internationale, présentée comme des applications du concept de sécurité humaine.

La sécurité humaine se veut axée sur la protection, et mettant l'individu et non plus les territoires ou les gouvernements au centre des préoccupations. Elle n'est pas vue comme devant se substituer à la sécurité nationale, mais venant la compléter. D'ailleurs, les partisans du concept de sécurité humaine n'excluent pas en tant que tel le recours à la force si nécessaire (Kosovo, Bosnie). Mais même dans ce cas extrême, le coût humain de la guerre doit être le plus bas possible. Les stratégies de sécurité doivent être intégrées aux stratégies appuyant les droits de la personne, la démocratie et le développement. Les droits de la personne, le droit humanitaire et le droit des réfugiés constituent le cadre normatif d'une approche axée sur la sécurité humaine.

Les individus, les ONG, la société civile sont vus comme les vecteurs les plus importants de la promotion de la sécurité humaine, même si le rôle des États n'est pas entièrement nié – un État comme le Canada notamment a fait de la sécurité humaine un axe clé si ce n'est majeur de sa politique étrangère.

Après le succès emblématique de la Convention sur l'interdiction des mines antipersonnel, les principaux objectifs de ces ONG seront de créer de nouvelles normes pour réduire le trafic illicite des armes légères, de rendre effective l'interdiction d'utiliser et de recruter des enfants-soldats, de prohiber l'exploitation de la main-d'œuvre enfantine, et de mieux protéger les populations déplacées.

La disparition des guerres ne dépendra pas de critères technologiques, mais bel et bien de critères politiques et stratégiques.

Le monde a pu vivre la paix des empires. Mais ces derniers finissent un jour et leur disparition est souvent l'effet ou la cause d'une guerre de grande ampleur. La paix pour l'empire, qui de plus s'accompagne de remise en cause régulière de la paix impériale, n'est donc pas viable. La paix par la terreur nucléaire, certes instable, a fonctionné entre l'URSS et les États-Unis. Mais l'URSS a disparu, et par ailleurs la dissuasion ne couvrait pas, et de loin, la planète entière. Peut-on dire que ce sont les États qui se font la guerre alors que les peuples sont pacifiques, et que leur effacement (sans rêver comme le faisait Marx à leur extinction) va déboucher sur un monde plus pacifique débarrassé de la *Realpolitik* ? On constate malheureusement que lorsque l'État s'affaiblit fortement (Liban dans les années 1980, Rwanda, Somalie, Afghanistan) ce n'est pas précisément pour faire place à la paix.

Le modèle européen de réconciliation, pour extraordinaire qu'il soit, a sans doute des limites historiques, géographiques et financières.

La menace soviétique a servi d'élément fédérateur initial, la démocratie et l'essor économique ne se retrouvent pas forcément ailleurs car, plus encore que la démocratie, c'est bien la richesse qui a un effet apaisant sur les velléités guerrières. Zbigniew Brzezinski a pu écrire aussi que la guerre était devenue le « luxe des pays pauvres ». Tant que le monde sera inégal économiquement, que chaque communauté n'estimera pas qu'elle est traitée avec justice, les risques de guerres existeront. Sinon, dans les zones non couvertes à la prospérité, la paix nécessitera une intervention extérieure de la communauté internationale (en fait les pays riches) pour s'établir. Les pays riches auront-ils longtemps encore la volonté de s'impliquer ? Et sinon, est-il envisageable qu'à l'ère de la mondialisation des oasis de paix resteront durablement à l'abri des zones de turbulences ?

Conclusion

Les États et les différents acteurs politiques s'opposent toujours pour des questions d'intérêts déguisées ou non en querelles idéologiques ou de valeurs. Les visées territoriales, les perceptions de peur, la sécurité des approvisionnements, le contrôle des voies stratégiques, les héritages empoisonnés de la colonisation et de la décolonisation, l'effondrement des empires entretiennent la matrice des conflits actuels et futurs.

5

ARMES NUCLÉAIRES ET ARMES DE DESTRUCTION MASSIVE : PROLIFÉRATION ET DISSUASION

En 1945, le monde est entré dans l'ère nucléaire. Il y est toujours. Cette nouvelle arme a révolutionné la façon de penser la guerre et la paix.

La diffusion des connaissances scientifiques et technologiques, symbole de la mondialisation, concerne également la fabrication des armes nucléaires et de celles dites de destruction massive du fait de l'ampleur des dégâts qu'elles peuvent créer.

Récemment, de nombreux experts et dirigeants ont évoqué le concept d'armes de destruction massive qui englobe, à côté des armes nucléaires, les armes chimiques et biologiques, ainsi que les missiles balistiques qui peuvent les emporter. Cette catégorie d'armes de destruction massive n'a en fait pas une réelle cohérence stratégique. Les armes nucléaires sont des armes de dissuasion, alors que les armes chimiques et biologiques sont des armes d'emploi. Au cours du XXe siècle, de nombreux massacres à grande échelle ont été commis sans que ces armes aient été utilisées. Néanmoins, elles sont de plus en plus regroupées sous ce label commun. Elles suscitent l'effroi et frappent les imaginations bien plus que les autres catégories d'armes. La lutte contre la prolifération de ces armes est vue comme une priorité stratégique par la majeure partie de la communauté internationale, et ce principalement dans le monde occidental, qui y voit une possible remise en cause de sa suprématie militaire.

La prolifération des armes de destruction massive est généralement présentée comme l'un des défis les plus graves à la sécurité internationale. On craint à la fois que la dissémination de ces armes n'entraîne un risque accru de leur utilisation et que les nouveaux acquéreurs ne fassent pas preuve de la même sagesse et retenue que les États qui les possèdent depuis plus longtemps. Après les attentats du 11 septembre – commis sans armes dites de destruction massive –, la menace de leur utilisation par des groupes terroristes a été mise en avant. La guerre d'Irak a été justifiée par la possession par ce pays d'armes de destruction massive, dont l'existence n'a cependant pas été confirmée, bien au contraire, après la guerre.

Différents régimes ont donc été mis en place pour limiter la prolifération de ces armes qui ont très souvent un caractère discriminant et ont généralement fini par être acceptées par le plus grand nombre d'États.

Les armes nucléaires

Arme nouvelle, pensée ancienne

Lorsque le 6 août 1945 les Américains lancent une bombe atomique sur Hiroshima, le monde entre dans l'ère du nucléaire militaire sans savoir pour autant ce que cela allait signifier. La réflexion stratégique sur la nouvelle arme n'était pas à la hauteur du travail scientifique accompli. Le concept de dissuasion nucléaire fut postérieur à l'apparition de l'arme nucléaire.

Initialement, le programme nucléaire américain était une simple police d'assurance vis-à-vis du programme allemand. De nombreux scientifiques, notamment des réfugiés d'Europe de l'Est ou d'Allemagne qui avaient fui des persécutions nazies, avaient mis en garde les Américains contre les avancées possibles du programme nucléaire allemand.

On craignait que les Allemands prennent un avantage décisif dans la Seconde Guerre mondiale s'ils mettaient au point, les premiers, l'arme nucléaire.

En octobre 1939, Einstein écrit au Président Roosevelt en lui présentant les effets éventuels d'une bombe atomique qui, à l'époque, était considérée comme devant être très volumineuse. Selon Einstein, une seule de ces bombes introduite par un bateau dans un port pouvait fort bien détruire entièrement le port et le territoire environnant ; mais il estimait que de telles bombes pouvaient se révéler trop lourdes pour les transports par air. Le projet Manhattan fut lancé en décembre 1941. Il était motivé par la peur de voir l'Allemagne se doter la première de cette nouvelle arme. Le IIIe Reich avait en effet mis sur pied dès 1939 une équipe comprenant tous les grands physiciens allemands sous la direction du Maréchal Göring. Mais l'Allemagne n'a pas consacré d'énormes moyens à ce projet.

À l'inverse ce sont 140 000 personnes dispersées sur le territoire américain qui ont travaillé pour le projet Manhattan à partir de 1941. Ironie de l'histoire, lorsque le 16 juillet 1945 les Américains procèdent à la première explosion nucléaire de l'histoire, l'Allemagne est déjà vaincue, mais la guerre dans le Pacifique n'est pas terminée.

Après avoir hésité à procéder à une démonstration atomique au large de la baie de Tokyo, les responsables américains décident de la lancer sur une ville japonaise pour trois raisons. Tout d'abord, ils n'étaient pas sûrs que l'essai réussisse ou soit suffisant pour impressionner les Japonais. Ils n'avaient par ailleurs que deux bombes en stock. Ils estimaient qu'un ou deux chocs étaient nécessaires aux Japonais et à l'Empereur Hiro Hito pour se rendre sans perdre la face. Il s'agissait également d'éviter l'avancée de l'Union soviétique qui avait dénoncé son traité de neutralité avec le Japon le 5 avril 1945. Enfin, les Américains estimaient que la reconquête de l'archipel nippon par la seule voie conventionnelle des armes classiques serait, du fait de la résistance farouche qu'opposeraient les Japonais, beaucoup plus lourde en terme de pertes humaines.

L'arme nucléaire a révolutionné la stratégie mondiale, mais on ne s'en est guère aperçu initialement. Au contraire, la constance avec laquelle on a continué à appliquer à l'arme nucléaire des concepts et des théories stratégiques antérieurs à son apparition est remarquable.

En 1921, à la lumière des combats de la Première Guerre mondiale, le général d'aviation italien Giulio Douhet publiait *La Maîtrise de l'air*. Dans cet ouvrage, il développait la notion de « bombardements stratégiques ». Puisque désormais ce ne sont plus les seuls soldats, mais aussi les peuples qui sont mobilisés par la guerre, il préconisait de s'attaquer aux racines de la puissance :

industries, mines et villes pour provoquer la rupture de l'équilibre des forces. La guerre ne se gagne plus sur le front, mais à l'arrière. Initialement l'arme nucléaire est considérée comme l'arme idéale pour le bombardement stratégique. Elle est seulement perçue comme une arme plus puissante, produisant plus de dommages que l'arme conventionnelle, mais pas comme une arme d'une nature radicalement différente. Certes dès 1946, dans son livre *The Absolute Weapon*, Bernard Brodie écrit : « jusqu'à maintenant le principal objet de notre appareil militaire fut de gagner les guerres. Désormais son but principal doit être de les éviter ».

Mais c'était plus l'expression d'un vœu face aux dégâts que crée l'arme nucléaire que l'intuition d'un effet dissuasif. L'idée que la stratégie doit avoir pour objet d'aider la politique à retrouver la raison et donc d'éviter la guerre, ne perce pas encore. L'arme nucléaire est assimilée à une superarme conventionnelle et intégrée comme telle dans tous les plans d'état-major.

Le concept de dissuasion

Parallèlement, la menace soviétique inquiétait les dirigeants occidentaux. Contrairement à Washington, Moscou n'avait pas démobilisé après 1945 et le rapport de forces conventionnelles en Europe – où l'URSS alignait 175 divisions – était incontestablement en sa faveur. Les membres de l'Alliance Atlantique se fixaient pour objectif de rétablir un équilibre des forces. Ils décident, en février 1952, à Lisbonne, pour être en mesure de contrer toute attaque soviétique, de mettre sur pied 96 divisions. Mais cet objectif, qui n'aurait par ailleurs pas rétabli l'équilibre militaire, ne put être atteint. Contrairement aux Soviétiques, les Occidentaux ne peuvent se permettre d'avoir une économie de guerre en temps de paix. Lorsque Eisenhower arrive à la Maison Blanche en janvier 1953, il va admettre que les obstacles économiques à l'édification de telles forces conventionnelles sont infranchissables. Il estime que les armes nucléaires peuvent constituer une alternative moins coûteuse que le réarmement conventionnel. D'où le slogan « A bigger bang for less bucks », un plus grand boum pour moins de dollars. Le Pentagone met en avant que le coût d'une tonne d'explosifs classiques était 74 fois supérieur à celui du nucléaire.

Les responsables militaires de l'OTAN sont autorisés à fonder leur planification à partir d'un usage rapide des armes nucléaires en cas d'attaque soviétique, que cette dernière ait lieu ou non avec de telles armes.

L'utilisation des armes nucléaires permet donc de contrebalancer l'infériorité des armes classiques des Occidentaux. Les armes nucléaires n'ont donc pas une mission différente des armes classiques. Elles viennent simplement compléter, à un coût moindre, l'arsenal occidental. Les États-Unis considèrent que la possibilité d'utiliser des armes atomiques comme des armes conventionnelles est essentielle pour la défense de la zone OTAN.

Les armes nucléaires deviennent la clé de voûte de la défense occidentale. La notion de dissuasion n'existe cependant pas encore. Alors que le but initialement recherché était d'aider à gagner la guerre, un résultat inattendu, et non voulu, est survenu : la guerre a été interdite entre puissances nucléaires. Les armes nucléaires devaient être utilisées comme des armes conventionnelles, mais la menace de cette utilisation massive a créé un effet dissuasif absolu sur l'Union Soviétique.

Le concept de dissuasion nucléaire est donc le fruit du hasard et de la nécessité : le hasard, de la découverte d'une arme plus puissante que les autres. La nécessité, c'est l'équilibre militaire face au bloc de l'Est et à sa supériorité en armes classiques.

L'ampleur des destructions qu'aurait provoqué l'utilisation d'armes nucléaires dissuadait tout pays d'entrer en guerre avec un État qui en possédait. Cela s'explique évidemment par les spécificités stratégiques, politiques et psychologiques des armes atomiques.

Hiroshima occupe une place inégalable dans la mémoire collective de l'humanité : l'importance des destructions, l'aspect imparable de l'attaque, le caractère unique de la frappe, le fait que cette attaque puisse encore provoquer des morts bien après la fin de la guerre, et que l'immense majorité des victimes soit des civils : tout ceci a provoqué un choc psychologique que n'avaient pas créé les autres bombardements massifs au-dessus de Dresde ou de Tokyo au cours de la Seconde Guerre mondiale.

La dissuasion nucléaire va geler la situation stratégique. En effet, face à l'État détenant l'arme nucléaire, on ne peut plus faire la balance des coûts et avantages qu'il peut en retirer avant de se lancer dans un conflit. Les coûts sont forcément plus grands, car le risque est celui de la destruction totale du pays qui s'attaque à une puissance nucléaire. Rien ne peut contrebalancer une telle perspective.

Vis-à-vis d'un pays nucléaire, l'agresseur potentiel est placé sous la menace du déclenchement du feu atomique. Cette menace pèse sur tout agresseur potentiel qui doit distinguer parmi les différentes conduites qui s'offrent à lui, celles qui peuvent provoquer l'exécution de la menace nucléaire.

Comme aucun État ne peut accepter les pertes et dommages consécutifs à l'emploi de l'arme nucléaire, le risque devient prohibitif, intolérable.

En tant que tel, le principe de dissuasion a toujours existé. Les Romains n'affirmaient-ils pas : *si vis pacem para bellum*, si tu veux la paix, prépare la guerre ? Mais l'arme nucléaire donne un caractère radical et absolu à ce concept de dissuasion. Les armes nucléaires ne sont, dans cette logique, pas faites pour gagner les guerres, mais pour en empêcher le déclenchement. La guerre contre un pays nucléaire n'étant pas gagnable, elle ne devient plus pensable.

La dissuasion est selon la formule d'Henry Kissinger, « la tentative faite pour empêcher d'adopter une certaine ligne d'action en lui opposant des risques qui lui paraissent sans commune mesure avec aucun des gains escomptés ».

La dissuasion constitue la menace constante qu'il convient de brandir contre un adversaire éventuel afin de le « dissuader », c'est-à-dire de le décourager, de mettre à exécution sa volonté d'agression.

Dès 1947, Raymond Aron avait résumé ainsi le nouveau système international : « Guerre improbable, paix impossible ». La paix était impossible puisque les systèmes américains et soviétiques étaient antagonistes. La guerre était improbable du fait de l'existence de la dissuasion américaine. L'accession de l'URSS à l'arme atomique a confirmé ce principe. Toute guerre entre Moscou et Washington devenait impossible car elle risquait de ne pas connaître de limites à l'escalade. C'est la théorie de la Mutual Assured Destruction (*destruction mutuelle assurée*) en cas de conflit. MAD qui signifie fou en anglais. La guerre serait effectivement une folie, mais c'est parce qu'elle aurait été une folie qu'elle n'a pas eu lieu. La rivalité soviéto-américaine a donc pris d'autres chemins : l'affrontement direct fut purement verbal. Seuls les affrontements contre ou entre les alliés des uns et des autres ont pu être armés.

Il fallait pour reprendre la formule de Jean-Paul Sartre que « l'humanité soit mise en possession de sa propre mort ». Une guerre nucléaire aurait signifié effectivement la fin du monde.

Mais par contrecoup, personne ne peut déclencher une guerre contre un pays nucléaire. C'est ce paradoxe que relevait Churchill en déclarant : « À l'âge nucléaire, la sécurité sera le robuste enfant de la terreur, et la survie, la sœur jumelle de l'annihilation ».

Alors que l'Europe était divisée sur le plan idéologique comme elle ne l'avait jamais été, constituée en deux blocs surarmés, la guerre disparaissait pourtant d'un continent dans lequel elle avait été constamment et lourdement présente.

L'arme nucléaire et l'effet dissuasif de son immense potentiel destructeur était l'explication majeure de ce paradoxe.

La prolifération nucléaire

Il y a deux types de prolifération nucléaire.

La prolifération verticale concerne l'augmentation du nombre d'armes nucléaires déjà existant dans les arsenaux.

La prolifération horizontale concerne l'augmentation du nombre d'États possédant l'arme nucléaire. C'est aujourd'hui cet aspect de la question qui est pris en compte lorsque l'on parle de prolifération.

La crainte suscitée par les risques de prolifération a conduit à la mise sur pied d'un régime international de non prolifération des armes nucléaires.

Le régime de non-prolifération

Dès l'origine de l'arme nucléaire, la prolifération des armes nucléaires a constitué une préoccupation majeure des responsables américains. En 1946, avec le plan Baruch Lilienthal, ils proposaient de renoncer à leurs armes nucléaires en échange de l'internationalisation complète (de l'extraction de l'uranium jusqu'à ses utilisations scientifiques) du cycle de l'atome afin de s'assurer que nul ne pourrait à l'avenir accéder à l'arme atomique. L'URSS refusa mais se mit à partager le souci de non prolifération dès qu'elle devint un pays nucléaire. La rupture sino-soviétique de 1961 s'explique en grande partie par le refus de Moscou d'aider Pékin à mettre au point son arsenal atomique.

Cette volonté de fermer derrière soi la porte du club nucléaire a été qualifiée de facteur dit n +1. Les États nucléaires estiment qu'un équilibre stratégique est atteint avec leur arrivée dans le club nucléaire, mais considèrent que l'entrée de nouveaux membres viendrait forcément déstabiliser la situation. Ainsi, les États-Unis estimaient que, du fait de leur politique généreuse et de leur volonté de promouvoir des valeurs universelles, il n'y avait pas de risque à ce qu'ils conservent le monopole des armes nucléaires.

Les soviétiques estiment, pour leur part, qu'à partir du moment où ils avaient eux aussi atteint la capacité nucléaire, un équilibre était atteint entre l'Est et l'Ouest et que l'apparition de nouveaux acteurs nucléaires perturberait cet équilibre délicat. Par la suite, la Grande-Bretagne jugea normal après 1952 de posséder ses propres armes mais estimait dangereux que d'autres États puissent en faire de même. De la même façon, la France et la Chine ont trouvé tout à fait justifié, dans une perspective de lutte contre le *condominium* soviéto-américain, de posséder leurs propres armes nucléaires mais n'étaient pas pour autant enclines à voir d'autres États les rejoindre.

Américains et soviétiques allaient élaborer le Traité de non-Prolifération (TNP) afin de fermer derrière eux la porte du club nucléaire.

Plusieurs raisons les conduisaient à lutter contre la prolifération des armes nucléaires. Ils savent tout d'abord que la possession de ces armes est un formidable privilège et n'entendent donc pas le partager, fût-ce avec leurs alliés. L'URSS entendait demeurer le seul pays communiste à être nucléaire, et les États-Unis ont tout fait pour empêcher la France d'accéder à l'arme atomique. À leurs yeux, leur statut de puissance nucléaire ne pouvait être accordé qu'aux superpuissances, seules à avoir des responsabilités mondiales et jugées aptes à « gérer » des armes nucléaires. Elles craignaient par ailleurs la contestation de leur superpuissance en cas d'apparition de nouveaux États nucléaires, ce que firent d'ailleurs la France dans le camp occidental et la Chine dans le bloc communiste. Elles redoutaient d'être entraînées malgré elles dans une guerre par un allié nucléaire, ou que celui-ci ne prenne l'initiative d'ouvrir le feu nucléaire dans un conflit. Enfin, elles estimaient que l'augmentation du nombre d'États possédant l'arme accroît les risques d'utilisation accidentelle de l'arme. Au début des années soixante, le Président Kennedy s'inquiétait ainsi de la perspective d'un monde qui pourrait connaître vingt ou trente États nucléaires à l'horizon des années 1980.

Le TNP repose en apparence sur un équilibre d'obligations, les États nucléaires (définis comme ceux ayant procédé à un essai nucléaire avant le 1er janvier 1967 : USA, URSS, Grande-Bretagne, France, Chine) s'engageant à ne pas transférer d'armes nucléaires à ceux qui n'en ont pas, les États non nucléaires s'engageant à ne pas les acquérir. Pour beaucoup, le TNP est la consécration de l'inégalité par le droit. Les armes nucléaires, jugées bonnes pour certains États, sont considérées comme dangereuses pour d'autres. Si les puissances non nucléaires opèrent une réelle renonciation, ce n'est pas le cas des États nucléaires, qui ne souhaitent pas partager leur privilège. Aussi, de nombreux pays disposant de programmes nucléaires refusent-ils de le signer (Inde, Pakistan, Israël, Afrique du Sud, Algérie, Brésil, Argentine, Taiwan, Corée du Nord). Les quatre premiers pays se doteront d'ailleurs secrètement de l'arme nucléaire. L'Afrique du Sud y renoncera après le démantèlement de *l'apartheid*, Israël, l'Inde et le Pakistan sont les trois États nucléaires « officieux ».

Mais, la grande majorité des États non nucléaires préfèrent signer le Traité. Même s'ils le jugent inégal, ils préfèrent un ordre injuste au vaste désordre qu'impliquerait une prolifération incontrôlée des armes nucléaires. Pour atténuer les aspects inégaux du Traité, les puissances nucléaires s'engagent à négocier la réduction de leurs propres arsenaux et à faciliter l'accès aux technologies nucléaires civiles aux puissances non dotées d'armes nucléaires qui signeraient le TNP.

Le choc pétrolier en 1973-1974 allait relancer le débat sur la prolifération nucléaire. En effet, pour faire face à l'augmentation du prix du pétrole, de nombreux pays du tiers monde allaient se doter de vastes programmes d'équipement nucléaire civil dont on craignait qu'ils ne soient détournés à des fins militaires. Parallèlement, l'Inde procédait en 1974 à un essai nucléaire qui, bien que qualifié de pacifique, ne laissait guère de doute sur sa finalité militaire. Après cet essai, et parallèlement au TNP, les pays fournisseurs de technologies nucléaires ont formé un groupe *ad hoc* (club de Londres créé en 1975 et devenu en 1992 le groupe des fournisseurs nucléaires ou *Nuclear Suppliers Group*) afin de convenir de règles communes pour les exportations de technologie nucléaire.

Une nouvelle problématique dans les années 1990

Au début des années quatre-vingt-dix, le débat sur la prolifération nucléaire fut relancé sous l'effet de trois facteurs : la situation en Russie, la guerre du Golfe et la nécessité de proroger le Traité de non-prolifération.

Le démantèlement de l'Union soviétique renouvela le débat sur la prolifération.

Tout d'abord parce qu'à l'Union soviétique succédaient 15 États. Quatre d'entre eux (la Russie, l'Ukraine, le Kazakhstan, la Biélorussie) étaient possesseurs d'armes nucléaires stratégiques. Ainsi, en un jour, le nombre d'États disposant de l'arme nucléaire sur le continent européen passait de 3 à 6. Par ailleurs, les armes nucléaires tactiques qui équipaient chaque division de l'armée soviétique se retrouvaient réparties sur l'ensemble du territoire des quinze Républiques. Enfin et surtout, les 100 000 personnes qui travaillaient directement en Union Soviétique pour le secteur nucléaire (dont 2 000 à 3 000 connaissaient de façon assez précise les secrets de fabrication de l'arme) et qui étaient très bien traitées par le régime se voyaient menacer d'être réduites au chômage ou à des solutions de misère après l'effondrement de l'URSS. Des villes entièrement fermées à toute présence étrangère et dans lesquelles travaillaient ces spécialistes étaient tout d'un coup ouvertes. Ces problèmes furent non sans mal résolus ; l'Ukraine, la Biélorussie et le Kazakhstan acceptaient de signer le Traité de non-prolifération des armes nucléaires en tant qu'États non nucléaires en échange d'une aide économique internationale, notamment américaine. Les armes nucléaires tactiques réparties sur le territoire des différentes républiques ex-soviétiques étaient rapatriées en Russie. Enfin, un programme international d'aide permettait de faire travailler sur place les savants atomistes russes ou de les embaucher dans les laboratoires occidentaux en évitant qu'ils ne soient attirés par les pays « proliférants » (pays soupçonnés de vouloir se doter d'armes nucléaires).

Parallèlement, à l'issue de la guerre du Golfe, la défaite irakienne avait permis de voir que, malgré son engagement de non-proliférer, (l'Irak était signataire du TNP) ce pays avait développé un gigantesque programme clandestin de fabrication des armes nucléaires. On commença donc à douter de la garantie accordée par le TNP contre des programmes clandestins et les pays membres de la coalition internationale qui avait vaincu l'Irak se demandèrent rétrospectivement ce qui se serait passé si Saddan Hussein avait attendu quelques mois de plus avant d'envahir le Koweit : l'Irak n'était en effet avant le déclenchement de la Guerre du Golfe qu'à quelques mois de la possession d'armes nucléaires. Suite à ces révélations, l'Agence internationale de l'énergie atomique renforça son programme de vérification des activités nucléaires des pays parties au TNP. Le programme dit « 93+2 » fait passer les contrôles d'une logique purement comptable ou l'agence se contentait de vérifier l'exactitude des déclarations des États à une logique inquisitoire ou l'agence enquête directement sur les activités des États.

Enfin, malgré ses défauts, le TNP qui était considéré comme une barrière non négligeable vers la prolifération avait été conclu pour 25 ans. Entré en vigueur en 1970 il devait donc prendre fin en 1995. S'il n'était pas renouvelé, la porte serait ouverte à une prolifération incontrôlée, chaque État redevenant évidemment libre de se doter légalement d'armes nucléaires. C'est pour conforter le régime de non-prolifération que la France et la Chine, qui s'étaient très longtemps tenues à l'écart du TNP pour condamner le *condominium* soviéto-américain, l'ont rejoint en 1991 et 1992. Il était difficile, pour des pays nucléaires auxquels le TNP n'imposait réellement aucune obligation, de s'en tenir à l'écart tout en demandant aux autres pays de le conserver ou de le rejoindre. Une intense activité diplomatique notamment des pays occidentaux allait permettre de persuader certains pays qui ne l'avaient pas encore fait de rejoindre le TNP. L'Argentine et le Brésil devenus des démocraties allaient abandonner leur programme nucléaire militaire. L'Afrique du Sud qui avait mis fin au régime d'*Apartheid* annonçait en 1991 qu'elle avait un programme clandestin de fabrication des armes nucléaires et qu'elle avait réussi à fabriquer 6 de ces armes mais qu'elle les démantelait et qu'elle renonçait à toute capacité nucléaire militaire. Ce qui fait qu'en 1995, lors de la conférence d'extension du TNP, 178 pays non nucléaires et les cinq pays nucléaires officiels prolongeaient de façon illimitée dans le temps le TNP.

En mai 1998, l'Inde procédait à cinq essais nucléaires qui allaient être suivis par autant d'essais pakistanais. Aussitôt, la communauté internationale s'alarmait de nouveau, et de nombreux observateurs prédisaient une catastrophe imminente.

Risques de déclenchement d'une guerre nucléaire indo-pakistanaise, accélération de la course aux armements dans l'ensemble de l'Asie, relance d'une prolifération incontrôlable des armes nucléaires, le pire a souvent été annoncé. Mais au-delà du caractère spectaculaire que produisent des essais atomiques, l'ordre nucléaire existant ne paraissait pas fondamentalement remis en cause. Il n'y avait pas, en effet, de situation radicalement nouvelle. Le monde ne comptait pas contrairement aux apparences de nouveaux États nucléaires. Il y avait, avant comme après les essais, cinq États nucléaires officiels (États-Unis, Russie, Royaume-Uni, France, Chine), qui ont, selon la définition du traité de non-prolifération (TNP), procédé à des essais avant le 1er janvier 1967 et trois États nucléaires officieux, Israël, Inde, Pakistan. Ces derniers ne pourront jamais être reconnus comme États nucléaires officiels car il est politiquement impossible de modifier le texte du TNP sans prendre le risque de détruire l'édifice juridique de la non-prolifération. Mais leur capacité nucléaire *de facto* était connue depuis longtemps et ils n'entendent pas y renoncer, c'est pourquoi ils ont toujours refusé de signer le TNP en tant qu'États non nucléaires. L'Inde et le Pakistan ont simplement voulu afficher leur capacité et, incidemment, améliorer leur arsenal. Ils ont rendu publique une situation qui était officieuse. Ils ne sont pas devenus des puissances atomiques, ils ont reconnu l'être déjà et ont confirmé qu'ils entendaient le rester. Ces essais avaient pour fonction essentielle de rendre irréversibles leur statut d'États nucléaires. Qui pouvait d'ailleurs croire que ces pays renonceraient à leur arsenal nucléaire ? Il n'y avait donc pas, sur ce point, de bouleversement.

C'est paradoxalement parce qu'ils avaient déjà des arsenaux nucléaires que l'Inde et le Pakistan ont pu procéder à des essais.

Il a parfois été mis en avant que la dissuasion qui avait joué entre les États-Unis et l'URSS ne pouvait s'exercer entre l'Inde et le Pakistan.

C'est réécrire l'histoire en oubliant l'intensité de la rivalité Est/Ouest, et c'est ne pas comprendre que le facteur nucléaire contraint nécessairement New Delhi et Islamabad à une certaine retenue.

La preuve : malgré la poursuite d'incursions militaires au Cachemire et des attentats perpétrés en Inde, il n'y a plus eu de conflit armé entre New Delhi et Islamabad. Une dissuasion réciproque s'est établie. Dans ce cas précis, elle est plus favorable au Pakistan, plus faible que l'Inde et qui exerce ainsi la part de dissuasion qui s'opère du faible sur le fort. Mais pour New Delhi le rival à prendre prioritairement en compte n'est plus le Pakistan mais la Chine.

La non-prolifération au XXIe siècle

En janvier 2002, le président George W. Bush, dans son discours sur l'état de l'Union, décrivait trois représentants de « l'axe du mal » : l'Irak, la Corée du Nord et l'Iran. Ils étaient, entre autres, accusés de vouloir se doter d'armes de destruction massive.

L'Irak, qui avait violé ses obligations de non-prolifération dans le passé, concentrait les critiques, bien qu'il soit soumis à un embargo sévère depuis 1991. Bien avant le 11 Septembre, les néo-conservateurs américains plaidaient pour renverser Saddam Hussein. Les attentats du 11 septembre leur donnaient un argument nouveau. Que se serait-il passé si les terroristes avaient été en possession de l'arme nucléaire ?

Si Saddam Hussein était largement suspecté de poursuivre son objectif de prolifération, la majorité des gouvernements estimait que le sévère régime d'inspections internationales auquel il était soumis depuis 1991 l'en empêchait. Ils estimaient, par ailleurs, qu'en l'absence de progrès sur le dossier israélo-palestinien, la guerre contre l'Irak viendrait accroître dangereusement le fossé entre monde musulman et monde occidental.

Les États-Unis et la Grande Bretagne réunissaient des faux-semblants de preuves d'un programme irakien clandestin et se lançaient dans la guerre d'Irak, qui fut rapidement gagnée mais se transforma aussi rapidement en cauchemar. Il n'y avait pas de programme d'armes de destruction massive (rebaptisées « armes de disparition massive ») et la victoire militaire se transforma en bourbier stratégique et en faillite morale. L'objectif de la lutte contre la non-prolifération en fut partiellement discrédité.

La Corée du Nord

La Corée du Nord est un cas à part. Ce régime autarcique, seul exemple de communisme héréditaire (Kim Jong Il a succédé à son père Kim Il Sung), est en quasi-faillite depuis le début des années 1990. Il a même connu des périodes de famine. Le seul point fort du régime est la possession de missiles balistiques (qu'il exporte) et d'une armée solide. On a découvert en 1993 que la Corée du Nord avait un programme clandestin de fabrication d'armes nucléaires bien qu'elle ait adhéré au TNP. La Corée, après avoir menacé de se retirer du traité, a accepté le démantèlement de ses installations proliférantes en échange d'une aide économique de la part des États-Unis, du Japon, de la Corée du Sud et de l'Union européenne. En janvier 2002, après la dénonciation par George W. Bush de l'« axe du mal » incluant l'Irak, l'Iran et la Corée du Nord, la situation se tendait à nouveau. En octobre 2002, les États-Unis accusaient la Corée du Nord de posséder l'arme nucléaire. La Corée la revendiquait officiellement en 2003, elle procédait même à un essai nucléaire en 2005. La perspective d'un régime aux abois ayant des relations compliquées avec la Corée du Sud et le Japon, qui serait doté d'armes nucléaires, est une source majeure d'incertitude stratégique. Paradoxalement, alors que la Corée du Nord admettait la possession d'armes nucléaires, elle a été épargnée contrairement à l'Irak, qui n'en avait pas. Mais, sans doute, le caractère réellement dangereux de la Corée explique qu'elle ait été épargnée.

En 2007, Pyongyang se rapprochait à nouveau de Séoul et signait un accord prévoyant son abandon des armes nucléaires. Mais Pyongyang réalisait de nouveau un essai nucléaire en 2009. Pour la Corée, la possession d'un outil nucléaire est un moyen de chantage et de protection du régime. La politique en zigzags que conduit Pyongyang, entre l'affirmation de son statut nucléaire et les ouvertures vers la renonciation, dépend de la relation avec Washington, des incertitudes du régime.

Le programme iranien

L'autre problème épineux est l'Iran. L'Iran a eu un ambitieux programme nucléaire civil dans les années 1970 sous le Shah, programme qui avait été interrompu par la révolution khomeyniste. Ce programme a été relancé dans les années 1990. Ce qui inquiète avant tout la communauté internationale est un vaste programme de technologies de l'enregistrement de l'uranium qui n'est pas justifié par le parc de centrales nucléaires civiles mais qui semble bien être à vocation militaire malgré les dénégations officielles du régime iranien. Celui-ci estime que le traité de non-prolifération ne lui interdit pas, et même au contraire lui permet, de telles technologies et qu'on lui fait donc un procès d'intention en le soupçonnant de vouloir se doter de l'arme nucléaire. Les puissances occidentales veulent imposer des sanctions à l'Iran s'il ne cesse pas ce programme d'enrichissement alors que la Chine et la Russie sont plus circonspects, même s'ils n'ont pas plus intérêt à voir l'Iran se doter de l'arme nucléaire.

Les Iraniens font de la possession d'une véritable capacité nucléaire une question d'indépendance et mettent en avant le fait qu'Israël possède lui non pas un programme virtuel mais un véritable arsenal nucléaire. Le sentiment d'insécurité que ressent l'Iran a été aggravé par la guerre d'Irak qui, paradoxalement, est venu néanmoins renforcer son rôle stratégique dans le Golfe. L'Iran fait peur à ses voisins arabes, fait également peur à Israël pour lequel la possession éventuelle par l'Iran d'une arme nucléaire est une question existentielle. Israël a beaucoup poussé les États-Unis à opérer des frappes décapitantes sur le programme iranien. Ceux-ci hésitent, ils sont déjà embourbés en Irak, initialement au nom de la lutte contre la prolifération, et il n'est pas certain que des frappes puissent obtenir l'éradication d'un programme nucléaire iranien. Par ailleurs, le rapport de force et la dissuasion jouent en faveur d'Israël contre l'Iran : Israël possédant deux cents armes nucléaires environ, l'Iran serait rayé de la carte s'il voulait s'attaquer à Israël. Pour l'Iran, l'éventuelle possession d'un arsenal nucléaire est plutôt un moyen de garantir la survie du régime.

On peut poser, tant pour la Corée du Nord que pour l'Iran, la question de la rationalité des acteurs. Les dirigeants coréens et iraniens ont-ils suffisamment de rationalité pour posséder l'arme nucléaire ? C'est ici confondre système de valeurs et rationalité. Ces deux pays ne veulent pas l'arme nucléaire pour attaquer leurs voisins mais pour sanctuariser leur régime. Dans les deux cas néanmoins leur accession à l'arme nucléaire serait une remise en cause profonde du régime de non-prolifération et constituerait une incitation pour les pays voisins à se lancer à leur tour dans la course aux armes nucléaires.

Prolifération chimique, biologique et balistique

Les armes chimiques

Les armes chimiques sont apparues au cours de la Première Guerre mondiale et si elles n'ont pas été employées à une grande échelle, elles ont durablement marqué les esprits. Les recherches ont été poursuivies par de nombreux pays qui ont conservé ou acquis des stocks importants malgré la signature en 1925 du protocole de Genève interdisant l'emploi de ces armes. Au cours de la Guerre froide, les États-Unis et l'Union soviétique ont constitué des arsenaux gigantesques de plusieurs centaines de milliers de tonnes. Après 1945, les armes chimiques ont été employées dans des conflits périphériques, l'utilisation restant relativement peu fréquente malgré la multiplication du nombre d'États les possédant.

Au cours de la guerre qui de 1980 à 1988 a opposé l'Irak à l'Iran, l'Irak a à plusieurs reprises utilisé les armes chimiques contre les soldats iraniens. Il l'a également fait en 1988 à l'encontre des Kurdes irakiens qui s'étaient révoltés contre le pouvoir central : Bagdad n'avait pas hésité à utiliser ces armes contre sa propre population civile, sans qu'à l'époque les autres puissances ne s'en émeuvent outre mesure. Ces épisodes ont néanmoins créé une mobilisation qui a conduit à l'organisation en janvier 1989 à Paris d'une conférence sur l'interdiction des armes chimiques. On craignait que les armes chimiques ne deviennent une arme de terreur. Elle était parfois qualifiée de l'arme nucléaire du pauvre car plus facile techniquement et financièrement à mettre au point que l'arme nucléaire. Ainsi, certains pays arabes voyaient dans la possession d'armes chimiques une « compensation » à la possession par Israël d'armes nucléaires. Mais il n'y a pas d'équivalence entre armes nucléaires et armes chimiques. Ces dernières sont en effet non pas des armes de dissuasion mais des armes d'emploi. L'effet psychologique de cette arme est d'ailleurs beaucoup plus important que son effet militaire. Elle n'est pas très facile d'emploi et, elle peut éventuellement, si les vents sont contraires, se retourner contre ceux qui l'ont lancée.

En 1995, la secte *AUM* avait spectaculairement lancé une attaque au gaz surin dans le métro de Tokyo faisant craindre un développement de l'usage terroriste de ce type d'armes.

En janvier 1993 était signée à Paris une convention interdisant la fabrication et le stockage des armes chimiques qui prévoyait la destruction des stocks existants. Ce traité était exceptionnel pour trois raisons : tout d'abord c'était la première fois qu'une catégorie entière d'armes et qui plus est de destruction massive était éliminée de la surface de la planète. Il n'était pas cette fois question simplement de réduire les arsenaux mais de les démanteler.

Ensuite l'interdiction de possession et de fabrication pesait sur tous les États qu'ils aient été possesseurs ou non d'armes chimiques auparavant. Washington et Moscou s'engageaient notamment à démanteler leurs milliers de tonnes d'armes chimiques.

Enfin, un contrôle très sévère du respect des clauses du traité était mis en place, prévoyant notamment des inspections sur les activités des industries civiles chimiques sur le territoire des États membres. Le traité prévoit des inspections régulières ainsi que des inspections surprises ou par défi. Ce qui signifie que tout État partie à la convention peut demander à l'organisation pour l'interdiction des armes chimiques de procéder à une inspection s'il suspecte une activité dans un des sites. Cette convention est entrée en vigueur en 1997, elle était ratifiée par 188 États en début d'année 2009. Israël, l'Égypte, la Syrie, la Birmanie, la Corée du Nord et l'Angola n'y sont pas parties.

Les armes biologiques

La prolifération biologique est moins connue que la prolifération chimique. Cela est paradoxal dans la mesure où la première s'appuie uniquement sur des agents naturels alors que la seconde est le fruit des progrès techniques du XIXe siècle. Les Tartares catapultaient des corps infectés par la peste dans les villes assiégées, et les Espagnols ont décimé les populations amérindiennes en leur distribuant des couvertures infectées par la variole.

Les armes biologiques ou bactériologiques sont porteuses d'organismes vivants, virus ou germes qui provoquent des maladies plus ou moins graves. Elles peuvent être définies comme l'association de tout agent infectieux, avec un vecteur quel qu'il soit (bombe, missile, aérosol etc.) dans le but de nuire à d'autres personnes.

Elles nécessitent pour leur fabrication des installations de dimensions restreintes et peuvent de ce fait plus facilement échapper à la détection. Il y a également une convention d'interdiction des armes bactériologiques signée en 1972 qui proscrit l'utilisation, la fabrication et le stockage de ces armes. Elle a pour défaut de ne pas être accompagnée d'un système d'inspection et de contrôle. Les États-Unis ont refusé en juillet 2001 qu'un traité vienne mettre en place un tel régime de vérification.

Pour le moment les armes biologiques n'ont jamais été utilisées dans une guerre. Une douzaine de pays pourraient poursuivre des programmes de recherche sur les armes biologiques. L'inquiétude face à la menace des armes biologiques, c'est qu'elles peuvent très facilement être fabriquées clandestinement, qu'il n'est pas besoin de vastes installations comme c'est le cas avec l'arme nucléaire. Elles peuvent également être utilisées de façon anonyme, ce qui facilite l'impunité ou leur utilisation à des fins terroristes. Certains experts n'hésitent pas à voir dans les armes biologiques l'arme par excellence du terrorisme. Entre le moment où les virus sont disséminés et celui où la maladie se déclare un laps de temps relativement long est nécessaire, ce qui rendraient d'éventuelles réactions trop tardives. On peut donc s'attaquer facilement à la population civile d'un pays, à ses infrastructures ou à son bétail.

À la différence des armes chimiques, les agents biologiques peuvent se reproduire, se multiplier au sein de l'organisme qui les reçoit et qui peut à son tour le transmettre.

Les progrès scientifiques et techniques dans le domaine biologique sont considérables et ont permis des avancées fantastiques, dans la médecine notamment. Il y a malheureusement une face beaucoup plus sombre à ce phénomène. Ils permettent également avec beaucoup plus de facilité de mettre au point des armes biologiques.

Les problèmes posés par la mise au point d'un régime de vérification sont multiples. La recherche biologique a un caractère ambivalent. Il est difficile de distinguer des recherches effectuées à des fins civiles des recherches ayant un but purement militaire. Les laboratoires sont par ailleurs de petite taille. Enfin il ne sera pas aisé de distinguer rapidement ce qui peut relever d'une épidémie naturelle d'une épidémie provoquée par une attaque avec des armes biologiques. Les armes biologiques sont donc peu onéreuses à fabriquer et difficiles à éliminer.

En 1998, le secrétaire à la défense américain William Cohen déclarait qu'une quantité d'*Anthrax* équivalente à celle d'un sac de sucre, disséminée dans des conditions idéales, serait suffisante pour tuer la moitié de la population de Washington. Les travaux de la mission d'inspection de l'ONU en Irak (UNSCOM) ont prouvé les difficultés de vérifier le désarmement biologique. En dépit du pouvoir d'inspection véritablement inquisitorial à l'égard d'un pays vaincu, les inspecteurs de l'UNSCOM n'ont pu trouver de trace de prolifération biologique avant que les Irakiens ne l'admettent eux-mêmes après les révélations d'un transfuge en 1995.

Après le 11 septembre 201, plusieurs personnes ont été tuées aux États-Unis après avoir reçu des lettres contaminées à l'Anthrax, mais il s'agissait de terrorisme d'origine interne.

La prolifération des missiles balistiques

Les missiles balistiques permettent de s'affranchir de la géographie et de frapper rapidement les territoires situés au loin. Alors que l'effondrement de l'Union soviétique avait permis pour la première fois depuis des siècles aux pays européens de ne plus avoir de menace militaire sur leur territoire, la prolifération balistique venait recréer cette menace. Les pays occidentaux craignaient surtout que des régimes jugés instables et/ou inamicaux ou contestant le *statu quo* international ne se dotent de ces missiles. Il y avait une perspective apocalyptique qu'un pays du sud dirigé par un dictateur pouvant être insensible à la logique de la dissuasion acquière des missiles balistiques et les utilise en les dotant d'armes nucléaires, biologiques ou chimiques. Au cours de la première guerre du Golfe, l'Iran et l'Irak avaient réciproquement frappé leurs villes grâce à des missiles balistiques. Au cours de la seconde guerre du Golfe, l'Irak a tenté de réagir aux bombardements de la coalition internationale par l'envoi de missiles Scud. En 1986 un missile libyen tiré sur l'île italienne de Lampedusa a frappé les imaginations à défaut de faire de réels dégâts.

Au cours des années 1950 et 1960, Américains et Soviétiques avaient transféré des missiles balistiques à de nombreux pays alliés. En 1987 a été mis en place un régime de contrôle de la technologie des missiles MTCR, mécanisme informel de consultation entre pays possesseurs de technologies balistiques, destiné à limiter les possibilités de transfert de cette technologie. À l'origine, la MTCR club apparaît comme un club du Nord, avec la participation de la Russie, et il ne peut empêcher les programmes nationaux des grands pays du tiers monde. Aujourd'hui, le MTCR a su élaborer un code de conduite sur la prolifération balistique adopté à La Haye en 2003 par 90 pays et qui comprend aujourd'hui 130 signataires. Ce code de conduite insiste notamment sur la transparence sur les programmes de missiles balistiques.

La situation n'est pas pour autant aussi alarmante.

Aujourd'hui, l'évolution de la prolifération balistique est contrastée. Tout d'abord parce que le nombre de missiles balistiques de longue portée détenus par les membres du club nucléaire a en fait diminué de 50 % depuis la fin de la guerre froide, et les missiles de moyenne portée ont presque totalement disparu. La volonté affichée par les États-Unis de signer un nouveau traité de désarmement avec les Russes, qui succèderait à Start 1, devrait même conforter cette tendance.

D'un autre côté deux pays, la Corée du Nord et l'Iran, ont démontré depuis dix ans une réelle volonté de construire des missiles de longue portée. En Corée du Nord, le missile No-Dong B à carburant liquide, qui est apparu en 2004 et qui est en cours de développement, pourrait avoir une portée de 3 200 km. L'Iran développe également un missile à carburant solide et à deux étages, le Shahab 3A, qui pourrait avoir une portée d'environ 3 000 km. Dans le cas de l'Iran comme de la Corée du Nord, le développement de missiles balistiques de longue portée est lié au programme nucléaire militaire, revendiqué pour ce qui est de la Corée du Nord et dont on soupçonne l'Iran. On semble être dans une logique de développement de programmes de dissuasion basés sur le couple arme nucléaire/missile balistique. Ces choix sont donc sans doute réversibles comme on a pu le voir pour la Libye, l'Argentine ou le Brésil.

En revanche, le développement de missiles balistiques de courte portée semble plus inéluctable car il correspond à une évolution opérationnelle qui voit certains pays substituer les missiles à l'aviation de combat comme vecteur de projection de puissance. Cette stratégie développée par la Chine vis-à-vis de Taïwan dans le passé est en train de se généraliser dans la région proche-orientale avec, corrélativement, le développement de capacités anti-missiles de théâtre (Israël, Émirats Arabes Unis). Les Russes eux-mêmes sont en train de développer le successeur du Scud, le missile Iskander, d'une portée inférieure à 500 km mais dont les capacités d'évitement en phase finale le rendraient difficile à intercepter. La crainte est de voir les Russes exporter ce type de missiles même si sa vocation n'est pas d'emporter des charges nucléaires. Le président de la République française, Nicolas Sarkozy, a d'ailleurs proposé dans une lettre adressée au Secrétaire général de l'ONU en décembre 2008 « l'ouverture de consultations sur un traité interdisant les missiles sol-sol de portées courte et intermédiaire ». On peut penser que missiles balistiques et terrorisme sont incompatibles du fait de l'impossibilité de cacher le lieu de départ.

Quand bien même les pays du Sud augmenteraient leurs capacités balistiques, celles-ci resteront sans commune mesure avec les capacités des pays occidentaux. Doit-on craindre néanmoins ces pays comme étant insensibles à la logique de dissuasion ? Il est probable que de nombreux dirigeants de ces pays ne partagent pas les valeurs des Occidentaux. Cela ne veut pas dire pour autant qu'ils sont irrationnels. Surtout si on considère leur remarquable aptitude à se maintenir au pouvoir, souvent malgré l'état catastrophique où ils ont conduit leur pays. Or attaquer une puissance occidentale avec des moyens balistiques, couplés avec des armes chimiques ou biologiques, ne serait pas la meilleure façon de se maintenir au pouvoir.

Un régime d'interdiction des missiles balistiques pourrait certes voir le jour. Mais il s'apparenterait plus, du fait de l'évolution du climat international, au traité sur les armes chimiques qu'au TNP. Cela signifie que la communauté internationale est donc peu susceptible d'accepter un traité qui laisse à certains États le droit de détenir des armes qui sont interdites à d'autres.

Enfin un certain nombre de pays, l'Inde en tête dénoncent le caractère discriminatoire du MTCR, dans lequel ils voient un instrument destiné à les empêcher de développer des programmes spatiaux et, pour les pays développés, de préserver leur supériorité technologique dans un domaine essentiel pour l'avenir.

Conclusion

S'il n'est pas question de nier qu'il existe des risques de prolifération des armes nucléaires, chimiques, biologiques ou balistiques, il semble cependant que bien des analyses à ce sujet pêchent par confusion et catastrophisme. Le danger de prolifération des armes nucléaires est pour l'heure sévèrement encadré. Il faut évidemment demeurer vigilant mais ne pas céder à la panique, le danger de prolifération balistique est également moins fort que ce qui est généralement affirmé notamment par les pays du Nord. Par ailleurs, si des pays du Sud acquièrent éventuellement des missiles, l'écart de puissance militaire entre les premiers et les seconds justifie assez mal l'excès d'inquiétude des pays développés. Il peut en aller autrement pour les armes chimiques et biologiques beaucoup plus facilement maîtrisables financièrement et technologiquement que les missiles balistiques et les armes nucléaires, et qui peuvent le cas échéant être utilisées par des groupes infra-étatiques.

PARTIE IV

LE DÉBAT SUR LES VALEURS

1

LA DÉMOCRATIE TRIOMPHE-T-ELLE ?

La démocratie : un phénomène en expansion

La Guerre froide avait été largement présentée comme une lutte entre les démocraties et les dictatures communistes. La défense et la promotion de la démocratie étaient le but affiché des pays occidentaux au cours de cette période.

Le manichéisme politique avait divisé le monde en deux blocs antagonistes. En mars 1947, le président Truman propose que les États-Unis prennent la « tête du monde libre ». Dans un discours de mars 1947 à Fulton (« doctrine Truman »), il présente deux conceptions du monde. Selon lui, « la première se fonde sur la volonté de la majorité et se caractérise par des institutions libres, un gouvernement représentatif, des élections libres, des garanties de liberté individuelle, de liberté d'expression et de religion et d'absence d'oppression politique. L'autre conception du monde se fonde sur la volonté d'une minorité imposant par la force sa domination sur la majorité. Elle repose sur la terreur et l'oppression, le contrôle de la presse, le trucage des élections et la suppression des libertés individuelles ». Eisenhower, quelques années plus tard, parlait « de forces du bien et du mal qui s'affrontaient ».

Le patron de l'idéologie soviétique Jdanov déclarait de son côté en octobre 1947 : « Deux camps se sont formés dans le monde : d'une part le camp impérialiste et antidémocratique qui a pour but essentiel l'établissement de la domination mondiale, de l'impérialisme américain et l'écrasement de la démocratie et, d'autre part, le camp anti-impérialiste et démocratique dont le but essentiel consiste à saper l'impérialisme et à renforcer la démocratie, liquider les restes du fascisme ».

Chacune des deux superpuissances assumait le *leadership* politique et moral sur son camp : camp démocratique contre dictature communiste, camp socialiste et anti-impérialiste contre tyrannie du capital.

À l'évidence, les populations des pays occidentaux bénéficiaient de libertés dont étaient privés les citoyens des pays communistes. Pour autant, leur bilan n'est pas idyllique. Les pays démocratiques, malgré leur pétition de principe, ont parfois été peu regardants sur les méthodes employées, persuadés, ou faisant semblant de l'être, que la fin justifiait les moyens les plus douteux. Le soutien, voire la mise en place, des dictatures latino-américaines (symbolisé par la phrase du président Johnson au sujet du dictateur de Saint-Domingue, Trujillo : « C'est un salopard, mais c'est notre salopard »), et l'alliance avec des régimes peu regardants en matière de droits de l'homme en Asie, en Afrique ou dans le monde arabe – à partir du moment où ils s'affirmaient anti-communistes – s'accompagnaient sans vergogne d'un discours de défense des démocraties. L'Espagne de Franco n'a jamais été inquiétée par les pays occidentaux, et le Portugal du dictateur Salazar avait même été admis au sein de l'OTAN.

La déclassification de documents de la CIA a permis de prouver le rôle des États-Unis dans le coup d'État sanglant du Général Pinochet en septembre 1973, qui a renversé le gouvernement d'union de la gauche de Salvador Allende, pourtant démocratiquement élu en 1970. Au nom de la défense de la démocratie, les États-Unis n'ont pas hésité à favoriser un putsch militaire contre un régime légal[1].

Néanmoins, à partir du début des années 1980, la situation s'améliorait. Tout d'abord, le président Carter avait placé les droits de l'homme au cœur de sa politique étrangère ; cela a parfois suscité

---

1. Nixon avait déclaré lors d'une réunion « *Je n'accepterai jamais d'affaiblir les militaires en Amérique latine. Ce sont des centres de pouvoir soumis à notre influence. Les autres, les intellectuels ne le sont pas. (...) Notre principale inquiétude est que [Allende] réussisse, qu'il se consolide et projette une image de succès dans le monde. Nous devons adopter une approche publique correcte tout en envoyant des messages indiquant que nous nous opposons à lui. (...) Nous devons l'étouffer économiquement. (...) Nous ne devons pas laisser l'impression que l'on peut s'en tirer ainsi en Amérique latine. Trop de gens dans le monde pensent que c'est à la mode de nous marcher sur les pieds.* » Citation reprise dans *Le Monde*, 18 novembre 2000.

des turbulences ni prévues, ni désirées comme par exemple la déstabilisation de l'Iran. Cela a entraîné le durcissement des relations avec l'Union soviétique qui s'estimait directement attaquée et y voyait la remise en cause des acquis de la détente. Mais cette politique a eu le mérite de contraindre les pays latino-américains à se montrer plus respectueux des normes démocratiques pour conserver de bonnes relations avec Washington.

Avec l'effondrement de l'URSS rien ne semblait pouvoir arrêter l'expansion de la démocratie. Un jeune fonctionnaire de Département d'État américain Francis Fukuyama pouvait même prédire « la fin de l'Histoire » du fait de la victoire finale de la démocratie sur le communisme. La fin de l'Histoire, au sens hégélien du terme, était constituée de la reconnaissance par tous d'un objectif commun à l'humanité. Cela signifiait la disparition des grandes hégémonies idéologiques et des risques de confrontation qu'ils impliquaient. Selon lui, le modèle occidental du libéralisme politique et économique s'était imposé définitivement à l'échelle mondiale au moins sur le plan idéologique.

La démocratie progressait rapidement à l'échelle mondiale. Au cours de la décennie 1980, les unes après les autres les dictatures latino-américaines (Chili, Argentine, Brésil), mais également en Amérique, centrale tombaient. L'explosion du bloc communiste et la fin de la mainmise de l'Union soviétique sur les pays de l'Est permettraient l'établissement de la démocratie sur l'ex-Pacte de Varsovie, même si des républiques asiatiques ou caucasiennes de l'ex-Union soviétique n'étaient que la simple continuation, sous un autre vocable, de l'ancien régime communiste. En Asie, que l'on disait pourtant non faite pour les principes démocratiques, des pays à la réussite économique incontestable comme la Corée du Sud et Taiwan montraient qu'elle pouvait s'accompagner de l'enracinement d'une réelle démocratie. Même en Afrique, l'onde de choc de la révolution en Europe de l'Est et du sort réservé aux époux Ceaucescu allaient frapper les gouvernements. Après le discours de La Baule de François Mitterrand en 1990, appelant les pays africains à respecter davantage la démocratie et créant un lien entre l'aide économique et le développement démocratique, la plupart des pays africains francophones convoquaient des conférences nationales et permettaient le multipartisme.

Mais la démocratie avait cependant des difficultés à s'implanter en Afrique. De nombreuses tentatives ont été étouffées soit par la confiscation du pouvoir et par un faux multipartisme (relevant, en outre, du principe consistant à diviser pour mieux régner), soit par le retour à des guerres civiles ou par des successions dynastiques. Seule une petite dizaine de pays africains connaissent une véritable démocratie.

Dans de nombreux pays, l'ONU a ajouté à la liste de ses missions celle de la surveillance des élections pour garantir la bonne tenue des scrutins.

Aujourd'hui, pour la première fois dans l'Histoire, la proportion de la population mondiale vivant dans des démocraties est supérieure à 50 %.

L'ONG américaine Freedom House, qui publie depuis 1981 un rapport annuel sur la liberté dans le monde[1], estime dans son rapport 2009 que, sur 192 pays dans le monde, 89 peuvent être considérés comme libres. 62 pays peuvent être considérés comme partiellement libres et 42 refusent à leurs citoyens les droits et libertés élémentaires. Les premiers se caractérisent par une compétition politique ouverte, le respect des libertés civiles et la liberté d'expression accordée aux citoyens. Dans les pays partiellement libres, les droits politiques et les libertés civiles sont limités. Ces pays peuvent par ailleurs souffrir d'une corruption endémique et d'un État de droit faible. Enfin, un pays est défini comme non libre lorsque les droits politiques fondamentaux y sont absents et les libertés civiles fondamentales largement et systématiquement niées.

Selon la même organisation, les chiffres de 1987 donnaient respectivement des propositions de 36 %, 22 % et 42 % et, en 1990, 39 %, 22 % et 40 %. La tendance est donc bonne, mais elle est lente.

Si l'on prend le XXe siècle comme référence, les progrès sont beaucoup plus importants dans la mesure où la démocratie était fort peu répandue au début de ce siècle et, dans les rares pays où elle existait, elle était refusée aux femmes et, dans le cas des États-Unis, aux minorités noires.

---

1. FREEDOM in the world. Annual survey of political rights and civil liberties. (HTTP//www.freedomhouse.org/survey)

La démocratie : un phénomène en expansion

	Pays libres	Pays partiellement libres	Pays non libres
1990	61	44	62
1995	76	61	54
2000	85	60	47
2009	89	62	42

Source : Freedom in the world, annual survey of political rights and civil liberties.

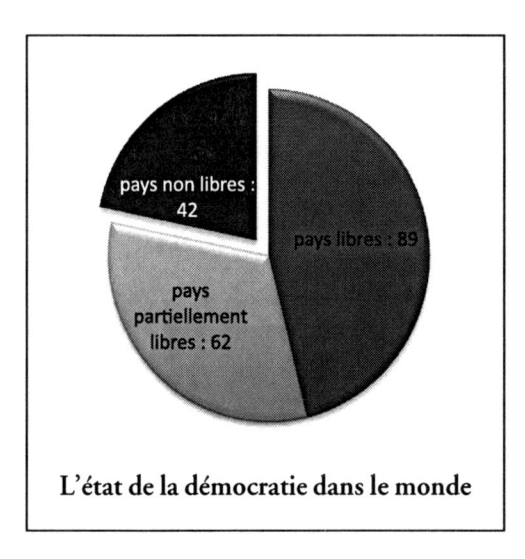

L'état de la démocratie dans le monde

Une démocratisation inachevée

Les chiffres cités précédemment, pour encourageants qu'ils soient, ne doivent cependant pas faire illusion. La situation du respect des droits de l'Homme et de la démocratie a certes progressé. Il demeure cependant des zones d'ombre. Le monde entier n'a pas basculé vers la démocratie. Par ailleurs les démocraties existantes ne sont pas exemptes de critiques.

Il est, en effet, nécessaire de s'entendre sur la nature même du mot démocratie. La tenue d'élections ne peut être prise pour le seul critère.

Les démocraties existantes sont-elles parfaites, comme le pensent souvent trop rapidement leurs dirigeants ? Loin de là, et il convient de ne pas oublier ses imperfections. N'y a t-il pas un risque de voir une dilution de la citoyenneté dans le marché, ou le poids de l'argent et/ou des lobbies devenir prédominant ?

Mais même aux États-Unis, pourtant l'un des pays phares de la démocratie, les élections présidentielles de 2000 ont donné lieu à des contestations sur le dépouillement qui laissent un goût d'imperfection, pour ne pas parler du rôle de l'argent et des lobbies dans ces élections et de la non-participation volontaire (indifférence) ou involontaire (exclusion sociale) de plus de la moitié des électeurs potentiels.

Les démocraties peuvent légalement être faussées ou être plus de façade que réelles. Les véritables doits de l'opposition ne sont pas toujours respectés et l'alternance n'est parfois pas matériellement ou politiquement possible.

La liberté d'élection, si elle ne s'accompagne pas de la liberté de parole et de l'existence d'une presse libre, pluraliste et indépendante, d'une justice indépendante et du respect des droits de l'opposition, ne garantit pas une réelle démocratie.

Une démocratie formelle (le peuple s'exprime par des élections) ne signifie pas forcément qu'il y ait un État de droit (respect des droits de l'homme, des droits des minorités politiques et ethniques, justices indépendantes, non-rétroactivité des lois, respect de la séparation des pouvoirs, des normes fondamentales inscrites dans la Constitution française).

C'est pour ces raisons que la notion de démocratie en transition ou de pays partiellement libres a été avancée. Ce sont des régimes en voie de démocratisation, mais qui ne remplissent pas tout à fait les critères en cours dans les démocraties occidentales.

Il y a également des pays qui mettent en avant le respect des normes démocratiques parce que ses dirigeants ont intégré qu'il s'agit d'une obligation politique, un critère de respectabilité, mais qui ne songent pas pour autant à donner une quelconque réalité à cette fiction ; la démocratie est alors purement formulée car il s'agit avant tout de s'attirer les bonnes grâces du Fond monétaire international ou de la Banque mondiale.

Ailleurs, les changements constitutionnels de dernière minute vont permettre la réélection de présidents en place. Le déclenchement d'une guerre en Tchétchénie a permis d'asseoir la légitimité d'un pouvoir contesté en Russie. Tous ces signes ne traduisent pas l'existence d'un régime réellement démocratique. Au Proche-Orient, Israël constitue indéniablement une exception démocratique. Cela n'empêche pas cet État d'occuper militairement les territoires palestiniens et ce de façon illégale.

Certes il convient de garder à l'esprit que la démocratie au sens plein du terme ne peut s'installer de façon instantanée. Dans les pays occidentaux qui en bénéficient, elle est le fruit d'un processus long, souvent émaillé de violences politiques, et qui a pris plusieurs siècles.

Entre la naissance du droit politique républicain moderne apparu en Europe au XVIe siècle (*La République* de Jean Bodin est publiée en 1576) et les grandes déclarations de droits de l'homme américaine, française et britannique du XVIIIe siècle, combien de révolutions, de contre-révolutions, de régressions terribles allant jusqu'au fascisme et nazisme ont eu lieu avant que la démocratie s'installe de façon incontestable ?

On peut d'ailleurs s'interroger sur les facteurs décisifs qui ont conduit à ce résultat. La lutte politique, le sacrifice allant jusqu'à la vie de millions de militants de la liberté ont certes compté. La plupart des démocraties européennes ont été installées après de longues luttes, marquées par la répression et des affrontements armés sanglants.

Mais il serait inexact d'attribuer le seul mérite de l'établissement des démocraties à la lutte politique. Elle s'est enracinée également sous l'effet du développement économique. La révolution industrielle a pu notamment avoir, avec la création d'une classe ouvrière et salariée, un rôle capital. Une économie basée sur la simple survie des individus peut-elle déboucher sur la démocratie ? Cela ne peut être exclu, mais reste exceptionnel.

On peut penser que l'augmentation du PNB par habitant, l'amélioration des conditions de vie, la diminution de la mortalité infantile et un taux correct de scolarisation masculine et féminine sont le meilleur gage de démocratisation.

On peut également mettre en avant un certain niveau de diffusion du savoir et de la connaissance et souligner que ce n'est pas tout à fait un hasard si la Déclaration des droits de l'homme et du citoyen de 1789 a été proclamée au moment même où le taux d'alphabétisation en France dépassait la limite des 50 %.

Doit-on exporter la démocratie ? Et si oui, comment ? Les visions exprimées pendant la guerre d'Irak constituent une parfaite illustration de ce débat et de ses contradictions.

Parmi les faux arguments donnés pour justifier la guerre en Irak, l'installation de la démocratie a été mise en avant avec d'autant plus d'insistance d'ailleurs que l'objectif annoncé initialement, à savoir la recherche d'armes de destruction massive, se fragilisait. Ni l'un, ni l'autre ne constituaient en fait le motif réel de cette guerre. Certes, l'Irak était une dictature particulièrement sanglante, mais ce n'est pas pour autant que l'exportation de la démocratie constituait le véritable enjeu de la guerre. Sinon, il serait légitime de demander pourquoi l'on ne s'est pas attaqué à Kim Jong Il. Serait-il plus démocrate que Saddam ? Comment un pays aussi peu respectueux des droits de l'homme comme l'est l'Ouzbékistan pouvait-il se retrouver dans la coalition internationale soutenant l'effort anglo-américain ? Comment expliquer la longue inaction face à la situation en Sierra Leone ou la paralysie face aux événements de Haïti ?

Notons enfin que, pendant très longtemps, chacun s'est accommodé de la nature parfaitement dictatoriale du régime de Saddam. Ce dernier a commis ses pires exactions alors qu'il était soutenu par les pays occidentaux, États-Unis en tête, dans les années 1980 pour faire face à la menace iranienne jugée facteur principal de déstabilisation par les Occidentaux.

C'est certes un hommage à la morale que les plus cyniques rendent lorsqu'ils s'en revendiquent pour justifier leurs actions. Cela ne doit pas pour autant conduire à croire naïvement à leurs arguments. L'installation d'une démocratie en Irak a été un argument légitimant, et non la cause réelle de l'intervention militaire. Est-ce dès lors rendre service à la cause de la démocratie que de la faire apparaître aux yeux de beaucoup comme agissant sur la base de mensonges, de manipulation de l'opinion et de doubles standards ? La promotion invoquée de la démocratie n'a pas caché celle, bien plus réelle, des intérêts géopolitiques américains.

Au-delà de l'exemple irakien, la question qui a été posée était de savoir : peut-on démocratiser un pays par le biais d'une guerre ? Certes, les exemples réussis du Japon et de l'Allemagne en 1945 montrent qu'une guerre peut avoir pour résultat positif final l'ancrage démocratique de pays qui étaient auparavant rétifs. Mais nous étions, justement, en 1945, à une époque où l'interdiction de la guerre dans les relations internationales était fragile. Par ailleurs, ce sont ces pays vaincus qui avaient eux-mêmes déclenché le conflit. Les arrière-pensées des vainqueurs étaient donc insoupçonnables. Ils étaient, à double titre, dans leur bon droit.

Si l'on devait – par un raisonnement relativement ironique – conclure que, les régimes démocratiques étant pacifiques, il peut être justifié de faire la guerre pour exporter la démocratie, encore conviendrait-il de fixer des règles qui soient universelles et donc incontestables. La guerre d'Irak, si besoin était, a montré les limites de l'exercice de l'exportation de la démocratie par les bombes, les libérateurs ayant vite fait de devenir des occupants.

Lorsque l'argument moral apparaît comme un écran de fumée qui cache mal une véritable politique de puissance, l'adhésion des populations concernées risque de faire défaut. Elle ne peut qu'alimenter la suspicion qui mine les bases mêmes du pacte qu'est la démocratie. Il est par essence contradictoire de vouloir imposer un régime démocratique à un peuple. L'autodétermination par définition ne peut être dictée, ni dans son principe, ni dans ses modalités. Faut-il en conclure que le recours à la force pour mettre fin à la conduite inacceptable d'un dictateur doit être écarté *a priori* ? Et en toutes circonstances ? Non, encore faut-il que l'usage de la force se fasse dans des conditions qui ne prêtent pas le flanc au soupçon et, pour cela, une décision collective du Conseil de sécurité est indispensable. Serait-ce la garantie de l'inaction ? Si cette hypothèse n'est pas à exclure, c'est pour d'autres raisons. De toute façon, on ne s'attaquera pas à un membre permanent du Conseil de sécurité, non pas du fait de son statut et de son droit de *veto*, mais à cause de sa puissance.

Les transformations démocratiques de nos pays européens ont été longues, coûteuses et n'ont jamais été le résultat de pressions extérieures mais bien de processus politiques internes. Une démocratie exportée ne sera donc pas solide et nécessite le plus souvent le maintien de la présence notamment militaire des exportateurs. Il est loin d'être certain que cela conduise à l'établissement d'une démocratie stable et apaisée, mais plutôt à un régime chaotique et contesté. La simple tenue d'élections, loin d'être à la base d'une société démocratique et libérale, peut déboucher sur la mise en place de régimes autoritaires de fait. Et du coup, la perspective d'une véritable démocratisation s'éloigne.

Les exemples tirés de l'actualité montrent qu'un régime de sanction peut fonctionner, à condition d'être soutenu unanimement par la communauté internationale. Ce fut le cas de l'Afrique du Sud.

Ces pressions extérieures, si elles sont à la fois trop fortes et non unanimes, risquent plus d'avoir pour conséquence de solidariser la population avec son régime, tout contesté qu'il soit. Car le problème avec les démocraties exportées, c'est qu'elles sont en fait souvent vécues comme des démocraties imposées de l'extérieur. C'est peut-être satisfaisant pour celui qui « offre » la démocratie aux autres, mais c'est tout simplement contre-productif. Elle peut être perçue alors comme une forme différente de non-liberté. L'incitation est certainement un processus beaucoup plus efficace dans la mesure où elle vient renforcer un phénomène qui s'est construit par un processus interne. C'est l'exemple des *success story* en la matière qui existent sur les continents africain, asiatique et latino-américain. La démocratie peut avoir besoin d'une aide extérieure, venant conforter un mouvement interne.

La démocratisation est un processus dont il n'est pas certain qu'il puisse être imposé de l'extérieur. L'exemple même des pays occidentaux montre qu'il a été long, graduel, coûteux.

Il convient également de ne pas confondre démocratie et économie de marché.

La façon dont a été saluée la fin du communisme en URSS, et la clémence avec laquelle les pays occidentaux ont constamment traité Boris Eltsine, à qui ils en attribuaient le mérite, en dit long sur le sujet. Certes, avec constance, Boris Eltsine a su faire passer la Russie à l'économie de marché. Mais cette transition a eu à un coût social immense. Les inégalités économiques ont explosé dans un pays dont globalement le PNB a été réduit de moitié en dix ans.

Mais outre le problème d'équité sociale, l'attitude de Boris Eltsine sur le seul plan du respect des libertés publiques reste sujette à caution. Il n'a pas hésité a donner l'assaut au parlement en 1993 (le fait que les communistes y étaient majoritaires ne peut, sur le plan des principes, constituer un argument valable) et à déclencher à deux reprises une guerre tchétchène en grande partie pour ressouder derrière le pouvoir une opinion devenue hostile. Arrêts des opposants, intimidation des journalistes, contrôle étroit des médias, corruption et justice aux ordres ne peuvent être tenus pour des éléments d'un modèle de démocratie.

L'économie de marché et la démocratie se sont certes développées ensemble. Elles peuvent avoir des effets mutuellement bénéfiques. Pour autant la démocratie ne peut se résumer à l'économie de marché.

D'ailleurs, cette dernière a triomphé plus largement que la démocratie politique. Même le parti communiste chinois s'est rallié à l'économie de marché sans adopter pour autant la démocratie politique. Mis à part la Corée du Nord et Cuba, plus personne ne conteste aujourd'hui que la fixation des prix par le marché est la meilleure manière d'allouer des ressources et de définir la rareté relative de chaque bien. Cela ne veut pas dire pour autant que la liberté politique ait conquis le monde.

Le fait que les individus soient libres de s'exprimer, de penser, d'aller et de venir, et de choisir librement et après élections pluralistes leur forme de gouvernement n'est pas aussi universellement appliqué que ne l'est l'économie de marché. L'empire de cette démarche est bien plus vaste que celle de la démocratie.

Par ailleurs, les rapports annuels de certaines ONG comme *Amnesty International* ou *Human Rights Watch* permettent de constater que même dans les pays jugés comme parfaitement démocratiques, le respect des droits de l'homme est loin d'être absolu.

Avec 2,3 millions de prisonniers auxquels les droits élémentaires sont souvent niés, avec une peine de mort de plus en plus souvent prononcée et mise en œuvre, une justice qui paraît inéquitable face à la minorité noire, le non-plafonnement des dépenses électorales et la libre circulation des armes à feu, les États-Unis ne peuvent tout à fait incarner le pays de la liberté éclairant le monde.

Enfin, le problème de la démocratie sociale reste absolu. Le thème a été un peu relégué au second plan par l'utilisation qu'en avait fait au cours de la guerre froide la propagande des pays communistes. Ceux-ci opposaient libertés formelles (liberté de vote, de pensée, d'expression) aux libertés réelles (logement, éducation, accès aux soins, alimentation). Ils laissaient remarquer, que contrairement à ce qui se passait dans les pays capitalistes, les secondes étaient respectées dans les pays socialistes. Cela leur permettait de jeter un voile pudique sur le non-respect des libertés formelles chez eux.

Mais la promotion des droits sociaux (ainsi que l'on qualifie désormais ce qu'étaient les libertés réelles auparavant) est un enjeu qui dépasse largement le cadre de l'opposition factice libertés réelles *vs.* libertés formelles.

Ces deux catégories ne s'opposent pas. Elles sont liées de façon indissociable. Peut-on réellement parler de démocratie ou de liberté dans une société qui accepterait qu'une grande partie d'elle-même soit en dessous du seuil de pauvreté, ne soit pas en mesure de faire valoir ses choix, et soit de fait (et non de droit) exclue du pouvoir et de la définition des politiques mises en œuvre ?

On peut enfin redouter qu'au nom de la lutte contre le terrorisme, après le 11 septembre 2001, certains principes démocratiques soient foulés au pied.

Pour lutter contre le communisme pendant la guerre froide, les démocraties ont parfois utilisé des moyens non démocratiques, allant de la chasse aux sorcières sur le plan intérieur au soutien, quand ce n'est pas la mise en place, de régimes dictatoriaux sur le plan international. Ce ne sont pas les listes noires des années 1950 ou les dictatures africaines ou latino-américaines qui ont vaincu le communisme mais bien la supériorité de la démocratie sur les dictatures. Le combat pour la liberté ne pouvait pas être gagné par le sénateur McCarthy, Mobutu ou Pinochet, mais par l'Ostpolitik, la détente et la Conférence sur la Sécurité et la Coopération en Europe (CSCE).

Le risque est qu'au nom de la lutte contre le terrorisme, les démocraties prennent sur le plan intérieur des mesures bafouant les libertés et, au niveau international, ferment les yeux sur le comportement coupable de certains régimes.

La lutte contre le terrorisme en est plus souvent le prétexte légitimant que la cause réelle. Il ne faudrait pas qu'au nom de la lutte contre le terrorisme on accepte ou on accorde une aide – à n'importe quel régime – au seul prétexte qu'il se proclame antiterroriste. Des régimes répressifs ont tôt fait de comprendre cet effet d'aubaine. Ils se sont autoproclamés membres de la coalition antiterroriste afin d'obtenir la clémence des États-Unis pour le comportement en matière de non-respect des droits de l'homme.

De même que certains régimes dictatoriaux ne se voyaient pas mis en cause s'ils participaient à la lutte contre le communisme, des régimes répressifs seront exempts de critiques s'ils se rallient à la lutte contre le terrorisme. Le paradoxe est que, dans les deux cas, l'on sacrifie la fin (la démocratie, la défense des libertés) aux moyens (lutte contre le communisme, le terrorisme).

La lutte contre le terrorisme peut fort bien se faire avec des moyens légaux et démocratiques, tant sur le plan national qu'international. Ces moyens ne manquent pas, ils autorisent le recours à la force et permettent aussi bien des actions militaires que policières ou judiciaires. Si le monde occidental veut faire triompher les principes démocratiques, il lui faut sans exception les appliquer à lui-même. Car ce qui est souvent reproché au monde occidental, ce n'est pas tant ses valeurs – qui sont universelles – que leur non-respect et les doubles standards. S'il donne l'impression de faire une politique du « deux poids, deux mesures » et pratique une stratégie à géométrie variable dans l'application des principes qu'il prétend lui-même être universels, il suscitera méfiance et hostilité. La cohérence morale n'est pas un frein, mais bien un levier dans la victoire contre le terrorisme.

Après son élection, Barack Obama a décidé de fermer la prison de Guantanamo où des hommes suspectés de terrorisme étaient détenus dans des conditions inhumaines et en dehors de toute légalité. De même, il a déclassifié des documents montrant que la CIA avait eu recours à la torture dans la lutte contre le terrorisme. Il a interdit ce type de procédés incompatibles, à ses yeux, avec les valeurs que prônent les États-Unis. Agissant ainsi, il a crédibilisé le discours américain, fait baisser l'hostilité et la haine à l'égard de Washington et plus sûrement combattu le terrorisme que ne l'a pu faire George W. Bush pendant son mandat. Il a en outre rendu beaucoup plus attractive l'idée de démocratie.

2

SOUVERAINETÉ ET INGÉRENCE

Le débat sur l'ingérence (qualifiée également d'ingérence humanitaire, de droit d'ingérence ou de devoir d'ingérence) est devenu l'une des questions majeures de la vie internationale. L'ingérence suscite des réactions à la fois passionnées et contradictoires, au Nord comme au Sud, dans les opinions et les gouvernements.

La montée en puissance de ce thème est un effet secondaire de la mondialisation. Elle est le produit conjugué du rôle croissant des ONG sur la scène internationale, de l'importance grandissante du poids des médias et de l'opinion publique sur la conduite des politiques extérieures et de l'effacement des distances (qui permettent à la fois une meilleure connaissance des situations et des possibilités accrues d'intervention). L'ingérence enfin est évidemment, et par construction, consubstantielle au phénomène d'effacement des frontières.

La Chartre de l'ONU – en réaction avec les violations de souveraineté commises par les puissances de l'Axe et ayant conduit à la Seconde Guerre mondiale – avait condamné l'ingérence en lui opposant le principe sacro-saint de souveraineté.

Le paragraphe 1 de l'article 7 de la Charte des Nations unies énonce que « l'organisation est fondée sur le principe de l'égalité souveraine de tous ses membres ». Le paragraphe 4 du même article dispose que « les membres de l'organisation s'abstiennent, dans leurs relations internationales, de recourir à la menace ou à l'emploi de la force, soit contre l'intégrité territoriale ou l'indépendance politique de tout État, soit de toute autre manière incompatible avec les buts des Nations unies ». Ces dispositions viennent en fait compléter le paragraphe 3 selon lequel « les membres de l'organisation règlent leurs différends internationaux par des moyens pacifiques ». L'article 2, paragraphe 7, interdit quant à lui à l'ONU de se mêler des affaires intérieures des États, stipulant qu'« aucune disposition de la présente charte n'autorise les Nations unies à intervenir dans les affaires qui relèvent essentiellement de la compétence nationale d'un État ».

L'ingérence vient donc prendre le contre pied de ces principes.

Naissance d'un droit nouveau ?

Les partisans du concept d'ingérence en font remonter l'origine à l'adoption en 1948 par l'Assemblée générale des Nations unies de la Déclaration universelle des droits de l'homme. René Cassin, le juriste français qui en était l'initiateur, avait écrit dès 1947 : « Il faut en tout cas que le droit de regard de l'humanité sur le rapport de l'État et de l'individu soit affirmé ».

L'URSS, les démocraties populaires et les pays musulmans n'ont pas voté ce texte. Andrei Vychinski, le représentant de Staline, est même sorti sur les marches du palais de Chaillot pour déclarer : « Nous refusons ce texte qui est porteur d'ingérence dans les affaires intérieures des États. »

Cassin rappelait qu'en septembre 1933 la Société des nations avait entendu un Juif de Silésie, Monsieur Bernheim, dénonçant les pratiques barbares des Nazis à l'égard de leurs propres compatriotes. Le président de séance avait alors donné la parole au représentant de l'Allemagne, qui n'était autre que Joseph Goebbels. Ce dernier avait répondu : « Messieurs, charbonnier est maître chez soi. Nous sommes un État souverain. Tout ce qu'a dit cet individu ne vous regarde pas. Nous faisons ce que nous voulons de nos socialistes, de nos pacifistes, de nos Juifs et nous n'avons pas à subir de contrôle ni de l'humanité, ni de la SDN. »

Partisans de la souveraineté et avocats de l'ingérence s'appuient donc tous deux sur la condamnation du nazisme pour justifier leur choix. La souveraineté pour protéger les États faibles des appétits d'agresseurs plus puissants ; l'ingérence pour empêcher de graves violations des droits de l'homme.

Politiquement, c'est la création du mouvement « sans frontières » né durant la guerre du Biafra (1967-1970) qui est à l'origine de l'ingérence humanitaire moderne.

Suite à la proclamation d'indépendance vis-à-vis du Nigeria de cette région pétrolifère peuplée de Chrétiens Ibos, une guerre civile éclate. L'ONU ne veut alors pas reconnaître le droit de sécession dans les ex-colonies afin d'éviter les manœuvres de division des ex-puissances coloniales. Le blocus conduit le Biafra à la famine et les images retransmises à la télévision créent un choc psychologique énorme.

Cette tragédie a suscité l'irruption des ONG humanitaires sur la scène internationale. Elles reprochent aux États leur inaction (du fait de la non-ingérence) et à la Croix Rouge une neutralité qui leur paraît ni équilibrée ni justifiée devant l'ampleur des massacres. Se crée alors l'ONG Médecins sans Frontières, le terme de « sans frontières » étant à la fois une référence au champ international de l'action mais aussi, et surtout, au fait que l'association entendait s'affranchir des limites territoriales qui délimitaient l'activité internationale traditionnelle en protégeant la souveraineté. Le tout au nom d'une morale de l'extrême urgence : on ne laisse pas les gens mourir.

La notion d'impartialité (on soigne tous ceux qui en ont besoin) apparaît plus opératoire et moins ambiguë que celle de neutralité (on renvoie dos à dos bourreaux et victimes).

Dans la préface d'un ouvrage édité en 1987 et intitulé *Le Devoir d'Ingérence,* Bernard Kouchner, qui fait ses premières armes politiques au Biafra, écrit : « Il s'agit de compléter la Déclaration universelle des droits de l'homme au nom d'une morale de l'extrême urgence, au nom du devoir d'intervention. Il faut ajouter le droit d'intervention humanitaire à la Déclaration universelle des droits de l'homme ».

Pour les promoteurs de l'ingérence, en effet, il ne s'agit pas de contredire les grands textes internationaux existants mais au contraire de leur donner une réalité. Il s'agit d'établir un principe qui, par exception, fait échapper le respect des droits humains à la compétence exclusive de l'État, en accordant certaines responsabilités et droits de regard en ce domaine à la communauté internationale.

Pour certains, la souveraineté doit même être subordonnée à l'impératif de solidarité entre les individus et les peuples, impératif qui, dans les cas d'urgence, justifie l'ingérence.

Le 8 décembre 1988, l'Assemblée générale des Nations unies adopte la résolution 43/131 intitulée « Assistance humanitaire aux victimes de catastrophes naturelles et situation d'urgence du même ordre ». Après avoir réaffirmé le principe de la souveraineté, elle proclame le principe de libre accès aux victimes et le rôle des organisations humanitaires agissant de manière impartiale et neutre.

Cette résolution est prise après un tremblement de terre en Arménie, république soviétique, faisant 25 000 morts. Mikhaïl Gorbatchev accepte pour la première fois qu'une aide internationale, comprenant la présence d'étrangers, puisse intervenir sur le sol soviétique.

Le 14 décembre 1990, la résolution 45/100, après avoir réaffirmé « l'importance prioritaire de l'assistance humanitaire pour les victimes de catastrophes naturelles et situations d'urgence humanitaire » – qualifiées de menaces pour la paix et la sécurité internationale –, ainsi que « la souveraineté des États affectés et le rôle premier qui leur revient dans l'initiative, l'organisation et la mise en œuvre de l'assistance humanitaire sur leurs territoires respectifs », prie le Secrétaire général de créer des « couloirs d'urgence humanitaire ».

Les partisans du droit d'ingérence veulent y voir une consécration juridique, par l'ONU, de leurs thèses. C'était, pour le moins, solliciter les textes car dans les deux cas le principe de souveraineté est réaffirmé et l'intervention humanitaire se fait avec l'accord du pays sur lequel elle a lieu. Il y a donc bien intervention, mais il ne s'agit pas d'ingérence.

Une nouvelle étape va être franchie au lendemain de la guerre du Golfe. Le 5 avril 1991, Saddam Hussein s'en prend aux populations kurdes, au nord de l'Irak, et aux Chiites, au sud, qui se sont révoltées contre lui. Le Conseil de sécurité adopte alors la résolution 688 qui permet – contre la volonté de l'État irakien – de parachuter une aide à ces populations.

En pleine guerre du Golfe, le président Bush avait lancé un appel aux Kurdes et aux Chiites irakiens qui espéraient tirer profit de la défaite probable de l'Irak pour se libérer, les encourageant à renverser Saddam Hussein. Mais ces révoltes échoueront. L'armée irakienne, bien que défaite par la force internationale dépêchée pour libérer le Koweït, n'a pas de mal à les écraser en l'absence d'intervention militaire étrangère pour leur venir en aide. Des centaines de milliers de Kurdes, en plein hiver, tentent de se réfugier en Turquie. Au Conseil de sécurité est adoptée la résolution 688. La Chine et l'Inde s'abstiennent, Cuba, le Yémen et le Zimbabwe votent contre, mais elle est approuvée par les Occidentaux et par une URSS dont la survie dépend alors de l'aide occidentale.

Le Conseil, sans faire référence au chapitre VII, se déclare profondément préoccupé par la répression et souligne que, par son impact international (afflux de réfugiés), elle porte atteinte à la paix. Il condamne donc la répression, exige que l'Irak y mette fin sans délai et qu'il permette l'accès aux organisations humanitaires.

La Grande-Bretagne, la France et les États-Unis lancent, parallèlement à cette résolution, l'opération « *Provide Comfort* » (fournir du réconfort). Deux mille militaires de ces États créent des zones d'accueil de réfugiés sur le territoire même de l'Irak sans leur venir en aide.

Selon ses promoteurs, l'ingérence, pour être justifiée, doit répondre à trois conditions :

- une violation massive des droits de l'homme qui, par son ampleur, porte atteinte à la paix internationale et justifie donc l'intervention du Conseil de sécurité sur la base du chapitre VII de la Charte,
- le Conseil ordonne aux États concernés de mettre fin à la violence,
- il n'est pas entendu et autorise donc une intervention de la communauté internationale.

Par la suite, de nombreuses autres résolutions vont permettre des interventions en Somalie, au Liberia, au Rwanda, au Cambodge, etc. L'ingérence a également été évoquée à propos du Kosovo et de l'Irak. Mais ces cas diffèrent en fait profondément.

Des ambiguïtés qui subsistent

L'ambiguïté subsiste largement concernant le débat sur l'ingérence. S'agit-il d'un devoir ou d'un droit ? Est-il question d'ingérence ou d'assistance ? Selon les réponses apportées à ces questions, les conséquences pour le champ international ne sont pas les mêmes.

S'il s'agit d'un devoir, il y a obligation d'agir dès lors que la situation l'exige. S'il s'agit d'un droit, cela sous-entend que ce sont les États potentiellement intervenants qui se réservent le droit de prendre une décision positive ou négative quant à l'intervention.

L'ingérence implique la possibilité d'intervenir dans l'ordre politique de l'État où l'intervention a lieu pour faire cesser les causes politiques de désordre. L'assistance limiterait l'intervention à des secours à la population, même si bien entendu ces secours ne sont pas toujours neutres et peuvent être utilisés par une partie au combat.

L'énumération des cas permet de montrer néanmoins que l'ingérence en tant que telle n'a pas à ce jour connu une consécration juridique, à l'exception – qui ne confirme pas la règle – de la résolution 688. Il y a eu des ingérences, mais elles n'ont pas eu l'onction du droit. Lorsque les interventions humanitaires ont été le résultat de votes de l'ONU, elles n'ont pas constitué des ingérences.

Ainsi les interventions au Cambodge, Liberia, Haïti, Rwanda etc. ont non seulement reçu le feu vert à l'ONU, mais également celui du pays où l'intervention a eu lieu, tout comme ce fut le cas en 1988 en Arménie soviétique. Le déploiement des forces internationales en Bosnie relève de la même logique. L'opération de l'ONU en 1999 au Timor, qui est venue mettre fin aux combats ensanglantant la région après qu'un référendum a décidé de son indépendance vis-à-vis de l'Indonésie, a pu avoir lieu après que Djakarta en eut accepté le principe et les modalités.

En revanche, l'intervention de l'OTAN contre la Yougoslavie au profit de la population kosovare, déclenchée en mars 1999, était bien une ingérence dans les affaires intérieures yougoslaves. L'OTAN ne niait pas que le Kosovo était bien sous souveraineté yougoslave. Elle reprochait à Belgrade la politique de nettoyage ethnique à laquelle procédaient l'armée et la police yougoslaves dans ce territoire. Mais cette intervention ne s'est pas déroulée dans le cadre d'un droit établi, l'ONU n'ayant pas approuvé le recours à la force. C'est d'ailleurs parce qu'elles savaient fort bien que la Chine et la Russie opposeraient leur veto à une telle opération que les puissances occidentales ont évité de demander un vote à l'ONU sur ce point.

Le même raisonnement peut s'appliquer à la guerre d'Irak de 2003. Pour certains, elle était justifiée par le droit d'ingérence, pour libérer la population irakienne du joug d'un dictateur féroce. Mais des débats passionnés ont eu lieu sur l'opportunité, la légitimité et la légalité de cette guerre, qui a eu moins de soutien que la guerre au Kosovo.

Un débat au Conseil de sécurité s'est achevé par un vote de quatre membres (dont les États-Unis et la Grande Bretagne) favorables à la guerre (contre onze qui s'y opposaient).

La résolution 688 pose à l'évidence un problème de nature différente. Elle est exceptionnelle, tout comme avaient été exceptionnelles les circonstances de son adoption.

Cette résolution a effectivement été prise contre la volonté de l'Irak pour protéger les populations. Elle a d'ailleurs été menée au profit des Kurdes irakiens en laissant à leur sort les Chiites qui, au sud de l'Irak, subissaient également la répression du régime de Saddam Hussein. Mais l'Irak, qui avait défié la communauté internationale, avait été vaincu par celle-ci. Il était « diabolisé » politiquement pour s'être lancé dans deux guerres (contre l'Iran de 1980 à 1988 et contre le Koweït, envahi et annexé en 1990). Saddam Hussein – qui avait pourtant longtemps bénéficié de la bienveillance des puissances occidentales – passait pour l'archétype du dictateur, qui plus est dangereux pour le monde extérieur.

La résolution avait également été adoptée sur fond de mauvaise conscience occidentale (n'était-ce pas le Président Bush qui avait appelé les Kurdes à la révolte ? Pouvait-on intervenir pour le Koweït et son pétrole et ne rien faire pour les malheureux Kurdes ?) et de calcul géopolitique (la Turquie ne risquait-elle pas être déstabilisée par un afflux de réfugiés qui pourrait relancer les revendications autonomistes des Kurdes de Turquie ?).

La résolution 688 est donc une exception et ne fonde pas un précédent. Mais, au-delà du débat juridique, le débat sur l'ingérence est avant tout politique.

L'ingérence n'est pas en fait une idée neuve. Ses racines sont anciennes.

En Europe, entre 1815 et 1830, la Sainte-Alliance s'était reconnu le droit de rétablir l'ordre dans les monarchies qui auraient été menacées par les mouvements révolutionnaires.

Au XIXᵉ siècle était développée la notion d'« intervention d'humanité » pour désigner des opérations militaires unilatérales conduites à l'étranger par un ou plusieurs États, généralement européens, afin de protéger ses nationaux ou coreligionnaires (intervention française au Liban en 1860 au profit des chrétiens maronites ; intervention des Anglais, Français, Allemands et Américains dans la Guerre des Boxers en Chine en 1901 pour protéger leurs nationaux, etc.).

On retrouve cependant des ressemblances dans ce débat à plusieurs décennies d'intervalles.

En 1910, Antoine Rougier écrivait : « Il est pratiquement impossible de séparer les mobiles humains d'intervention des mobiles politiques, et assurer le désintéressement absolu des États intervenants... Dès l'instant que les puissances intervenantes sont juges de l'opportunité de leur action, elles estimeront cette opportunité au point de vue de leurs intérêts du moment... Il se commet tous les jours dans quelque coin du monde mille barbaries qu'aucun État ne songe à faire cesser parce qu'aucun État n'a intérêt à les faire cesser. Toutes les fois qu'une puissance interviendra au nom de l'humanité dans la sphère de compétence d'une autre puissance, elle ne fera jamais qu'opposer sa conception du juste et du bien social à la conception de cette dernière, au besoin par la force. Son action tendra en définitive à l'englober dans sa sphère d'influence morale et sociale en attendant de l'englober dans sa sphère d'influence politique. Elle le contrôlera pour se préparer à le dominer. Ainsi, l'intervention d'humanité apparaît comme un moyen juridique ingénieux d'entamer peu à peu l'indépendance d'un État pour l'incliner progressivement vers la mi-souveraineté ».[1]

L'URSS n'a jamais hésité à faire régner l'ordre dans le camp communiste. Si elle a été impuissante pour imposer sa volonté à la Chine, elle a rétabli l'ordre socialiste par la force en Hongrie (1956) et en Tchécoslovaquie (1968). Lors de cette dernière intervention, Brejnev n'avait pas hésité à développer une théorie de la « souveraineté limitée » où la défense des intérêts du socialisme passait

---

1. RGDIP 1910, p.525-526.

avant les intérêts particuliers de chaque pays. Mais évidemment, seule l'URSS disposait du droit de déterminer des intérêts supérieurs, qui se confondaient en fait avec ses propres intérêts.

Les Américains, de leur côté, n'ont jamais hésité à intervenir directement ou indirectement en Amérique centrale, dans les Caraïbes ou en Amérique du Sud (interventions militaires directes à Saint-Domingue en 1965, à Grenade en 1968, à Panama en 1989, aide à l'installation d'une dictature militaire au Brésil (1964) et au Chili (1973), etc.). En 1974-1975, ils ont mis lourdement en garde l'Italie, l'Espagne et le Portugal contre l'éventuelle arrivée de ministres communistes dans des gouvernements élargis.

Ces exemples montrent pourquoi la majorité des États fait preuve d'une grande sensibilité sur la question de l'ingérence. Elle est perçue comme le droit des grandes puissances d'intervenir dans les affaires intérieures des plus faibles.

La Charte de l'ONU voulait marquer un progrès dans la protection des faibles en posant comme principe l'égalité souveraine des États (donc quelle que soit la puissance de chacun) et la non-ingérence dans les affaires intérieures. Cela était perçu comme la mise en valeur d'un principe démocratique à l'échelle internationale.

Par la suite, dans les années 1950 et 1960, la non-ingérence a été vue comme une protection des jeunes États du tiers monde à la fois contre les ex-puissances coloniales et contre le néo-colonialisme ou néo-impérialisme des deux puissances soviétique et américaine. Bref, des faibles contre les puissants.

Le mouvement des pays non alignés s'est créé afin d'éviter aux États d'avoir pour seul choix de se ranger sous la bannière protectrice de l'un ou de l'autre.

La résolution sur l'agression, qui date de 1967, énonce : « L'agression est l'emploi de la force armée par un État contre la souveraineté, l'intégrité territoriale ou l'indépendance politique d'un autre État ». Dans cette définition, l'ingérence peut donc être considérée comme une agression.

En 1970, l'adoption par l'ONU de la résolution 2625 – *Déclaration sur l'inadmissibilité de l'intervention dans les affaires intérieures des États et la protection de leur indépendance et de leur souveraineté* – est vue comme une victoire éclatante pour le tiers monde et les États qui viennent d'accéder, parfois difficilement, à l'indépendance. La non-ingérence est réaffirmée de façon absolue comme l'un des principes fondamentaux de droit international.

Selon cette résolution : « Aucun État ne peut appliquer ni encourager l'usage de mesures économiques, politiques ou de toute autre nature pour contraindre un autre État à subordonner l'exercice de ses droits souverains ».

Dans son arrêt du 26 novembre 1984 – « Affaires des activités militaires et para-militaires à Nicaragua et contre celui-ci » –, la Cour internationale de justice rappelle le principe de son intervention : « L'intervention interdite doit porter sur des matières à propos desquelles le principe de souveraineté des États permet à chacun d'entre eux de se décider librement. L'intervention est illicite lorsque, à propos de ces choix qui doivent demeurer libres, elle utilise des moyens de contrainte ».

Ceci explique pourquoi la notion même d'ingérence suscite des appréciations diverses. Si elle est perçue par beaucoup dans le monde occidental comme une victoire du droit des individus et des peuples contre les gouvernements et les États et comme la garantie de l'impossibilité de violation massive des droits élémentaires, elle est perçue à l'extérieur du monde occidental comme du néo-colonialisme, pour ne pas dire le retour d'une politique de la canonnière.

Si, pour Mario Bettati, l'un des partisans du concept de l'ingérence, « la souveraineté, c'est la garantie mutuelle des tortionnaires »[1] et que « le devoir d'ingérence dans les affaires du monde est lié à l'universalisme de la condition humaine »[2], Hubert Védrine trouve qu'elle ressemble trop au « devoir de civilisation des colonisations françaises du XIXe siècle » et que « l'émotion paroxysmique des téléspectateurs occidentaux bombardés d'images choquantes, imbus de leur puissance et sûrs de leur bon droit, intimant à leur gouvernement l'ordre de faire cesser leurs souffrances de téléspectateurs en intervenant partout comme des pompiers du monde, ne constitue pas un critère suffisant pour légitimer en droit international une ingérence et fonder un système plus satisfaisant »[3].

L'ingérence est toujours, en effet, à sens unique et dans le sens Nord-Sud. Il n'y a aucun risque de voir une ingérence du Venezuela

---

1. Mario Bettati, *Le Droit d'ingérence*, Éditions Odile Jacob, 1996, p. 17.
2. *Op., cit.,* p. 80.
3. Hubert Védrine, « Refonder la politique étrangère française », *Le monde diplomatique,* décembre, 2000.

ou de la Libye à l'égard des pays occidentaux. Imagine-t-on que, émue par la situation sanitaire déplorable dans le Bronx, la Libye envoie des secours médicaux, quitte à se heurter aux forces de l'ordre locales ? Que le Venezuela dépêche des soldats pour venir en aide aux populations de la Nouvelle Orléans, laissées à l'abandon par leur gouvernement après le passage de l'ouragan Katrina ? Ou que, pour mettre fin à un conflit qui s'éternise et dont la population civile paie le plus lourd tribut, l'Iran et la Libye envoient des forces de protection au Pays Basque, en Irlande du Nord ou en Corse ?

Si l'urgence naît toujours (ou est toujours présentée comme résultant) d'une intention désintéressée, d'une volonté de porter secours, elle est néanmoins toujours le fruit d'un rapport de forces. Elle s'adresse certes toujours à des victimes, mais des victimes d'un pays faible qui sont assistées par un pays fort.

Cette ambiguïté existe dès l'origine. Lors de la guerre du Biafra, si l'opinion publique était sincèrement émue par le sort des populations, les arrière-pensées géopolitiques, pour la France, existaient bel et bien. Certes, la sincérité des médecins qui risquaient leur vie pour alléger les souffrances est indubitable. Il n'empêche que l'État français avait des intérêts stratégiques évidents. Il s'agissait d'affaiblir le Nigeria, principal pays anglophone en Afrique de l'ouest, qui heurtait les ambitions stratégiques françaises. Il s'agissait également d'aider les compagnies pétrolières françaises à prendre pied. Le Monsieur Afrique du général De Gaulle, Jacques Foccart, a largement contribué à permettre l'intervention. Il y avait donc à la fois réalité du drame, sincérité de l'engagement et arrière-pensées géopolitiques qui utilisaient et instrumentalisaient les deux premières.

Le cas de la guerre du Kosovo a été, en l'espèce, exemplaire. Certes, la Yougoslavie, de par sa politique de nettoyage ethnique, a eu un comportement coupable au Kosovo. Mais, six mois plus tard, la Russie, dans des circonstances comparables (une population majoritaire sur un territoire qui demande son indépendance vis-à-vis du centre qui ne l'obtient pas et se lance dans un conflit vite réprimé par la force, le tout alors que juridiquement la souveraineté du centre sur le territoire n'est pas contestée), s'est, elle aussi, lancée dans une opération de répression plus sanglante et cruelle encore que celle du Kosovo. Les réactions occidentales ont néanmoins été différentes. Il y a, dans un cas, bombardement de la Yougoslavie pour qu'elle change de politique au Kosovo et, de l'autre, maintien des crédits à la Russie et compréhension de sa politique au nom de la lutte contre le terrorisme et du respect de son intégrité territoriale.

La différence ne résulte pas de l'ampleur de la répression et des souffrances des victimes mais bien de la puissance du coupable. La Yougoslavie a certes été punie parce qu'elle était coupable, mais elle l'a surtout été parce qu'elle était faible. Le statut de la Russie (puissance nucléaire, membre permanent du Conseil de sécurité, dette importante à l'égard du monde occidental, etc.) lui évite un tel traitement. S'il s'agit d'un droit, il s'agirait dès lors d'un droit assez spécial qui s'applique uniquement aux petits et dont les puissants sont exonérés.

On peut également remarquer que l'ingérence n'a jamais été évoquée à propos du conflit israélo-palestinien. Pourtant, l'occupation militaire israélienne des territoires palestiniens n'est reconnue juridiquement par aucun pays, elle est même considérée illégale alors que la souveraineté de la Yougoslavie sur le Kosovo n'était contestée par personne. Or, les Palestiniens estiment qu'ils sont, au moins autant que les Kosovars, soumis à la répression.

Ghassan Salamé met par ailleurs en avant la contradiction selon laquelle l'ingérence et la fin des frontières sont célébrées au moment même où le monde occidental durcit ses politiques d'immigration et de visas et se ferme sur son identité et sa prospérité. Bref, il renforce ses propres frontières tout en voulant s'exonérer de celles des États du Sud[1].

Lors de l'Assemblée générale de l'ONU de 1999, sur fond d'après-guerre du Kosovo et d'intervention à Timor, le Secrétaire général de l'ONU, Kofi Annan, avait courageusement mis ce sujet explosif sur la table. Selon lui, « Les forces de la mondialisation et de la coopération internationale sont en train de redéfinir la notion même de souveraineté des États » (de l'affaiblir). « Une prise de conscience renouvelée du droit qu'a chacun de contrôler son propre destin a renforcé la souveraineté de l'individu » (donc au détriment des États).

Logique, le Secrétaire général conclut : « Les frontières ne constituent pas une défense absolue ». Elles ne devraient garantir à aucun

---

1. Ghassan Salame, *Appels d'Empire*, Fayard, 1992, p. 122.

gouvernement la liberté de torturer, de massacrer, de déporter une population. Mais, lucide, il observe qu'« une telle évolution dans notre conception de la souveraineté de l'État et de la souveraineté de l'individu ne peut que se heurter à la méfiance, au scepticisme, voire à l'hostilité de certains milieux ». Il prescrit alors une nouvelle norme relative à l'« obligation collective internationale de protection en cas de tueries massives ».

Tout ceci suscite, en effet, des oppositions non seulement de la Russie et de la Chine – qui y voient la remise en cause de leur statut de membres permanents du Conseil de sécurité –, mais également de grands pays comme l'Inde ou le Brésil, et de la plupart des pays du tiers monde qui se sont exprimés lors de cette Assemblée générale.

Ainsi, le président algérien Abdelaziz Bouteflika déclara : « Où s'arrête, où commence l'ingérence ? L'ingérence dans les affaires d'un État ne peut se produire qu'avec l'accord de cet État. [...] L'Algérie demeure très sensible à toute atteinte à la souveraineté ». Le Premier Ministre malaisien, Mahathir Bin Mohamad, était encore plus précis : « Les nations occidentales se sont accordées le droit d'intervenir où elles veulent dans le monde et sont prêtes à écraser tous les États qui ne partagent pas leurs valeurs de la démocratie libérale, a-t-il lancé ; [...] ce qui vient de l'Ouest est qualifié d'universel, les autres valeurs et cultures sont superflues et ne comptent pas. »

En 2000, dans son rapport du millénaire présenté devant l'Assemblée générale de l'ONU, Kofi Annan, évoquant la nécessité d'éviter à l'avenir l'impuissance des Nations unies face à un nouveau Rwanda, déclarait : « Aucun principe juridique, pas même celui de la souveraineté, ne saurait excuser des crimes contre l'humanité. Lorsque de tels crimes sont commis et que les moyens pacifiques pour y mettre fin ont été épuisés, le Conseil de sécurité a le devoir moral d'agir au nom de la communauté internationale ».

Mais on constate qu'il subordonne toujours la nécessité d'intervention dans le cadre de l'ONU, par l'intermédiaire du Conseil de sécurité.

En 2005, l'Assemblée générale des Nations unies adopte, dans le document final du sommet mondial, le principe de la responsabilité de protéger, qui consiste dans le « devoir de protéger des populations contre le génocide, les crimes de guerre, le nettoyage ethnique et les crimes contre l'humanité ». L'AGONU évoque clairement, en conformité avec le souhait du Secrétaire général, la possibilité de : « Mener une action collective par l'entremise du Conseil de sécurité, conformément à la Charte, notamment son chapitre VII [...], lorsque les moyens pacifiques se révèlent inadéquats et que les autorités nationales n'assurent pas la protection de leurs populations contre le génocide, les crimes de guerre, les nettoyages ethniques et les crimes contre l'humanité ». Mais le mécanisme reste subordonné à une décision positive du Conseil de sécurité. Il n'y a donc pas d'innovation juridique par rapport à ce que prévoit la Charte des nations unies.

Le sommet du G-77 (qui réunit les 122 États en développement, soit 80 % de la population mondiale), lors d'une réunion en avril 2000 à La Havane, réaffirmait l'engagement des pays membres à promouvoir la démocratie et les droits de l'homme, dont le droit au développement, et condamnait le « prétendu droit d'intervention humanitaire » mis en avant par les Nations unies ou les grandes puissances pour justifier leurs interventions dans certains pays.

En mai 2002, le Conseil de sécurité débattait officiellement du devoir d'intervention humanitaire lorsque des populations civiles sont gravement menacées.

Un rapport soumis au Conseil essaie de définir « le seuil de la juste cause » qui légitime une intervention militaire internationale, à savoir « des pertes considérables en vies humaines, effectives ou présumées, qu'il y ait ou non intention génocidaire, attribuables soit à l'action délibérée de l'État, soit à sa négligence, son incapacité d'agir, sa défaillance », ou encore « un nettoyage ethnique à grande échelle, effectif ou présumé, qu'il soit accompli par l'assassinat, l'expulsion forcée, la terreur ou le viol ».

L'intervention militaire ne doit être qu'un dernier recours, une fois épuisées toutes les possibilités de prévention et de règlement pacifique du conflit. Elle doit être proportionnée, c'est-à-dire ne mettre en œuvre que le minimum des moyens nécessaires, et avoir des perspectives raisonnables d'atteindre son objectif.

Le débat sur l'ingérence est donc loin d'être clos. Comment concilier la nécessité de ne plus laisser l'horreur se dérouler librement sous la protection des frontières de l'État sans toutefois établir un droit à deux vitesses, dur pour les faibles, inoffensif pour les puissants ? Comment défendre des normes universelles si elles ne sont pas définies universellement ? Quelles instances pourraient légitimement juger de ces normes et prendre des décisions incontestables pour leur mise en œuvre ? Comment concilier la protection de la souveraineté sans rester inactif face à des violations flagrantes et massives des droits de l'homme, comme au Rwanda ou à Srebrenica ?

Toute solution qui ne rencontrera pas l'assentiment, non pas unanime mais général, ne pourra être durablement mise en œuvre. L'ingérence légale, reconnue et indiscutable existe déjà avec le chapitre VII de la Charte. Une ingérence non discriminante passe donc par la mise en œuvre de ce chapitre et sans doute par la réforme du Conseil de sécurité afin qu'il soit plus représentatif.

La guerre d'Irak de 2003, décidée unilatéralement par les États-Unis, n'a pas permis de faire avancer la communauté internationale sur ce point.

On peut même dire qu'au vu de la faillite à la fois stratégique et morale qu'a constituée cette guerre, l'idée d'ingérence a subi un sérieux revers. Cette guerre illégale, menée au nom de la démocratie, a suscité une levée de boucliers contre elle et il est apparu clairement à l'occasion que l'ingérence était une politique de puissance qui avait tout simplement pour effet d'anéantir tous les efforts réalisés au XXe siècle pour interdire le recours à la guerre. L'ingérence est devenue clairement synonyme d'agression, sur base de théorie de changement de régime menée par les néo-conservateurs américains estimant qu'il était de leur devoir de modifier les régimes politiques des pays du Proche-Orient afin de stabiliser la région. Cette guerre a été extrêmement impopulaire dans l'ensemble du monde, y compris dans les opinions publiques occidentales auparavant favorables à la notion d'ingérence. Celle-ci a donc perdu beaucoup de son charme et est apparue pour ce qu'elle est réellement.

Un système qui évite l'impunité des bourreaux sans pour autant se limiter au droit des plus forts reste à trouver.

3

MORALE ET REALPOLITIK

La morale est de plus en plus souvent invoquée dans la conduite des politiques étrangères. Chefs d'États et ministres ont une tendance accrue à recourir à des arguments moraux pour justifier leurs actions ou, au contraire, à stigmatiser celles de leurs rivaux. Il y a peu de gouvernements qui n'évoquent pas des principes moraux pour expliquer leurs conceptions du monde et la diplomatie qui en découle. Barack Obama, George W. Bush, Vladimir Poutine, Hugo Chavez, Lula, Ahmadinejad, Nicolas Sarkozy, Jacob Zuma, Robert Mugabe, Zapatero, Fidel Castro, Netanyahu ou Mahmoud Abbas, tout le monde à l'évidence n'a pas la même conception de la morale. Si cette dernière est de plus en plus souvent invoquée, nous sommes encore loin d'en avoir une définition commune, comme le montre la très nette différence de politiques conduites par les personnes citées.

Bref, la morale, pour être souvent invoquée, n'est certainement pas toujours mise en application. La simple lecture des rapports du PNUD ou d'Amnesty International, pour ne prendre que deux exemples parmi de multiples possibles, montre combien la situation reste globalement insatisfaisante. Sans compter que de nombreux États n'appliquent pas eux-mêmes les principes moraux qu'ils proclament. Si la morale n'est pas appliquée de façon universelle, c'est tout simplement parce que la conception de la morale n'est pas unique. On en revient à la formule du poète Léo Ferré : « Ce qu'il y a d'encombrant dans la morale, c'est que c'est toujours la morale des autres ».

Comment expliquer l'entrée en force de la morale sur l'agenda international ? Elle est la conséquence du poids croissant de l'opinion publique dans la détermination des politiques étrangères.

L'opinion publique, sa conquête, sa non-opposition, deviennent un enjeu aussi bien national qu'international. Même les gouvernements autoritaires doivent tenir compte de leur opinion intérieure dans l'élaboration de leur politique étrangère. Il est toujours possible de s'en affranchir, de ne pas en tenir compte, mais le prix à payer devient de plus en plus important.

Sur le plan international, la mondialisation entraîne une bataille pour l'opinion. Après avoir convaincu sa propre opinion, il faut également persuader l'opinion mondiale de la moralité de sa politique étrangère. L'impopularité à un coût qui, pour n'être pas exactement chiffrable, est indubitablement très lourd. Il n'y a qu'à voir, par exemple, l'inquiétude de nombreux responsables, experts et citoyens américains devant l'impopularité de la politique étrangère menée par George W. Bush et les craintes suscitées par rapport aux bases mêmes de la puissance américaine. La priorité diplomatique de Barack Obama était de restaurer l'image des États-Unis dans le monde. Tout simplement parce que la popularité est une des composantes de la puissance, et l'impopularité une entrave. Israël engage régulièrement des campagnes de communication à grande échelle pour améliorer son image, ternie par l'occupation des territoires palestiniens. Les dirigeants chinois, de leur côté, ont entrepris une vaste opération de séduction ou, du moins, de « limitation de dommages » à destination des ONG, journalistes etc. à l'approche des J.O. de Pékin. Il s'agit de limiter l'ampleur des appels à un boycott de ces jeux. Preuve, si besoin était, que le poids de l'opinion mondiale n'est pas seulement pris en compte dans les démocraties occidentales.

Certes, l'apparition de l'opinion publique n'est pas un phénomène tout à fait nouveau. Il est apparu au XIXe siècle, s'est accru au XXe et la tendance devrait se confirmer au XXIe siècle. Il y a, à l'évidence, tout lieu de se réjouir de cette tendance. N'est ce pas l'application de la démocratie sur la scène internationale ? Il n'y a plus aujourd'hui de sujet réservé, régalien ou élitiste. Au-delà du principe démocratique, la pensée commune estime que les opinions seront plus soucieuses de l'intérêt général de promouvoir des relations internationales équilibrées, que des gouvernements accusés d'être tentés par la puissance et guidés par le cynisme.

Cette affirmation mérite néanmoins quelques mises en gardes. Tout d'abord, l'histoire et l'actualité montrent que les opinions ne vont pas naturellement vers des solutions pacifiques ou de modération. Chauffées à blanc par des préjugés persistants, elles peuvent au contraire favoriser les solutions de force conduisant à des impasses ou des tragédies. Combien de fois n'a-t-on pas regretté l'absence de gouvernements forts, capables d'imposer des compromis apparemment insatisfaisants à leur propre opinion et pourtant seuls à pouvoir conduire à des règlements justes et durables ? La faiblesse du gouvernement israélien et de l'autorité palestinienne a maintes fois été un facteur d'aggravation du conflit, non de son règlement. Le poids de l'opinion est souvent invoqué pour légitimer, expliquer ou justifier des politiques impliquant le recours à la force, l'absence de compromis, de prise en compte de l'autre. Ceci étant, on a bien vu que des gouvernements forts pouvaient, à condition d'en avoir le courage et de se fixer un cap clairement défini et compréhensible, amener leur opinion à de meilleurs sentiments.

Un autre danger concerne les possibles manipulations de l'information. Si l'opinion publique devient un enjeu, il sera d'autant plus important d'en obtenir le soutien, dès lors que la volonté de l'influencer peut dominer celle de l'informer.

L'utilisation d'arguments moraux ne constituant qu'une ruse pour la puissance est une grande constante. Aucun gouvernement ne justifie plus sa politique par le seul intérêt national, il parvient toujours à trouver des arguments légitimes pour lui donner un aspect plus présentable. De l'intervention américaine à Cuba en 1898 destinée à aider un peuple à se libérer du joug colonial, à la guerre d'Irak de 2003 afin d'en aider un autre à se débarrasser d'une dictature insupportable, la liste est longue. Certes, comme dans toutes manipulations, il y a toujours un aspect véridique, un fond de vérité. Les Cubains voulaient vraiment se débarrasser de la tutelle coloniale espagnole, le régime de Saddam Hussein oppressait réellement sa population de façon intolérable. Mais ce sont bel et bien des intérêts de puissance qui ont été à la base des interventions. La morale a plus servi de légitimation qu'elle n'a été un facteur de décision. Le moins que l'on puisse dire est que ces interventions n'ont pas été faites dans l'intérêt des peuples concernés mais pour celui de la puissance intervenante.

La morale peut n'être qu'un prétexte, une légitimation de la politique de puissance. Il y a une utilisation hypocrite de la morale. Les Croisades, la conquête de l'Amérique latine, la colonisation de l'Afrique par les Européens, la libération de l'Asie par les Japonais, la naissance de la Guerre froide, l'intervention soviétique en Tchécoslovaquie, le soutien américain au coup d'État au Chili, etc., ont tous été réalisés au nom d'une certaine idée de la morale. Du moins, c'est ainsi que cela a été présenté. Invasions et agressions n'ont jamais eu lieu en invoquant uniquement l'intérêt national. La défense ou la promotion de la chrétienté, de la démocratie, du communisme, de la lutte contre le colonialisme, etc. sont venues justifier ces actions. Or, on voit qu'aucune de ces actions ne suscite l'unanimité. Elles sont, au contraire, soit ardemment défendues, soit violemment dénoncées.

La force est-elle dès lors mise au service de la morale, ou bien n'est-ce pas cette dernière qui est instrumentalisée par la première ? La vie internationale devint-elle plus « morale », ou bien l'évocation de la morale n'a-t-elle pour fonction principale que de faire fonctionner les bons vieux mécanismes des rapports de force, bonne conscience en prime ?

Le fait que la plupart des normes humanitaires, de l'interdiction du génocide à la notion de crime contre l'humanité, des principes de respect des droits et des libertés individuelles à l'interdiction de la torture, soient des normes nées en Occident ne les disqualifient pas pour autant. La Déclaration universelle des droits a certes été promulguée par un petit nombre d'États occidentaux ; on peut, néanmoins, estimer qu'il s'agit d'un acquis universel qui s'impose aux États qui ont été créés depuis.

La simplification de la présentation des situations peut être un effet négatif de l'invocation de la morale. Le bien d'un côté, le mal de l'autre. Le manichéisme peut fort bien être le produit dérivé de l'incantation morale. On réduit la complexité d'une situation à de grandes catégories binaires et on passe dès lors de la morale au manichéisme. Quel esprit sérieux pourrait accepter une telle simplification ? De quelle situation internationale quelconque pourrait-on réellement dire qu'elle oppose deux camps, celui du bien d'un côté et celui du mal de l'autre ? Croit-on vraiment qu'armés d'une telle grille de lecture l'on puisse expliquer le Proche-Orient, le Liban, l'Afghanistan, les conflits africains, ceux du Caucase ou d'ailleurs ? Les relations internationales ne peuvent être considérées comme binaires, n'opposant à chaque fois que deux camps bien déterminés et distincts dont l'un aurait toutes les qualités et l'autre serait accusé de tous les torts.

Autre danger : celui du triomphe des apparences. On met en avant un symbole qui ne reflète qu'une petite partie de la réalité. Peut-on résumer la situation des droits de l'homme en Colombie à la seule Ingrid Betancourt ? Comment expliquer cette mobilisation autour d'elle et le silence pour les autres milliers de personnes enlevées ?

Peut-on mettre en avant un arbre moral pour mieux cacher la forêt des atrocités ? On raconte dès lors de belles histoires, non pas pour modifier la réalité dans un sens positif, mais pour la masquer. Il s'agit de créer de fausses causes ou de grossir de réelles causes existantes pour « assécher » le marché de l'émotion, partant du principe que les opinions ne peuvent se focaliser sur plus d'une cause en même temps.

Enfin, sur le terrain de la morale, on retrouve toujours le problème du double standard, de l'application sélective du principe universel, du fait d'accepter dans certains cas ce qu'on condamnerait dans d'autres. Peut-on, par exemple, condamner les bombardements de populations civiles tchétchènes par l'aviation russe – en déplorant que cela ne puisse que favoriser le terrorisme – et approuver les bombardements américains sur l'Irak ou israéliens sur le Liban ou Gaza au nom même de la lutte contre le terrorisme ?

Faisant un tour d'horizon des maux qui affectent l'Afrique (génocides au Rwanda, guerre entre l'Érythrée et l'Éthiopie, guerres civiles persistantes en Angola et au Congo, règne des seigneurs de la guerre en Sierra Leone, violences ethniques au Nigeria), l'hebdomadaire *The Economist* s'interrogeait : pourquoi les préoccupations occidentales se concentrent-elles sur le Zimbabwe ? Cela ne vient-il pas du seul fait que les quelques fermiers victimes de violences étaient blancs ? Poser la question, c'est y répondre !

Lorsque le clivage Est-Ouest structurait les relations internationales, l'attention portée au respect des droits de l'homme s'avérait être parfois à géométrie variable. Ceux qui s'indignaient de la répression en Pologne ne se souciaient guère de ce qui se passait au Chili, et inversement. Aujourd'hui, à entendre certains commentateurs occidentaux, Cuba est l'un des pires régimes pour ce qui concerne la violation des droits de l'homme. Certes, il s'agit là de l'un des derniers régimes communistes, et peut-être du dernier à le revendiquer haut et fort. Mais, sur le plan des libertés publiques et du respect de la personne humaine, ne serait-il pas plus conforme à la vérité de constater qu'il y a des situations bien pires, qui font pourtant l'objet de critiques moins virulentes ? Cependant, ces pays, où la répression est plus brutale, soit ne s'attaquent pas directement à l'ordre établi, soit sont d'accord pour le conforter.

L'application sélective des principes universels vient miner la crédibilité des discours sur ces principes. La sanction doit logiquement être proportionnelle au crime, et non pas inversement proportionnelle à la puissance du criminel.

La meilleure réponse apportée à cela est la présentation en blanc d'une situation, évoquer des faits sans en nommer les protagonistes et demander un jugement sur ce point. Si, pour les mêmes faits, vous avec des réponses différentes selon les protagonistes en cause, vous pouvez alors fortement douter des motivations morales de ceux-là mêmes qui les invoquent.

Il y a aussi des causes faciles parce qu'elles sont à la fois visibles et ne heurtent pas des intérêts trop puissants dans votre champ d'activité. Chavez ou Castro sont des figures extrêmement importantes sur la scène internationale. S'attaquer à eux donne donc une grande visibilité. Mais en France, on ne peut pas dire que le poids politique ou économique des défenseurs de ces deux personnages soit extrêmement puissant, il n'y a donc aucun risque à s'attaquer à eux. Sont-ils pour autant les moins recommandables des dirigeants internationaux ? Ceux dont l'action d'un point de vue moral est la plus condamnable ? C'est loin d'être certain !

On ne peut que se féliciter de la montée en puissance des aspects moraux dans la politique étrangère. Mais cela ne doit pas empêcher, bien au contraire, le fait de ne pas se contenter des apparences, de refuser le manichéisme, d'exercer un examen critique sur les arguments fournis, de dénoncer les hypocrisies. Dans l'intérêt même des impératifs moraux.

On a souvent opposé la politique morale à la *realpolitik*. C'est ainsi que Wilson, à la fin de la Première Guerre mondiale, a voulu opposer l'approche morale de la diplomatie américaine, favorable au droit des peuples à disposer d'eux-mêmes et au règlement pacifique des différends, à la traditionnelle *realpolitik* européenne incarnée par Metternich, Talleyrand ou Bismarck qui, selon lui, nierait le droit des peuples et ne pourrait conduire qu'à des affrontements entre États. Or, la première fois que le mot *realpolitik* a été utilisé, ce fut par Ludwig von Rochau au XIXe siècle afin d'apporter un équilibre de forces entre les empires. Bismark l'utilisa pour étendre la zone d'influence de la Prusse et permettre l'unification allemande.

Henry Kissinger fut le héros de la *realpolitik* dans les années 1970. On peut la voir sous deux angles : c'est à la fois ce qui permit une approche réaliste de la relation avec l'URSS, l'acceptant telle qu'elle était politiquement en échange d'un comportement international modéré. Cela permit la détente, la maîtrise des armements et le contrôle des conflits, et évita peut-être une guerre mondiale. À l'inverse, l'approche morale préconisait de se focaliser sur la nature répressive du régime soviétique et donc de ne pas accepter son existence. Mais Kissinger, en intensifiant dans un premier temps la guerre en Indochine, en l'étendant au Cambodge et en pratiquant le soutien aux dictatures notamment avec le renversement du gouvernement Allende, a également mis une connotation négative sur le terme *realpolitik*.

La *realpolitik* a été déconsidérée du fait des abus qui ont été faits par certains dirigeants mais, comme le souligne Hubert Védrine, il y a pire que la *realpolitik,* à savoir l'« irrealpolitik », le fait de, à partir de positions morales, penser que l'on peut modifier les choses. Les Hongrois avaient le droit de se révolter contre les Soviétiques en 1956, mais les exhorter à le faire, à prendre les armes alors que l'on savait que l'on n'irait pas à leur secours du fait de la division du bloc et de la dissuasion nucléaire, n'était certainement pas moral.

Parfois, certains dirigeants prennent des positions à destination de leur propre opinion publique mais savent que cela n'aura aucune conséquence directe sur la scène internationale et que cela ne permettra pas de faire progresser le cours des choses. Si l'on veut modifier des réalités désagréables, il faut tout d'abord reconnaître ces réalités, et ce n'est pas à partir de positions morales mais irréalistes, ou non ancrées dans la réalité, que l'on améliorera les situations.

Conclusion

LE MONDE PROGRESSE-T-IL ?

« Tout ce qui doit être inventé l'a été ». C'est à partir de ce constat que le commissaire du bureau des brevets aux États-Unis recommandait, en 1899, de le fermer. Si le XIXe siècle a effectivement été riche en innovation, le XXe siècle l'aura facilement éclipsé de ce point de vue. Mais la véritable question n'est-elle pas de se demander si les hommes et les femmes sont plus heureux en cette fin de siècle qu'au début ? Si les sociétés sont plus justes et plus harmonieuses ? Certes, il est toujours tentant d'idéaliser le passé (« qu'elle était belle la République sous l'Empire ! ») mais malgré les ordinateurs, l'aviation civile, la télévision ou Internet, personne ne songe à qualifier le début du XXIe siècle de « Belle époque », comme ce fut le cas pour le début du XIXe siècle. Est-ce seulement parce qu'il y a plus de conscience et moins d'insouciance ?

Les moyens de savoir sont de plus en plus importants. L'impact démocratique de ce fait avéré est énorme. L'information n'est plus réservée à une élite, à une poignée de gouvernements, mais est accessible à tous les citoyens. Cependant, cette avancée démocratique a une seconde face, plus inquiétante. La préservation de l'espace privé est de plus en plus difficile. En écrivant, en 1948, *1984* George Orwell ne pouvait imaginer qu'au début du XXIe siècle un dictateur, s'il le voulait, pourrait avoir les moyens de suivre presque minute après minute l'activité des citoyens grâce à son téléphone portable, les commandes qu'ils peuvent faire sur Internet, les paiements de leur carte bancaire, les caméras de surveillance, etc. L'embrigadement et le conditionnement ne se font plus par des meetings de masse, comme ce fut le cas dans les trois premiers quarts du XXe siècle, mais par un suivi individuel de chaque citoyen-consommateur.

L'économie de marché triomphe, la mondialisation partant avant tout d'un phénomène financier et économique. La Russie et l'Europe de l'Est y sont entrés, ainsi que la Chine avec son concept d'économie socialiste de marché. Mais il y a un risque de marchandisation de biens autrefois considérés comme libres, tels que la santé, la culture, etc.

Les tendances ne sont pas totalement négatives. Elles peuvent avoir pour résultat une gestion plus rationnelle et une modernisation de certains secteurs. La logique de la rentabilité peut avoir des défauts. Mais celle de l'inefficacité, de la lenteur bureaucratique, des nominations où la compétence n'est pas prise en compte – après tout, c'est la collectivité qui paye – n'est pas non plus une panacée.

Cependant n'y a-t-il pas danger si le monde de la recherche se met à privilégier la protection des découvertes – pour des raisons d'exploitation des brevets – sur la circulation des connaissances ? Les progrès de la médecine ne s'accompagnant-ils pas d'une inégalité croissante face aux soins ? Et les avancées du savoir n'engendrent-elles pas une inégalité croissante entre « bonnes et mauvaises » filières, pour ne pas parler de ceux qui n'auront accès à aucune ?

« L'accélération de l'histoire », la vitesse de la transformation du monde débouchent également sur un fossé grandissant entre ceux qui ont et ceux qui n'ont pas, et ce tant entre les différentes sociétés qu'à l'intérieur même de celles-ci. La croissance ne permet plus un rattrapage des riches par les pauvres, elle fait coexister nouveaux millionnaires et nouveaux exclus, de la Russie au Zaïre, de la France au Japon, des États-Unis au Brésil. Les inégalités de la croissance débouchent sur une croissance des inégalités.

Tandis que de jeunes créateurs talentueux, qui n'ont pas encore atteint la trentaine, se retrouvent en quelques années, grâce à la création de *Start Up*, à la tête de fortunes comparables à celles que les anciens grands industriels avaient mis des décennies à acquérir dans les décennies précédentes, des centaines de millions de personnes de par le monde n'ont jamais eu accès à un ordinateur, et voient leur valeur sur le marché du travail se déprécier de ce fait.

Alors que l'élite mondiale profite pleinement des avantages de la mondialisation, la main-d'œuvre non qualifiée – qu'elle vive dans le monde développé ou non développé – voit son coût baisser relativement. Au cours du XXe siècle, la richesse mondiale a été multipliée par 20. Pourtant, même les sociétés les plus opulentes ont leur lot d'exclus : 40 millions aux États-Unis, 18 millions en Europe occidentale, etc., pour ne rien dire de la misère dans les faubourgs de Mexico, les taudis africains ou les bas quartiers asiatiques.

Certes, le temps de travail est devenu moins lourd, les loisirs se sont diversifiés. Mais des millions de personnes sont exclus de la dignité du travail et parallèlement l'esclavage survit, notamment celui des enfants.

La logique naïve consistant à penser que le progrès technique va automatiquement améliorer le sort de la majorité de la population – si ce n'est de la totalité – est à combattre énergiquement, tout autant d'ailleurs que celle, nostalgique, consistant à croire qu'il dégrade nécessairement la place de l'homme sur la planète.

Internet est une formidable machine à communiquer librement, mais il peut être également utilisé par des groupes utilisant des moyens terroristes comme les Tigres du Tamoul ou Al Qaïda.

Le XXe siècle aura été celui de la guerre et des génocides avant d'être celui de la mondialisation.

Il aura cependant vu l'allongement de la durée de vie (46 ans en moyenne en 1900, 82 ans aujourd'hui en France), l'amélioration générale des conditions de travail, le développement de la richesse et des biens à consommer. Il aura été celui de la libération de la femme, du moins dans la plupart des sociétés.

Il n'aura pas été pourtant celui de l'augmentation du bonheur. Il a même été calculé que le temps que les humains passent à rire chaque jour avait régulièrement diminué depuis le début du siècle. Les temps étaient certes plus durs à l'époque, mais cela était compensé par une forte solidarité et une dignité individuelle supérieure à celle que l'on peut rencontrer aujourd'hui. Bien que les idéologies qui ont suscité tant de catastrophes humaines se soient effondrées, le fanatisme n'a pas disparu. Il n'existe guère plus de croyances collectives, d'utopies libératrices ou de projets communs qui ont par ailleurs généralement débouché sur des catastrophes. En revanche, le sentiment de solidarité se dissout, l'égoïsme individuel progresse. Le « dieu » dollar (ou euro, ou yen) semble avoir pris le pas sur ses concurrents. Alors que les différences individuelles sont mieux acceptées, les violences ethniques semblent cependant se développer et l'essor des particularismes est susceptible de récréer des communautés réduites et fermées aux autres, ou encore de renforcer un individualisme forcené.

Le monde devient-il plus moral ? La création de tribunaux internationaux, la poursuite en justice de dictateurs (Pinochet, Milosevic), le fait qu'une guerre ait été lancée (Kosovo) au nom du principe de refus du nettoyage ethnique et en dehors d'intérêts stratégiques majeurs permettaient de le croire. Il faut cependant être conscient du fait que les principes proclamés comme étant universels sont appliqués de façon sélective (pas en Tchétchénie, pas en Afrique, pas au Proche-Orient, etc.), que la morale n'est parfois invoquée que pour mieux légitimer une politique de puissance (comme ce fut déjà le cas, dans le passé, de la colonisation aux affrontements Est-Ouest) et qu'il conviendrait de définir en commun les normes jugées universelles.

La leçon principale que l'on peut tirer de tout cela est que les progrès techniques peuvent tout aussi bien déboucher sur des catastrophes que sur des améliorations fantastiques de la condition humaine, que tout sera affaire de volonté politique commune de l'humanité qui, pour le moment, semble avancer moins vite que la technologie.

Pour la première fois dans l'histoire – et cela est un effet de la mondialisation – l'ensemble de l'humanité est politiquement actif. Il y a encore des dictatures mais, mis à part la Corée du Nord, les régimes totalitaires ont disparu. Et même dans les dictatures, les peuples se mobilisent malgré la répression et bousculent les régimes en place. Y compris dans les pays où il n'y a pas de liberté, existe une opinion publique dont les gouvernements, même répressifs, tiennent compte. Seuls les régimes totalitaires peuvent se maintenir par la seule force. C'est dans l'existence de cette humanité politiquement active qu'il y a le plus de raisons d'espérer.

INDEX

Abbas Mahmoud, 271
Abdallah (roi d'Arabie Saoudite), 145
Acheson Dean, 122
Adia (Abu Dhabi Investment Authority), 55
Ahmadinejad Mahmoud, 271
AIEA (Agence internationale de l'énergie atomique), 75
ALENA (Accord de libre-échange nord-américain), 131, 162
Alvin, 208
Amnesty International, 40, 41, 252, 271
Angell Norman, 18, 197
Annan Kofi, 39, 78, 266, 267
Aron Raymond, 33, 59, 222
Aznar José Maria, 47

Bachelet Michelle, 159
Banque mondiale, 24, 41, 65, 81, 82, 83, 84, 118, 125, 175, 181, 183, 184, 186, 187, 189, 247
Ben Laden Oussama, 9, 205, 207
Bettati Mario, 264
Binyamin Netanyahu, 271
BIRD (Banque internationale pour la reconstruction et le développement), 81
Bismarck (von) Otto, 277
Bodin Jean, 62, 247
Bokassa Jean-Bedel, 168
Boutros Ghali Boutros, 75, 76
Braudel Fernand, 17
Briand Aristide, 62

Brodie Bernard, 220
Brzezinski Zbigniew, 192, 215
Bush George, 8, 91, 122, 124, 125, 128, 131, 162, 205
Bush George W., 8, 62, 119, 124, 129, 131, 158, 180, 205, 229, 230, 254, 271, 272

Care, 41
Castro Fidel, 131, 271, 276
CECA (Communauté européenne du charbon et de l'acier), 100, 101
CED (Communauté européenne de défense), 100
CFC (chlorofluorocarbones), 176, 179
Chavez Hugo, 159, 271
Chou En-Lai, 62
Churchill Winston, 66
CICR (Communauté internationale de la croix rouge), 40
CIO (Comité Internationale Olympique), 40
Clinton Bill, 91, 117, 119, 123, 124, 128, 129, 130, 138, 149, 211
Clinton Hillary, 119, 130
CNUCED (Conférences des Nations unies pour le commerce et le développement), 37, 74, 78
Cohen William, 235
Communauté européenne, 95, 101
Conseil de sécurité, 34, 36, 45, 49, 74-79, 88-91, 109, 117, 137, 150-151, 163, 199, 250, 258, 259, 261, 266, 267, 268, 269

Correa Rafael, 159
Cour internationale de justice, 36, 89, 90, 264
CPI (Cour pénale internationale), 90, 91
CSCE (Conférence sur la sécurité et la coopération en Europe), 253

Dahl Robert, 59
Dalaï Lama, 44
Deng Xiaoping, 63, 141, 143
DIC (Dubai Investment Capital), 55
Douhet Giulio, 219
Dumont René, 165
Dupuy René-Jean, 93

Ehrlich Paul, 189
Eisenhower Dwight David, 220, 241
El-Bechir Omar, 91
Elstine Boris, 48
Engels Friedrich, 18
ETA (Euskadi Ta Askatasuna, « Pays basques et liberté »), 47

FIFA (Fédération internationale de football association), 40
FMI, 34
FMI (Fonds monétaire international), 20, 24, 34, 75, 81, 82, 83, 84, 85, 88, 118, 125, 153, 163, 186
Freedom House, 244

Gandhi (Mohandas Karamchand), 44, 150, 178
GATT (General Agreement on Tariffs and Trade), 85, 86, 125
de Gaulle Charles, 106
GIC (Government of Singapore Investment Corporation), 55
GIEC (Groupe international sur l'évolution du climat), 177, 180
Giscard d'Estaing Valéry, 87, 88
GONGOS (Government-operated non governmental organization), 43

Gorbatchev Mikhaïl Sergueïevitch, 10, 11, 22, 44, 144, 258
GPF (Government Petroleum Fund), 56
Greenpeace, 40, 41

Handicap international, 41
Hans Morgenthau, 33
Hariri Rafik, 91
Haut Commissariat pour les réfugiés, 74
Hiro Hito, 139, 219
Hitler Adolf, 68
Hoffmann Stanley, 121
Houphouët-Boigny Félix, 168
Hu Jintao, 145, 149
Human Rights Watch, 252
Huntington Samuel, 59, 201, 205
Hussein Saddam, 46, 131, 229, 258, 261, 273

Jefferson Thomas, 121
Joseph Nye, 69

Kadhafi Mouammar, 131
Kennedy Paul, 7
Kerry John, 119
KIA (Kuwait Investment Authority), 55
Kissinger Henry, 8, 60, 222, 277
Koizumi Junichiro, 139

Lee Kuan Yew, 139
Levitt Ted, 21
Lugo Fernando, 159
Lula Luiz Inácio Lula da Silva, 159, 161, 163, 164, 271

Machiavel Nicolas, 60
Mandela Nelson, 44, 167
Mao Tsé-Tung, 62
Mario Bettati, 264
Marx Karl, 18, 23, 215
McCain John, 119
McLuhan Marshall, 19

Médecins Sans Frontières, 40
Medvedev Dmitri, 157
Mercosur (Marché commun du Sud), 131, 161, 162
Metternich Klemens, 277
Milosevic Slobodan, 45, 209, 212, 282
MITI (ministère de l'Industrie et du Commerce extérieur), 135
Mitterrand François, 106, 243
Mobutu François-Joseph, 168, 253
Monnet Jean, 100
Monroe James, 159
Morales Evo, 159
MSF (Médecins sans frontières), 41
MTCR (Régime de contrôle de la technologie des missiles), 236, 238
Mugabe Robert, 271

NASA (National Aeronautics and Space Administration), 54
NEPAD (Nouveau partenariat pour le développement de l'Afrique), 169
Nixon Richard, 8, 138
Nye Joseph, 69

Obama Barack, 12, 119
OCDE (Organisation de coopération et de développement économiques), 67, 180
OIT (Organisation internationale du travail), 74
OMC, 85
OMC (Organisation mondiale du commerce), 85, 86, 148, 161
OMS (Organisation mondiale de la santé), 44, 74, 157
ONU, 77, 80
ONU (Organisation des Nations unies), 34-36, 39, 40, 43-44, 45, 49-50, 64, 74-81, 89-91, 95, 118, 125, 137-138, 150, 170, 176, 185, 192, 199, 235, 237, 244, 255-258, 260, 263, 266-267
Orwell George, 279
OTAN (Organisation du traité de l'Atlantique Nord), 10, 36, 77, 107-111, 117, 118, 130, 155, 158, 199-200, 210, 221, 242, 260
OUA (Organisation de l'unité africaine), 169
Oxfam, 41, 56

Paine Thomas, 121
PESC (Politique étrangère et de sécurité commune), 102
Pinochet Augusto, 212, 242, 253, 282
PMA (Pays les moins avancés), 169, 181, 182, 185
PNUD (Programme des Nations unies pour le développement), 74, 168, 184, 185, 213, 214, 271
Poos Jacques, 108
Poutine Vladimir, 156, 271

QIA (Quatar investment authority)), 55

Reagan Ronald, 81
RMA (Revolution in Military Affairs), 210
Rochau (von) Ludwig, 277
Roosevelt Franklin, 159, 218
Rostow Walt Whitman, 182

Salamé Ghassan, 266
Sarkozy Nicolas, 111, 237, 271
Save the Children, 41
Schröder Gerhard, 109
Schuman Robert, 100
SDN (Société des nations), 35, 95, 198, 199, 256
Staline Joseph (Iossif) Vissarionovitch Djougachvili, 153, 256
Stiglitz Joseph, 24, 83

Talleyrand (de) Charles-Maurice, 277
TCE (Traité instituant la communauté européenne), 101, 104, 105
Thatcher Margaret, 81
Thurow Lester, 193

TNP, 227
TNP (Traité de non-prolifération), 150, 224-228, 230, 237
Tobin James, 186
Todd Emmanuel, 127
Toffler Alvin, 66
Toffler Heidi, 208
Toynbee Joseph, 65
TPIY (Tribunal pénal international pour l'ex-Yougoslavie), 90

UNESCO (Organisation des Nations unies pour l'éducation, la science et la culture), 75
UNSCOM (United Nations Special Commission), 235

Valéry Paul, 19

Vázquez Tabaré, 159
Védrine Hubert, 57, 264, 277
Verne Jules, 20

Weber Max, 50
Wilson Thomas Woodrow, 38, 122, 123, 276
Wolfers Arnold, 59
World Vision relief and development, 41

Yoshida Shigeru, 135

Zapatero José Louis, 271
Zbigniew Brzezinski, 192
ZLEA (Zone de libre-échange des Amériques), 162
Zuma Jacob, 271

TABLE DES MATIÈRES

Avant-propos — 5
Introduction — 7

PARTIE I
Le cadre de la vie internationale

1. La mondialisation : réalités et limites — 17
2. Les acteurs internationaux — 31
3. La puissance internationale — 59
4. Les institutions internationales — 73
5. Existe-t-il une communauté internationale ? — 93

PARTIE II
Les puissances

1. L'Europe : puissance ou espace ? — 99
2. Les États-Unis — 115
3. L'Asie — 133
4. La Russie — 153
5. L'Amérique latine — 159
6. L'Afrique — 165

PARTIE III

Les défis globaux

1. Le réchauffement climatique	173
2. Les déséquilibres économiques internationaux	181
3. Démographie et migrations	189
4. La sécurité internationale Paix et guerres	197
5. Armes nucléaires et armes de destruction massive : prolifération et dissuasion	217

PARTIE IV

Le débat sur les valeurs

1. La démocratie triomphe-t-elle ?	241
2. Souveraineté et ingérence	255
3. Morale et Realpolitik	271
Conclusion : Le monde progresse-t-il ?	279
Index	283

Composition réalisée par PCA

Armand Colin Editeur
21, rue du Montparnasse, 75006 Paris
N° d'éditeur : 11013777 - (II) - (0,5) - OSB 90° - BTT
Dépôt légal : août 2010

Imprimé en France. - JOUVE, 1, rue du Docteur Sauvé, 53100 MAYENNE
Numéro d'impression : 509924S